Konrad Kuhnt, mit Mühe dem Jahrgang '57 entkommen, nach einem obligatorischen Lebenslauf, inklusive Studium der Theaterwissenschaft und Publizistik, eine verheißungsvolle Theaterkarriere gerade noch rechtzeitig beendet; seitdem freier Hörfunkjournalist in Berlin, der sich einmal schwarz auf weiß nach Hause tragen wollte.

Gerd Meißner, Jahrgang 1960, Lehr- und Wanderjahre als Gelegenheitsarbeiter, Lokalreporter, Werbetexter, Verlagsangestellter und Student der Publizistik, Politischen Wissenschaft und Geschichte an der Freien Universität, lebt als Journalist für Hörfunk und Presse in Berlin.

Konrad Kuhnt / Gerd Meißner (Herausgeber)

Alles Theater

Schauspieler werden – aber wie?

Rowohlt

rororo panther
herausgegeben von Alice Franck und Eberhard Naumann

Umschlaggestaltung Dieter Wiesmüller

Originalausgabe
Veröffentlicht im Rowohlt Taschenbuch Verlag GmbH,
Reinbek bei Hamburg, September 1987
Copyright © 1987 by Rowohlt Taschenbuch Verlag GmbH,
Reinbek bei Hamburg
Alle Rechte vorbehalten
Gesetzt aus der Bembo (Linotron 202)
Gesamtherstellung Clausen & Bosse, Leck
Printed in Germany
1080-ISBN 3 499 12149 2

Inhalt

Statt eines Vorworts 9

Hellmuth Matiasek
Die zehn dümmsten Sätze über den Schauspielerberuf 14

Die Tat ist alles, nicht der Ruhm... 23

Freimut Wössner
Schauspieler 24

Andrea Kunsemüller
«Spielen ist schöner als die Wirklichkeit...» – Ulrich Tukur 26

Konrad Kuhnt
«Jetzt hab' ich alle Türen offen...» – Jeannine Burch 30

Ortrud Beginnen
Ortrud Beginnen soll singen 34

Wenn ihr's nicht fühlt, ihr werdet's nie erjagen... 39

Konrad Kuhnt
Zwischen jüngstem Gericht und letztem Gefecht
Beobachtungen bei der Aufnahmeprüfung 40

Anja Hable
Alle Neune
Eine Aufnahmeprüfungs-Tournee 45

Gerd Meißner
Oh, Sie hier – und nicht in Hollywood?
Der Studiengang «Schauspiel» an der Hochschule für Musik und Theater
Hannover 50

Wolfgang Höbel
«Berühmt wie Uschi Glas...»
Ein Streifzug durch private Schauspielschulen 57

Paul Kruntorad
«Über die Bühne gegrabscht...» – Vom Reinhardt-Seminar an die Burg
Schauspielausbildung in Österreich 63

Peter Burri
Die Akademie und ihr kleiner Bruder
Schauspielausbildung in der Schweiz   67

Sabine Porn
Ginger Müller und Fred Meier
Musical-Ausbildung im Aufbruch   72

Ute Büsing
Made in Germany – Trained in USA
Schauspielausbildung in New York City   78

Adolf Dresen
Locker sein auf Befehl
Der Schauspielschüler als Tausendfüßler   83

Peter Lackner
Gespräche mit Schauspielern über ihre Ausbildung   87
– Martin Benrath   87
– Gerd Wameling   89
– Bernhard Minetti   91
– Ilse Ritter   92
– Hans Peter Hallwachs   94

Grau ist alle Theorie...   97

Peter Simhandl
«Brauchbare und nützliche Glieder der bürgerlichen Gesellschaft»
Geschichte der Schauspielausbildung im deutschsprachigen Raum   98

Nils Böke
Welche Schule in der Schule?
Schauspielausbildung theoretisch   103

Michaela Hanser
Der Text ist die Spitze des Eisbergs
Aus dem Berichtsheft einer Schauspielschülerin   109

Jürgen Hofmann
Theaterwissenschaft für Schauspieler: Jein wie Janus   115

Die ganze Welt ist eine Bühne...   119

Karl Hermann
Karriere oder Karteileiche
Vermittlungen und Agenturen   120

Achim Thorwald
Montag, 15 Uhr, Probebühne I: Vorsprechen
Ein Intendant auf Nachwuchssuche 125

Helmut Qualtinger
Der Menschheit Würde ist in Eure Hand gegeben... 130

Konrad Kuhnt
Herr Graf, die Pferde sind gesattelt oder Wilhelmshaven ist nicht
Leitmeritz
Anfängerjahre einer Schauspielerin 134

Claudia Roth
Nichts muß bleiben wie es ist – oder was meinst du dazu, Gretchen?
Frauen am Theater 140

Rosemarie Fendel
Nebenberufungen
Schauspielerei oder die Kunst, auch kochen zu können 146

Viola Roggenkamp
Nachtasyl in Lübeck
Ein Probennotat 154

Karl Hermann
Apparat und Künstler
Das Württembergische Staatstheater Stuttgart 163

Wolfgang Höbel
«Im Moment läuft einfach nichts...»
Warten auf das nächste Engagement 169

Friedel Flitter
Dem Mimen flicht die Nachwelt keine Kränze
Ein wahrer Theaterroman ohne Fortsetzung 173

Ein freies Leben führen wir, ein Leben voller Wonne... 185

Helmut Heimann
In freier Wildbahn
Das «Theater zum Westlichen Stadthirschen» in Berlin 186

Konrad Kuhnt
Selbstgemacht
Das Ein-Frau-Theater der Lore Seichter 191

Michael Müller
Spiel ohne Grenzen
Schauspieler beim «Theaterhof Priessental» 196

David Buss
Die Ziege im Zuschauerraum
Mit dem Wandertheater unterwegs 199

Rüdiger Schaper
Nur Mut – aber wozu?
Zur Entwicklung des Freien Theaters 201

Reiner Schweinfurth
Das Trans-Holocänische Theater 204

**Schauspieler werden – aber wo? Schauspielschulen
im Überblick** 209

Die staatlichen, öffentlichen und halböffentlichen Schauspielschulen
in der Bundesrepublik Deutschland, in Österreich
und in der Schweiz 210
   Schulen in der Bundesrepublik Deutschland 212
   Schulen in Österreich 226
   Schulen in der Schweiz 231

**Private Schauspielschulen in der Bundesrepublik Deutschland,
in Österreich und in der Schweiz
Privatschulen ein Überblick** 235
   Private Schulen in der Bundesrepublik Deutschland 238
   Private Schulen in Österreich 256
   Private Schulen in der Schweiz 266

Schauspielschulen im deutschsprachigen Raum –
Adressen und Telefonnummern auf einen Blick 269

Berufsverbände Schauspiel 273

Vermittlungen und Agenturen 276

Literaturverzeichnis
   Einführende Literatur 278
   Literatur zur Schauspieltheorie 278
   Fachzeitschriften 280

Die Autoren 281

Thalias Tochter

Sie saß am Tresen und sah aus wie eine, die in dieser Stadt nicht unbeschädigt drei Schritte weit kommen würde. Schlank, langbeinig, ihr blondes Haar fiel über das schwarze Jackett bis auf die Hüften, himmelbettblauer Schlafzimmerblick – genau die Licht-und-Schatten-Mischung Hollywood '41, die bei den kleinen Jungs mit den mittleren Brieftaschen und den großen Sprüchen sofort das Sam-Spade-Syndrom auslöst: «Hallo, Fremde, was darf's sein – erst einen Gin Fizz, oder gleich zu mir?»

Da saß sie ganz allein und nippte an einem Glas Retsina. Ab und zu schweifte ihr Blick verloren durch den Zigarettendunst, und Hollywood war sehr weit weg. Mein Tisch übrigens auch. Neben dem Bier lag aufgeschlagen *Die Deutsche Bühne*, das staubtrockene Blatt des Bühnenvereins. Zwischen zwei Schlucken las ich abwechselnd in dem Heft und in den Augen am Tresen, wünschte mir, wenigstens *Tempo* oder auch nur den *Wiener* dabeizuhaben, wegen der Schickimicki-Anzeigen, und verwünschte den Tag, an dem ich mich auf dieses Schauspieler-Buch eingelassen hatte. Die wahre Schau lief anderswo ab. Ohne mich.

Es muß so auf Seite 12 der *Deutschen Bühne* gewesen sein, als sie mir diesen Blick zuwarf. Ich mußte den ganzen drögen Artikel noch mal von vorne lesen. Auf Seite 18 nahm sie ihr Glas, stieg vom Barhocker, glitt an meinen Tisch und schnappte sich den nächsten Stuhl. «Ich darf doch?» fragte sie. Dann blätterte sie *Die Deutsche Bühne* durch, als sei das der *Wachtturm* und sie eine Zeugin Jehovas nach zehn Jahren Leseverbot.

«Ich bin nämlich Schauspielschülerin», sagte sie, und dazu noch, daß sie 17 sei und erst seit zwei Wochen in der Stadt, daß Eiderstedt in Schleswig-Holstein ein unglaublich ödes, langweiliges Kaff sei, zum Abhauen gerade gut genug, und überhaupt – «Was machst du denn?»

«Ich mache gerade ein Buch über Schauspielausbildung», sagte ich und beglückwünschte mich innerlich zu meinem Job. «Auf welcher Schule bist du denn?» Sie antwortete mit einer Gegenfrage: «Kennst du das ‹Andere Theater› in der Berndtstraße?» Vorsicht, Falle. «Klar», ich nickte – so, als sei dieses «Andere Theater» das ultimative Institut für jeden, der gerade an einem Buch über Schauspielausbildung sitzt. Mir mußte da wohl etwas entgangen sein. «Wie läuft denn das so?»

«Experimentelles Theater», sagte sie nachsichtig, «wir lernen da experimentelles Theater. Ganz anders als normal, von Anfang an.»

Und dann erzählte sie, wie sie kurz nach ihrer Ankunft diese Kleinanzeige in einem Stadtmagazin entdeckt hatte: «Experimentierfreudige Mitspieler für freies Theater gesucht», stand da unter «Kontakte». Auch Anfänger seien willkommen. «Als ich hinkam zu der Fabriketage, hat mir gleich Jens die Tür aufgemacht.» Fragender Blick von mir. «Jens ist der Typ, bei dem ich jetzt lebe. Der ist unheimlich süß, er tut alles für mich. Guck mal, diese Bluse ist auch von ihm.» – «Dein Schauspiellehrer?» Sie nickte, mit einem Lächeln, als sei sie an jenem Tag von Peter Zadek adoptiert worden. «Ein bißchen komisch war das schon, bei der Aufnahmeprüfung. Als ich zur Tür reinkam, waren da so zwanzig Leute.» Sie kicherte. «Die haben mir gesagt, ich sollte erst mal die Reizwäsche anziehen – lag da überall herum. Das habe ich gemacht. Dann haben sie noch ein paar andere Sachen gesagt. Aber die habe ich nicht gemacht, weil, ich hätte gerade meine Tage und so...»

Mein fachliches Interesse war geweckt. Diese Art der Schauspielausbildung fehlte noch in der Sammlung. «Was spielt ihr denn da so?» Ein kritischer Blick machte mir klar, daß ich noch viel zu lernen hätte: «Keine richtigen Stücke –» Thalias gesammelten Ernst legte sie in ihre Antwort – «Jens macht Regie, wir ziehen uns Reizwäsche an, laufen in der Etage auf und ab und schreien dabei ganz laut. Anderes Theater eben.»

Vorsichtig wandte ich ein, daß es in dieser Stadt viele schlimme Finger gibt, und machte dabei auch eine Bemerkung über eine bestimmte Sorte von Schauspiellehrern. Das war ein Fehler. Abrupt stand sie auf, schenkte mir einen Blick, der mit «Kulturkretin» nur schwach übersetzt ist, und rauschte ab durch die Mitte.

Bevor ich ging, bestellte ich noch ein Bier. Den ersten Schluck trank ich auf das Schlechte in der Welt, den zweiten auf die Zukunft des Straßentheaters und den Rest auf das Wohl der Paritätischen Prüfungskommission.

Schauspieler/in werden – aber wie? So besser nicht. Diese Geschichte von Gerd Meißner ist nicht erfunden. Der geschilderte Ausbildungsgang ist wenig repräsentativ, zugegeben; doch eine Frage drängt sich auf: Warum macht «Jens» ausgerechnet auf Schauspielerei?

«Das Theater besteht nur aus verwirklichten Träumen», hat Max Reinhardt gesagt. «Schauspieler/in» ist im Wortsinn ein Traumberuf.

Wer träumt nicht davon, mal einfach aus der Haut fahren zu können? Wer würde nicht gern gelegentlich hineinschlüpfen in eine andere Haut, eine fremde Rolle, ein neues Leben nach eigener Wahl? Für die meisten bleibt das ein Traum. Wer diesem uralten menschlichen Drang einfach nachgibt, endet heute schnell in einer geschlossenen Anstalt; wer damit auch noch Geld verdienen will, riskiert eine Anklage wegen Scheckbetrugs.

Es gibt noch eine andere Möglichkeit: Schauspieler/in werden. Aber wie? Der leichteste Weg ist, sich diesen Titel einfach unter die Klingel zu kleben: Ich will Schauspieler sein – also bin ich's. «Schauspieler» kann sich jeder nennen – Bühnenerfahrung hin oder her. Die Berufsbezeichnung «Schauspieler» ist nicht geschützt. Darum gibt es auch keine verbindlichen Ausbildungsrichtlinien für Schauspieler. Jeder, der die Berufung zum «Schauspiellehrer» spürt, darf sich das Schild «Schauspielschule» über die Tür nageln – auch wenn er seinen Meistertitel im Rampenlicht der Hebebühne einer Autowerkstatt erworben hat; und das «Schauspieler-Diplom», mit dem so manche Schule winkt, ist soviel wert wie ein Gebrauchtwagenzertifikat.

Der andere Weg in diesen Beruf ist lang und hart und führt auf die Bühne, vielleicht auch zum Fernsehen oder zum Film. Wenn überhaupt – Erfolg garantiert selbst die seriöseste Ausbildung nicht. Wer erfolgreiche Schauspieler nach ihrem Karriere-Rezept fragt, hört immer wieder dieselbe Antwort: Talent, Fleiß und – Glück, oder zumindest kein Unglück. Und das kann bei Schauspielern schon der Schnupfen sein, der den strahlenden jungen Helden kurz vor der alles entscheidenden Premiere in einen Schniefhansel verwandelt. Der Beinbruch, der für Angehörige anderer Traumberufe wie Testpilot, Chirurg oder Journalist noch längst keiner ist, kann für Schauspieler einen katastrophalen Karriereknick bedeuten. Ein Name wird von der Besetzungsliste gestrichen, ein anderer dafür eingesetzt – und vielleicht dadurch erst bekannt. Des einen Schicksal ist des anderen Chance. Glück gehabt, sagen die Kollegen. Künstlerpech, sagt das Publikum – und schaut auf die im Rampenlicht; die im Schatten interessieren nicht. Warum mußten sie auch Schauspieler werden? Selbstverwirklichung und Sicherheit gehen eben nicht zusammen. Wer Sicherheit sucht, hat auf der Bühne nichts verloren und beschränkt sich besser auf die Zuschauerrolle.

Dabei vergißt das Publikum gern – dieses Recht hat es mit der Eintrittskarte erworben –, daß auch Theater harte, schweißtreibende Knochenarbeit bedeutet. Schauspieler sind Handwerker, die aufs Stichwort zur Stelle sein müssen – mit all ihrem Werkzeug und Material: sich selbst. Schauspieler sind fleißige Verdrängungskünstler. Der Schuft

abends auf der Bühne muß mit Leichtigkeit verleugnen, daß er tagsüber schwer geschuftet hat – sonst glaubt ihm keiner seine Rolle, und
er kriegt schlechte Kritiken: «Herr X als Franz Moor gab einen be-
klemmenden Eindruck davon, wie anstrengend es ist, böse zu sein.»

Wer Talent hat, bestimmen immer die anderen. Die Kritiker stehen
erst am Ende einer langen Kette von Leuten, die zu wissen meinen, was
das ist: Talent. Ob jemand als Schauspieler oder Schauspielerin eine
Zukunft hat – darüber entscheiden in der Regel die Aufnahmeprüfer
der Schauspielschulen, die Paritätischen Prüfungskommissionäre von
Bühnengenossenschaft und Bühnenverein, die Schauspielervermittler,
die Regisseure und die Intendanten. Absolute Ausnahmen bestätigen
die Reihenfolge. Die letzte Prüfung ist der Auftritt vor dem Publikum.

Oder das Geschlecht: Den Schauspielerinnen gehört noch lange
nicht eine ganze Hälfte des Bühnenhimmels. Während die Schulen oft
mehr Frauen als Männer ausbilden, machen Schauspielerinnen bei der
Rollenverteilung in der klassischen Theaterliteratur immer schon
einen schlechteren Schnitt als ihre männlichen Kollegen; auch moderne
Dramatiker sind bislang nicht innovativ genug gewesen, daran etwas
zu ändern. 1:3 bis 2:3 ist dementsprechend der Spielstand zwischen
Frauen und Männern in den Ensembles der Bühnen. Von insgesamt
7000 in der Bundesrepublik für diesen Beruf Ausgebildeten sind dagegen weit über 4000 Frauen. 1400 Schauspieler und Schauspielerinnen
waren 1986 bei den bundesdeutschen Arbeitsämtern als beschäfti-
gungslos gemeldet.

Künstlerlos? Die wirklich Schauspieler oder Schauspielerin werden
wollen, lassen sich davon nicht abschrecken; zu Tausenden bewerben
sie sich jährlich um die zehn bis zwölf Studienplätze an einer der renommierten öffentlichen Schulen – rund 180 sind es insgesamt, die pro
Jahr vergeben werden in der Bundesrepublik, in Österreich und in der
Schweiz. Eine gesunde Portion Selbstbewußtsein und Selbsteinschät-
zung sollten die Kandidaten mitbringen; begnadete Selbstdarsteller
werden nicht erwartet. Es schadet nicht, schon einmal Schülertheater
gespielt zu haben – viele (angehende) Schauspieler haben dort zum erstenmal Bühnenluft geschnuppert. Zuviel Erfahrung ist bei der Be-
werbung an manchen Schauspielerschmieden eher hinderlich – die
Lehrer wollen Schüler, keine Gaststars.

Wer so oft geprüft werden will, der sollte rechtzeitig erstens sich
selbst prüfen – und zweitens das Ausbildungsangebot. Bei beidem soll
dieses Buch eine Hilfe sein. Der Anhang enthält einen detaillierten
Überblick über Aufnahmebedingungen und Angebot der insgesamt
14 öffentlichen und einer Auswahl von 24 privaten Schauspielschulen
in der Bundesrepublik Deutschland, in Österreich und in der Schweiz.

Danken möchten wir an dieser Stelle allen vom «Fach», die uns so engagiert geholfen haben. Wir wünschen uns, daß der Geruch von Schminke und Schweiß in diesem Buch den der Druckerschwärze überdeckt, und denen, die's lesen: Toi, toi, toi – und keinen Schnupfen!

Die Herausgeber
Konrad Kuhnt, Gerd Meißner

Hellmuth Matiasek

Die zehn dümmsten Sätze über den Schauspielerberuf

1. «Schauspieler – das ist ein Traumberuf»

Den «Traumberuf» Schauspieler gibt es in der Realität nicht. Es wäre Traumtänzerei, auf das von Illustrierten so oft vermittelte Bild des Stars, seiner mühelosen Karriere, seines gesellschaftlichen Prestiges und seiner Supergagen hereinzufallen. Was sich große Teile unserer Bevölkerung unter einem Schauspieler vorstellen, nämlich die Kinoleinwand- und Bildschirmlieblinge aus Hollywood oder der Schwarzwaldklinikserie, schönbusige Mädchen und singende Playboys, Supermänner zu Pferd und stirnerunzelnde Gangster, das ist für den Berufssuchenden gefährlich falsch. Wer heute in Deutschland und in den deutschsprachigen Ländern Österreich und Schweiz Schauspieler werden will, geht das gleiche hohe Risiko ein, wie der, der heute schon Schauspieler ist. Er wird durch Illusionen und Fehlinformationen über den Darstellerberuf ähnlich schlimm behandelt, wie er es sich später als ausgebildeter Schauspieler durch Intendanten, Filmproduzenten und Kritiker gefallen lassen muß. Auf dieser entscheidenen Vorstufe, auf der junge Leute den Entschluß für ihre Berufswahl treffen, haben sie nicht allzu viel Hilfe von außen zu erwarten. Berufsberatung etwa bei der Bühnengenossenschaft, beim Deutschen Bühnenverein, bei einem bekannten Schauspieler zu suchen, ist keine Schande. Oft ins Theater zu gehen, die Stücke von Shakespeare bis Brecht, von Beckett bis Bernhard zu lesen, übrigens auch nicht. Aufklärung und Information sind gute Helfer gegen Hirngespinste.

2. «Schauspieler werden – das ist der sichere Weg in die Arbeitslosigkeit»

Wo Kenntnisse fehlen, hat es das Vorurteil leicht. Schnell ist als lächerliche Seifenblase abgetan, was unsere Lesezirkelschreiber mangels genügend vieler Prinzessinnen und Kronprinzen alles aus dem Leben der «großen Stars» von TV-Bildschirm, Bühne und Kino an Schönem herausschnüffeln. Aber gleichzeitig wird so eine Art negativer Berufsberatung für Schauspieler betrieben. Das ist ebenso falsch und verantwortungslos wie die Darstellung der Schokoladenseite. Journalisten, die sich für den Konfettiregen ihrer Kollegen genieren, sorgen für Ernüchtung und schießen dabei leider übers Ziel: der Schauspieler als Hungerleider, als Arbeitsloser, die Dunkelziffer derer, die es aus der Laufbahn geschmissen hat. Es ist die einfache Wahrheit, daß motivierte und begabte junge Leute eine relativ gute Chance haben, sich einer fundierten Ausbildung zu stellen und in den Darstellerberuf einzusteigen. Aber das druckt sich halt nicht so gut in den Zeitschriften ab, wie die bunt- oder schwarzgemalte Sensation. Gar so vergiftet ist die Theaterumwelt nun auch wieder nicht.

3. «Talent genügt – alles andere geht von selbst»

Schon wartet der nächste Unsinn darauf, von jungen Leuten geglaubt zu werden. Erstens einmal – wo sind die Talentbescheiniger? Sicher nicht in der 100 000er-Bewegung unserer Schultheatergruppen, wo sich wildgewordene Deutschlehrer als die Wiedergeburt von Fritz Kortner fühlen und betätigen. Wem je auf einer Schulbühne befohlen wurde, mit einem grimmigen Gesichtsausdruck aufzutreten, der kann von Glück reden, wenn sich sein derartig deformiertes Theaterverständnis innerhalb der wenigen Monate, in denen er sich eventuell entschließen sollte, Schauspieler zu werden, wieder auf «normal» zu bewegt. Natürlich ist die «Begabung» zum Schauspieler die wesentliche Voraussetzung. Aber deren selbstkritische Einschätzung fällt den meisten Jugendlichen sehr schwer. Die Begeisterung, die sie bei einem Publikum von Eltern und wohlwollenden Lehrern auslösen, ist selten ein objektiver Maßstab. Den Eignungsprüfungen an den Schauspielschulen und vor der «Paritätischen Prüfungskommission», zusammengesetzt aus Vertretern des Deutschen Bühnenvereins und der Genossenschaft Deutscher Bühnen-Angehöriger, kommt damit oft eine existenzentscheidende Bedeutung zu. Aber ebenso wichtig sind die

Berufsmotivation, das über längere Zeit bestehende Interesse für Theater und Fernsehen, die phantasievolle Beschäftigung mit Bühnenstücken und eigene Gedanken über Spielvorgänge. Ein Talent ohne mehrjährige solide Ausbildung hat so gut wie keine Chance. Es gibt eine banale Formel, die nichts an Gültigkeit verloren hat: 10 % Inspiration (Talent), 90 % Transpiration (Arbeit, Disziplin).

4. «Gut aussehen und Ellbogen haben – das ist das Wichtigste»

Ideale Körpermaße, Stupsnase oder schöne Schultern mögen die Kandidaten bei Misswahlen oder Bodybuilding-Wettbewerben in die nächste Runde heben. Bei der Interpretation einer schwierigen Charakterrolle auf dem Theater sind diese Vorzüge der Natur ziemlich unwichtiges Beiwerk. Es ist kein Fall bekannt, daß die Iphigenie mit einem sprechenden Mannequin besetzt worden wäre. «Ein Typ sein» – das war tatsächlich im alten Kino wichtig. Die Berufsvoraussetzungen Vorstellungskraft und Gestaltungswille, sprachliches Ausdrucksvermögen, Menschenkenntnis und Beobachtungsgabe sind viel wichtiger. Und es gehört zu den albernsten Neidvorstellungen, daß rücksichtsloses Karrierebewußtsein mit zu den Geheimnissen des schauspielerischen Erfolges gehören soll. Wo der Wunsch nach sozialem Aufstieg oder Prestigebedürfnis den Schauspieler dominieren, läßt sich mit Sicherheit Enttäuschung vorhersagen. So ein Energiebündel wird auf der Szene kaum mehr herzeigen können als die Grimasse eigener Eitelkeit.

5. «Wozu Ausbildung – das ist verlorene Zeit»

Die wenigen Einzelfälle, wo eine starke Begabung oder der originelle Typus einem jungen Menschen für den Beruf ausgereicht haben, soll man schnell vergessen. Lebenslanges Lernen ist unumgänglich. Und ebenso wie die landläufige Meinung, daß der Schauspieler tagsüber seine Freizeit genießen könne, ist die Ansicht, daß man ohne eine jahrelange und qualifizierte Ausbildung Schauspieler werden könnte, ein bösartiges Märchen. Es müssen nicht nur die Kenntnisse über Theater, Interpretation und Rollenspiel vertieft werden, auch die Fähigkeit, Stimme, Sprache und Körper als wichtige Ausdrucksmittel einzusetzen, muß ständig geübt, erweitert und kontrolliert werden. Das alles kann nur in der ensembleähnlichen Gemeinschaft mit auf gleicher Stufe stehenden Studenten entwickelt werden, am besten an einer der zwölf öffentlich betriebenen, deutschsprachigen Schauspielschulen, mit einem weitgefächerten Unterrichtsprogramm und einer eigenen Studiobühne. Die Aufnahmeprüfung ist bereits ein Begabungstest. In der Regelausbildungszeit von vier Jahren sollen nicht nur künstlerisch-handwerkliche Fertigkeiten vermittelt, sondern auch die Entfaltung der Persönlichkeit des jungen Schauspielers und seine Fähigkeit gefördert werden, später im Beruf die unterschiedlichsten Rollenkonzeptionen allein und in Kooperation mit den Regisseuren zu erarbeiten.

6. «Privatausbildung ist genauso gut»

Wie statistische Untersuchungen belegen, scheiden etwa doppelt soviele privat ausgebildete Schauspieler bis zum 30. Lebensjahr wieder aus dem Beruf, als der Durchschnitt der Absolventen einer öffentlichen Schauspielschule. Schon das zeigt deutlich, daß eine fachlich qualifizierte Ausbildung, von der man boshaft sagt, daß sie wenigstens nicht schadet, die Berufschance immens verbessert. Und dann die Kehrseite: dieser ominöse dunkle Drang, der so viele Ungeeignete Schauspieler werden läßt, kann jedenfalls in den Kassen der privaten Ausbilder zum hellen Klingeln gebracht werden. Jeder darf in diesem Land Schauspieler ausbilden, ob er noch Max Reinhardt vom Sehen her kannte oder Fronttheater-Erfahrung aus dem letzten Weltkrieg hat. An Schülern fehlt es ja nicht; da sind die vielen von den staatlichen oder städtischen Schulen Abgewiesenen und die, denen auch die kostenlose öffentliche Ausbildung wegen des Ganztagsunterrichts zu teuer ist, weil sie den Studenten keine Zeit zum «Jobben» übrig läßt. Reicht das Geld des Privatschülers einmal nicht aus, dann darf er es abarbeiten, auch der Meisterin bei Putzarbeiten oder beim Rasenmähen behilflich sein (Beispiel aus der Wirklichkeit). «Warum auch nicht?» wird von Privatlehrern argumentiert, «bei uns macht jeder alles.» Früh schon wird als Ensemblegeist verkauft, was eine moderne Art der Leibeigenschaft ist. Die als begabt Geltenden werden in der Privatausbildung meist großzügig behandelt. Viele andere müssen dafür für sie sinnloserweise ihr Geld und ihre Freizeit hinlegen, damit die Schule existieren kann. Später vermehren sie dann die Dunkelziffer der Arbeitslosen um eine eins. Um diese Mißstände zu beheben, sind zur Zeit einige

Initiativen in den kulturpolitischen Ausschüssen der Parteien im Gange, auch im eigenen Interesse der besseren Privatschulen. Woran erkennt man diese?

– An einem breiten Fächerkatalog, der außer Rollenunterricht auch Sprechen, Stimmbildung, Körpertraining, Tanz, Fechten, Pantomime, Theatertheorie, Arbeitsrecht und anderes umfaßt;
– an der Möglichkeit, auch an Gruppen-Unterrichten teilzunehmen;
– an einer Mehrzahl von Lehrern, die erfolgreich in der Theaterpraxis gearbeitet haben und es wenigstens gastweise immer noch tun;
– an geeigneten (großen) Räumlichkeiten;
– an der Möglichkeit, regelmäßige Studioaufführungen unter professionellen Umständen auf einer richtigen Bühne zu veranstalten.

Schüler, die Privatunterricht nehmen wollen, sollen auf alle Fälle, schon wegen der Stipendienwürdigkeit und der späteren Anrechnung der Ausbildungszeit auf die zu erwartende Rente, vor Beginn ihres Studiums die Eignungs-, später dann die Zwischen- und Abschlußprüfung bei der «Paritätischen Prüfungskommission» ablegen. Bis zu einer strengeren staatlichen Aufsicht über die privaten Ausbilder darf auch der Fernlastfahrer seinen Kollegen während der langen Autobahntouren weiterhin zum Schauspieler ausbilden (Beispiel aus der Wirklichkeit).

7. «Erst mal Theaterwissenschaft studieren, das ist sicherer»

Oft haben die Eltern Angst, ihre heranwachsenden Kinder an den Komödiantenstand zu verlieren und raten zu einem Studium. Ihre Erfahrungen stammen aber häufig noch aus einer Zeit, wo der «Dr. phil.» eine sichere Fahrkarte in eine angesehene Existenz war. Nicht nur das hat sich inzwischen als unwahr herausgestellt. Fächer wie die Theaterwissenschaft werden heute von vielen Studenten als «Parkplatz-Studium», bevor sie gnädigen Eingang in ein ersehntes numerus-clausus-Fach finden, benutzt. Das führt zu grotesken Überbelegungen. An der Ludwig-Maximilian-Universität in München gibt es über 1000 Studenten der Fachrichtung Theaterwissenschaft; davon erreichen im Durchschnitt 30 Studenten ihr Ausbildungsziel. Wer nicht Kritiker, Dramaturg oder Lektor eines Bühnenverlages werden will, sollte dieses theorielastige, von der Bühnenwirklichkeit völlig unberührte Gebiet meiden. Auch als Warteplatz für ein Schauspielstudium ist es ungeeignet. So interessant für den Wissenschaftler die vergleichende Forschung in Teilgebieten der Theatergeschichte sein mag – von dort aus führt kein Weg auf die Bühne.

8. «Protektion muß man haben»

Entgegen der Legende werden Schauspieler nicht vom großen Filmregisseur, der zufällig am Nebentisch im Kaffeehaus sitzt, entdeckt. Der junge Schauspieler kommt nicht an seine erste Hauptrolle, weil sein Onkel ein Studienkollege des Intendanten war. Dieser wäre ein Narr, würde er aus lauter Gefälligkeit seinen guten Ruf riskieren. Zwischen 19.30 und 23.00 Uhr, auf der Bühne, hilft ohnehin keine Protektion. Da ist der Schauspieler vogelfrei und allein mit seiner Leistung, seiner Ausstrahlung und seiner Überzeugungskraft. Wie kommt es nur zur Legende, daß der Weg der Filmschauspielerin durch die Betten der Produzenten ginge, und daß es kaum Theaterensembles, dafür aber feste Cliquen von miteinander befreundeten und einander stets behilflichen Insidern gäbe? Die neidische Mehrheit der unzähligen Erfolglosen im Schauspielerberuf hat sie erfunden. Der beste Gönner ist das Zusammenspiel von fundierter Ausbildung, engagiertem Einsatz und verläßlichem Können.

9. «Am Provinztheater gehst du ein»

Praxisschock – das ist das geläufige Wort für den schlimmen Rückschlag, den der bisher behütete Schauspielschüler auf seinen ersten Schritten ins Engagement erleidet. Der Schock wird um so größer sein, je anspruchsvoller und riskanter die Forderungen der Bühne an den Anfänger sind. Ein Dilemma steht gleich am Anfang: wie soll der Schauspieler fähig sein, seine ersten Berufsjahre an einem kleineren Theater zu verbringen, die verlangten Leistungen zu bieten, aber immer gegen den Bazillus «Provinztheater» anzukämpfen? Das heißt, im Produktionsbetrieb stehend, der Routine des pausenlos produzierenden Mehrspartenbetriebes (Oper, Operette, Ballett, Schauspiel) zu widerstehen. Also eine Art «Überlebenstraining». Trotz alledem – immer noch ist der Weg durch die Ensembles der Stadttheater, der «Umweg» von der kleineren Aufgabe zur größeren, die Laufbahn vom Übungsplatz in der zu Unrecht geschmähten «Provinz» an die Weltstadtbühne, der sicherste und beste. Die ganze Welt beneidet uns um unser Stadttheatersystem. Ohne sie hätten die großen, renommierten Theater kein Reservoir für den Nachwuchs. Das ist mit vielen Einschränkungen verbunden. Der Schauspieler muß beweglich sein, auch geographisch beweglich, mit der Auflage, das, was er sein Privatleben nennt, den beruflichen Erfordernissen unterzuordnen, große Umzüge von Bundesland zu Bundesland zu bewerkstelligen, zu riskieren, daß seine Kinder die Anpassung an immer andere Schulsysteme nicht schaffen. Der «steile» Karriereweg nach oben ist halsbrecherisch. Nur wenige trifft die Chance, ihn überhaupt zu gehen, und nur wenige überstehen diese Chance.

10. «Karriere machen – das bedeutet berühmt sein und das große Geld verdienen»

Was einem Dutzend der «prominenten» Darsteller in ihrem Lebenswerk gelang, nämlich wirtschaftliche und künstlerische Unabhängigkeit zu erreichen, öffentlich anerkannt und beliebt, von der Kritik fair behandelt und mit vielen beruflichen Angeboten überschüttet zu werden, kann nicht zum Leitbild für den ganzen Berufsstand erhoben werden. Nur wenige erreichen dieses Ziel. In einer durch und durch verwalteten Berufswelt ist der Freischaffende, wie der Schauspieler, der eigentlich Unfreie der Gesellschaft. Oft lernt er Abhängigkeit, Erfolgszwang und ein Leben voller Stress kennen. Wen Existenznöte dieser Art treffen, der wird durch das poetische Bild der fröhlichen Armut der Bohème kaum getröstet sein. Viele auch scheitern gänzlich. Keinem möchte man wünschen, daß er zuerst über den Schauspielerberuf falsch informiert wird, falsch motiviert ist durch seinen Geltungsdrang, dann beim Privatlehrer ausgebildet wird, der seine versäumte Hamlet-Auffassung bei einem gehorsam zahlenden Schüler nachholt und schließlich seine verfehlte Existenz auf Staatskosten reparieren will. Aber auch der Geniebegriff, nach dem der Erfolgreiche alles gilt, der Namenlose hingegen als gescheitert anzusehen ist, hat ausgedient. Es lohnt sich nicht, dieser Fata Morgana des genialen Schauspielers nachzulaufen, die mit dem, was ein Schauspieler heute in einer Kleinstadt an geduldiger Ensemblearbeit leistet, höchstens noch die Berufsbezeichnung gemeinsam hat. Und was «Erfolg» ist, wird letztlich von der internen, ziemlich unbarmherzigen Einschätzung der Theaterbranche bestimmt.

Nur wer sich auf einen langen, mühsamen Ausbildungs- und Berufsweg einläßt, wer bereit ist, auf viele Annehmlichkeiten in seinem Privatleben zu verzichten, sich in den Dienst der Sache Theater zu stellen, mit allen Anforderungen an Disziplin und Durchhaltevermögen, der sollte Schauspieler werden. Und ob er darin seine Erfüllung finden kann, werden nicht seine Träume entscheiden, sondern allein seine Leistung.

**Die Tat ist alles,
nicht der Ruhm ...**

Freimut Wössner

Schauspieler

Schaumgeboren

Der Schauspieler ist Mittler zwischen einem Stück (z.B. einem Schauspiel) und den Schaulustigen. Je nachdem, *wie* er mittelt, kann er dem Zuschauer dabei wohlige Schauer oder aber – vor allem, wenn er ein Schaumschläger ist – schaurige Schauder verpassen.

Mundwerk hat
goldenen Boden

Unerläßlich sind ein lautes Organ für den Text, kräftige Gesichtsmuskeln für die Mimik und gute Gelenke für die Gestik. Außerdem sollte man gesund sein, damit man nicht krank wird und ein Schauspielkamerad die Rolle wegschnappt.

Schreiende, nackte
Störche im Salat

Seit der Erfindung des modernen Theaters genügt es nicht mehr, hochgestochen und gestelzt zu reden, inzwischen muß man sich auch nackt ausziehen können, ferner schlagen und schlimme Wörter schreien.

Faust I

Immer mehr in den Vordergrund gerückt ist die Ensemblearbeit – wobei auf ein gutes Verhältnis zu *allen* am Stück beteiligten Leuten zu achten ist, weil sich sonst plötzlich Abgründe im Bühnenboden

Faust II

vor einem auftun und Sandsäcke oder sogar Küchenabfälle vom Schnürboden herunterdonnern können, was früher zu dem berühmten Theaterdonner geführt hat, bei modernen Inszenierungen allerdings nicht mehr auffällt. Besonders heikel ist die Beziehung zum Souffleur, weil der Schauspieler zwar die Ehre hat, der Souffleur aber den vollständigen Text.

Eiserner Vorhang

Ist die Beziehung zwischen Mime und Staubhuster aber erst einmal zerrüttet, so ist der berufliche Erfolg stark in Gefahr. Denn der Einflüsterer kann plötzlich so undeutlich sprechen, daß aus der Zeile «Zu Mantua in Banden lagen...» etwas ganz anderes wird und schließlich ein fröhliches «Mein Opel Manta hat 'ne Panne, Lagerschaden» von der Bühne geschmettert wird. Oder man hört plötzlich so was:

Was dem einen sin
Nachtigall ist dem
andern sin Katastrophe

«Habe nun, ach, Philomenie,
Jurimserei und Pepizin,
und leider auch Geologie
durchaus studiert. Mit heißem Benzin.»

Die einzige Möglichkeit, sich vor solchen Intrigen zu schützen, ist ein entwaffnendes «Habe nun, ach, meinen Text vergessen». Rundfunk- und Synchronsprecher haben es besser. Sie können den Maskenbildner wochenlang anschnauzen, ohne daß etwas passiert, es sei denn, er ist stärker.

Götz von Berlichingen

Die Theaterkritik ist – besonders für den Berufsanfänger – ein Objekt banger Erwartung, aber auch grenzenloser Furcht. Zu Unrecht – denn mit den Jahren entdeckt man, daß die meisten Kritiker so vorgehen, daß sie aus dem immer gleichen Haufen von zirka 120 schmückenden oder verunzierenden Beiwörtern eine Zufallsstichprobe ziehen und diese dann zu einem Satz verwursten, der zum Beispiel so lauten kann: «*Wie er da so närrisch-unangestrengt, so überdreht und doch doppelbödig, dabei verzagt und respektlos und alles in allem recht hochunanständig und lausbubenhaft den Hamlet spielt, das hat schon Klasse, das hat Wucht, Eleganz und eine seltsam betörende Unbescheidenheit.*»

Warten auf Gridik
(geschicktes Wortspiel:
Gridik = Godot)

Gruß an Friedrich
»Heisse« Luft

Zum Einkommen: traurig, traurig. Dadurch, daß jeder von uns gelegentlich gerne schauspielert (und sei es nur bei Verkehrskontrollen oder bei der Steuererklärung), fühlen sich viel zu viele dazu berufen, die Luft der Bretter zu schnuppern, die die Welt bedeuten. Dieses Überangebot bei schlechter Nachfrage drückt den Preis.

3-Groschen-Oper

Selbst wer dann einen Vertrag angeboten kriegt, muß sehr auf der Hut sein, daß er das Kleingedruckte nicht übersieht. Hier hilft nur eiskaltes und lederzähes Verhandeln.

Sonderangebot

Deshalb verdienen viele ihr Geld in anderen Sparten und werden z. B. Pressesprecher von irgendwas oder Hypochonder. Und selbst wenn dann so ein verarmter Mime einmal das Riesenglück einer Premiere hat, dann muß er das meiste Geld gleich wieder ausgeben – für Claqueure und Klatschbasen.

Oder Generalsekretär
oder Präsident

Andrea Kunsemüller

«Spielen ist schöner als die Wirklichkeit...» – Ulrich Tukur

Uli sagen die Freunde zu ihm. «Der Uli» – so die Schauspielerkollegen. Ein Blonder mit wenig Ausdruck im Gesicht, nur wach, das ist er. Eine Mischung aus Selbstbewußtsein und Trotzdem, nach dem Motto: «Wir lassen uns nicht unterkriegen, auch nicht vom Erfolg.» Aber neben der Wachheit lauert schon die Müdigkeit, immer wieder die Anstrengung, das Leben so auf die Reihe zu bringen, wie es immer schon war und wie es weiter sein soll. Packen wir's an, es hat soviel Erfolg gebracht. Die Begeisterung ist nicht gespielt, sie ist da. Immer wieder. Bei Liedern, beim Blick ins Publikum, wenn die Wirklichkeit verschwimmt und nichts ist, außer diesem Augenblick, den du selber machen kannst. Er ist so, wie du das willst. Auf der Bühne.

Ulrich Tukur liebt die Öffentlichkeit, und er haßt die Öffentlichkeit, weil er von ihr abhängig werden könnte. Stimmungsschwankungen registriert er genau, seismographisch genau. Er schwingt mit, aber der größte Triumph ist es, ein bißchen mehr herauszukitzeln. Wie am Trapez noch ein bißchen höher zu gehen, bis man dieses ganze verdammte Publikum vergißt und sich selbst und spielt, nur spielt. Eine andere Wirklichkeit. Da ist sie, die Freiheit.

Ulrich Tukur nähert sich ihr rational. Erklärt den Erfolg als Schauspieler des Jahres 1986 und Boy-Gobert-Preisträger als Sache, der man nicht zu sehr trauen sollte, als trügerisches Gebilde, das schnell verfliegen kann.

Was dann ist – naja, Kleinkunst vielleicht. Singen wollte er immer schon, macht er auch, und bis heute, sagt er, sei er fasziniert von dieser Art beschwingter Musik der 20er Jahre, die natürlich harmlos ist, aber auch witzig, die ihm sehr viel sage, weil sie so belebend ist. Vielleicht war er irgendwann einmal in seinem früheren Leben – in den 20er

Jahren oder so – Tanzkapellmeister. Und das sei immer noch eine Alternative, wenn er sich einen Beruf jenseits der Schauspielerei vorstellen könnte: Tanzkapelle. Chef einer Kapelle mit Tango-Akkordeon und Geigen und allem, was dazugehöre.

Aufgewachsen ist er in der Nähe von Hannover. Geboren bei Stuttgart. Sein Vater war Betriebsleiter, kriege ich nach mehrmaligem Nachfragen heraus, über seine Mutter redet er überhaupt nicht.

Eine glückliche Kindheit hat er gehabt, sagt er. Mit Abenteuerspielen am See. Danach ist er nach Tübingen gegangen, hat Germanistik studiert. Aber das sei nichts für ihn gewesen, weil die theoretische Auseinandersetzung mit Sachen, die ihn persönlich interessieren, nichts gebracht hat.

Theater war bis 1979 überhaupt kein Thema für ihn. Er sei zwar öfter ins Landestheater Tübingen und ins Zimmertheater gegangen und fand das sehr schön und toll, aber er sei nie auf den Gedanken gekommen, das auch mal zu machen. Aber dann hörte das Studium einfach auf, und er hörte eines Tages einen Freund ab, der auf die Schauspielschule wollte.

Der predigte die Rede des Mark Anton in Shakespeares «Julius Cäsar», den Ulrich Tukur heute im Schauspielhaus spielt. Sein Freund predigte ihn in der einzigen katholischen Kirche Tübingens von der Kanzel herunter. Ulrich Tukur saß unten, hörte sich das an und fand es «irgendwie spannend». Und dachte sich: wenn der das kann, probierst du das eben auch mal.

Das tat er: präzise und sehr schnell. Er schrieb an die Staatliche Schauspielschule in Stuttgart, ließ sich die Materialien zuschicken, bewarb sich. Er memorierte beim Spaziergang am Neckar, studierte mit dem Onkel, der eine Laienspielgruppe am Nürtinger Gymnasium leitete, drei Szenenausschnitte ein, fuhr nach Stuttgart und wurde angenommen. Und mit einem Schlag war alles anders. Entdeckt wurde er von Michael Verhoeven für seinen Film über die Geschwister Scholl «Die weiße Rose». Danach holte ihn Peter Zadek an die Volksbühne nach Berlin in das Stück «Ghetto» von Joshua Sobol. Ulrich Tukur spielte den Lagerkommandanten. Reinhard Hauff ließ ihn in seinem preisgekrönten Film «Stammheim» die Rolle des Andreas Baader spielen. Am Hamburger Schauspielhaus spielte er in der Inszenierung von Michael Bogdanov den Mark Anton in Shakespeares «Julius Cäsar». In Sam Shepards Stück «Liebestoll» wurde er zusammen mit Susanne Lothar gefeiert.

Aber zum erstenmal ist er mit der Schauspielerei in die Pflicht genommen. Bisher war es mehr ein Jux oder ein Witz – wie die Musik, die er macht. Aber am Schauspielhaus hat er einen festen Vertrag, muß vieles machen. Zu viel, und das frißt ihn auf.

Nach seinem Hörsturz lehnte er eine Rolle ab. Und das ausgerechnet bei Peter Zadek, der ihn mit «Ghetto» in die Höhe katapultierte. Er hat sich vorgenommen, in der Zukunft weniger zu arbeiten. Er hat keine Zeit mehr für die Sachen, die ihn interessieren. Lesen zum Beispiel. Permanent spukt ihm irgendeine Rolle im Kopf herum, irgendeine Filmgeschichte oder Vertragsgeschichten. Zum richtigen Durchatmen und zur wirklichen Entspannung kommt er überhaupt nicht. Der Hörsturz sei eine reine Streßgeschichte gewesen. Da habe sich sein Körper ein Ventil gesucht, um durchzuknallen. Das sei alles einfach zuviel gewesen – die Projektionen, die andere in ihn hineinstecken, die Erwartungen, die er erfüllen muß. Es sei schwer, immer Mittelpunkt zu sein. Wenn er eine Weile wirklich Ruhe hätte, wäre er froh. Freunde hat er kaum am Theater. Die Freundschaften stammen aus der Zeit vor dem Theater, und die seien ihm wichtig. Am besten wäre es, meint Ulrich Tukur, wenn ein Schauspieler zwei, drei Stücke im Jahr spielen würde und den Rest der Zeit auftanken könnte. Gucken und beobachten und sich gehen lassen – Zeit haben.

Als er zu mir fuhr, beobachtete er in der U-Bahn eine Szene: ein alter Mann winkte seiner Frau zu, die auf dem Bahnsteig zurückblieb. Da schoß es ihm durch den Kopf, daß er noch nicht mal mehr dazu kommt, so etwas zu sehen, normalerweise: Es sei doch eigentlich unglaublich, an welche Rollen ein Schauspieler herangehen muß, an Menschen, die einen ganz anderen Alltag haben, und dann wüßten sie nichts davon, überhaupt nichts. Dazu müßte eigentlich Zeit sein – zum Wirklichkeit tanken.

Wenn er an eine Rolle herangehe, dann mache er das ganz intuitiv. Entweder er hat was mit der Rolle zu tun, findet irgendeine Einstiegsluke, kann sie vereinnahmen, oder er hat nicht, dann funktioniert es nicht.

Bisher hat das nur einmal nicht funktioniert, als er «Prawda» spielte. Da verstand er die Rolle nicht, überspielte sämtliche Hindernisse seines Nicht-Verstehens. «Prawda» am Schauspielhaus in Hamburg war sein erster Kratzer. Ulrich Tukur war plötzlich nicht mehr der überall gefeierte Star, die Kritiker überschlugen sich nicht mehr vor Begeisterung.

Der Hörsturz hat ihn zum erstenmal richtige Angst eingejagt. Gott sei Dank sei nichts zurückgeblieben. Aber spielen, sagt Ulrich Tukur – spielen würde er für die Momente, wo er sich sozusagen selbst überfällt mit Dingen, die ihm neu sind, mit Gefühlen, die ihm neu sind, wo auf einmal das Stück sich ändert, das Spiel in die Realität hinüberläuft. Das, sagt Ulrich Tukur, ist in ganz wenigen Vorstellungen so. Von zehn Vorstellungen ist mal eine wirklich gut. Acht sind absoluter Durchschnitt, und eine ist jammervoll. Aber diese eine Vorstellung, für die lohnt sich das Spielen von 20 Vorstellungen.

«Vielleicht ist man besonders durchlässig, und der Partner auch, und man findet so einen guten Zugang zueinander, und irgendwas läuft durch. Ich weiß nicht, woran das liegt: auf einmal passiert irgendwas, und man geht drauf ein, und man fängt wie wahnsinnig an zu leben. Man selber fängt wie wahnsinnig an zu leben.»

Irgendwann, als das Tonbandgerät schon längst abgeschaltet ist, sagt er, daß Spielen schöner ist als die Wirklichkeit. Etwas erschrocken ist er darüber schon. Aber nur etwas.

Konrad Kuhnt

«Jetzt hab' ich alle Türen offen...» – Jeannine Burch

Jeannine Burch. Nie gehört? Das soll sich ändern, deshalb wird es sich ändern. Wetten, daß... Vor mit sitzt eine geballte Ladung Selbstbewußtsein und in meinem Kopf nudelt ein dämlicher Schlager. Der Refrain heißt «Wir sind jung, stark und schön». Sie hat eine andere Melodie im Kopf: «Ich bin wie ich bin», aus dem Musical «La Cage aux Folles». «Das ist genau so wie ich denke.» Und ich dachte immer, Schlagertexte wären nicht wirklich.

Ihr Hund rennt wie verrückt über die Wiesen. Er habe Frühlingsgefühle, erklärt sie. Es ist einer der ersten warmen Tage in Berlin. Heute abend wird es auf der Bühne noch heißer sein als sonst, und sie wird wieder sagen müssen, wie kalt ihr sei, und der Schweiß wird ihr in dem dicken Wollkostüm runterlaufen. Doch dafür hat sie ihre «Als obs». «Wenn die Anja im «Kirschgarten» aus Paris nach Hause kommt, dann ist mein Als ob ein Gefühl von endlich daheim.» Daheim, das ist das «geliebte Zürich». Für diese Original-Schweizer Abstammung kokettiert sie erstaunlich gut mit einem Wiener Dialekt. Es klingt nach Burgtheater oder zumindest nach Theater an der Wien. Auf der Bühne habe sie keinen Akzent. Der Hund heißt Gino, hat ein weißes Wuschelfell und ist einer jener Hunde, wo man Anfang und Ende nicht auf Anhieb erkennen kann. «Gino ist ein Malteser.» Außerdem ist Gino praktisch. Er paßt genau in den Korb auf dem Gepäckträger ihres Mädchenfahrrades, und Gino paßt zu ihr und zum Sommerkleid. Jeannine Burch: Dame mit Hund. Nur das Mädchenfahrrad paßt dazu überhaupt nicht.

Sie ist vollkommen zufrieden mit sich und ihrem Leben. Sie hat noch nie so gut verdient. Sie weiß noch nicht, ob sie in zwei Wochen in Urlaub fährt oder zum Drehen. Das sind schließlich Alternativen, da kann man abwarten. Einstweilen steht sie noch jeden Abend als Anja in Tschechows «Kirschgarten» auf der Bühne des Renaissance-Theaters. Wahrscheinlich ist sie die jüngste Anja aller Kirschgärten. Bei allem die Jüngste zu sein, wird noch eine Weile ihr Schicksal sein. Anja sei 17, vermerkt Tschechow im dramatis personae. Jeannine ist 19. Eigentlich sollte sie jetzt gerade auf die Schauspielschule gehen. «Ich war auf der Schauspielschule», sagt sie mit Bestimmtheit, «ich habe alles schon sehr früh gemacht.» Dabei lacht sie. Sie lacht gern und oft, und Schauspielerinnen haben immer so blendendweiße Zähne.

Mit sieben Jahren wußte Jeannine bereits, daß sie Schauspielerin werden möchte. Mit acht spielte sie ihre erste Rolle im Zürcher Kinder- und Jugendtheater: die jüngste Prinzessin in den «Zertanzten Schuhen». «Von da an habe ich immer die kleine Prinzessin gespielt, was auch mit meinen blonden Haaren zu tun hat.» Für die Anja muß sie die Haare abtönen, weil das Blond im Scheinwerferlicht zu grell wirkt. Mit 14 stand sie als Louisane in Molières «Eingebildetem Kranken» auf der Bühne des Zürcher Schauspielhauses. Danach kam ein Musical. Mit 15 inszenierte sie in einem Kellertheater Ibsens «Nora» «ganz klassisch und traditionell». Sie spielte die Hauptrolle, und wegen des großen Andrangs mußten sie Stehplätze verkaufen. Und dann war sie 16. «Da dachte ich, jetzt bin ich mit der Schulausbildung fertig, jetzt geh ich auf die Schauspielakademie.» Dort wurde sie auf Anhieb genommen. Aber weil während der Ausbildung in Zürich öffentliche Auftritte verboten sind und ihr das zu langweilig war, machte sie heimlich ein bißchen Synchron und spielte in einem Lehrfilm für die Schweizer Post mit. Natürlich war sie auch auf der Schauspielakademie die jüngste. Der nächste war vier Jahre älter. «Da muß man den Leuten schon beweisen, daß man auch wer ist, obwohl man kein Abi hat. Man wird von vornherein eben als die ‹Kleene› behandelt.» Der Versuch zu berlinern gerät noch etwas kläglich, der andere Beweis ist ihr gründlich gelungen.

Mit 18 ereilte sie der Ruf nach Berlin. Sie bekam ihr Abschlußdiplom vorzeitig nach zwei Jahren. Und während ihre Kollegen gerade das Bühnenspiel in öffentlichen Schauspielschul-Projekten erlernen, spielt sie eben die Anja im «Kirschgarten». Die Kritik schrieb zwar mehr über Judy Winter in der Hauptrolle, aber im *Philologenblatt* wurde sie als einzige erwähnt. Den Satz kann sie zitieren: «Die Wonne des Stücks war die 19jährige Jeannine Burch.» Diese Kritik wurde ihr zugeschickt, wer liest auch schon das *Philologenblatt*. Sie bekommt überhaupt viel Fan-Post, und das genießt sie. Ein älterer Herr schickte eine «Huldigung an Ihr Talent», eine Frau wollte so sein wie sie. «Ich vermute, das hat etwas mit der Frische zu tun, die ich auf der Bühne habe.» Vielleicht klingen deswegen die Briefe von jungen Männern «wie Heiratsannoncen: ‹ich bin einsneunzig groß, sehe gut aus und surfe gern›.» Sie surft auch gern, will aber deswegen nicht heiraten. «Wenn ich jetzt meine Kollegen von der Schauspielakademie sehe, die haben alle kein Engagement, einer wohl in Castrop-Rauxel, da muß ich sagen, meine Entscheidung war doch richtig, früher aufzuhören. Jetzt habe ich alle Türen offen.»

Es geht immer eine Türe auf. Diesen Spruch hat sie von Mama gelernt. Daran glaubt sie? – «Ja, ich glaube an Vorsehung.» Sie lacht, weil es komisch klingt, aber sie glaubt es wirklich. Sie spricht auch vom Glück, vom Willen, vom Glauben an sich selbst, vom Hochkämpfen, «und natürlich läßt du auch irgendwo deinen Schweiß liegen». Sie hat sich ein Ziel gesetzt, «und es ergibt sich immer so, wie ich mir das wünsche». Das soll auch so bleiben. Deswegen wird das Ziel nicht verraten. Es könnte Unglück bringen. Und einstweilen gibt ihr der Erfolg recht. Beispiel: Sie macht ein Fernsehinterview und bekommt ein Filmangebot. Was soll man da noch sagen.

«Die Neider sagen, ich hätte selbst beim Sender angerufen, ich würde das alles selbst inszenieren, und allmählich bin ich es leid, das ständig zu dementieren.» Ich bekenne: ich habe sie im Fernsehen gesehen und bei ihr angerufen. Und jetzt ist es weniger mystisch: «Man muß gesehen werden, und es gibt immer einen, der dich sieht.» Karriere ist planbar, meint Jeannine. Das tut sie. Sie ist ehrgeizig, aber nicht verbissen. Noch findet sie den Rummel um ihre Person «ganz toll». Es macht ihr Spaß, auf einer Wiese zu sitzen und interviewt zu werden. Sie weiß, das sie eine medienträchtige Story hat – «ich bin vielleicht ein Wunder, aber kein Kind mehr» – und schlägt mir gleich den passenden Titel vor: «Jeannine Burch hat Freuden- statt Lampenfieber.» Das stand in der *Schweizer Familie* über sie. Mir erspart es eine dumme Frage. Überhaupt die ganzen dummen Fragen: Was sie am liebsten ißt? Was sie am liebsten trinkt? Ob sie einen Freund hat? «Das kann ich schon wie eine Rolle spielen.» Deswegen wird es bald keinen Spaß mehr machen. Die Schweizer *Glückspost* veranstaltete einen Fototermin mit ihr. Auf das versprochene Telefoninterview wartet sie noch heute, und insgeheim fürchtet sie, die *Glückspost* könnte einfach schreiben, daß sie am liebsten Käsefondue ißt, weil sie aus der Schweiz kommt, daß sie am liebsten Champagner trinkt, weil alle Erfolgreichen Champagner trinken, und daß sie einen Freund hat, weil eine Geschichte ohne Love-Story keine gute Geschichte ist. Aber unter dem Strich bleibt immer der Name Jeannine Burch. Und das ist wichtig: «Je populärer man ist, um so mehr Macht hat man. Man hat mehr Einfluß in der Branche, und den will ich bekommen.»

Popularität hat Grenzen. Eine Fernsehrolle, wo sie im Bikini hätte auftreten müssen, schlug sie aus: «Wenn es eine natürliche Sache gewesen wäre, ja, aber wenn es nur darum geht, das Publikum aufzugeilen, mach' ich nicht mit.» Schließlich ist sie Schauspielerin, «und dazu liebe ich meinen Beruf zu sehr». Erst einmal möchte sie alles machen, weil sie es wichtig findet, alles gemacht zu haben: einen seriösen Shakespeare genauso wie Tournee, Radio, Film und natürlich auch Fernsehen. Verhandlungen über eine Serie sind im Gange, aber noch ist nichts unterschrieben, daher professionelles Pokerface: «Nur soviel, eine tolle Rolle.» Inzwischen hat sie auch eine Agentin. «Die hat viel mehr Ahnung vom Finanziellen als ich, die weiß, welche Stücke kommen, was ein Erfolg wird und wovon ich besser die Finger lasse.» Auf ihrem Programm steht als nächstes Boulevard an der Komödie am Kurfürstendamm. Das ist nicht gerade Hochkultur, aber Jeannine hat damit kein Problem. «Ich spiele gern für Leute, die lachen und sich amüsieren wollen. Außerdem gibt es am Boulevard Rollen, die ich in meinem Alter auch füllen kann.» Sie wird eine Jenny Johnson spielen, «neben Johanna von Koczian und unter der Regie von Wolfgang Spier». Sie sagt immer «unter», statt «mit», wenn sie von Regisseuren spricht. «Ich versuche immer Achtung vor dem Regisseur zu haben und seine Ansprüche zu erfüllen.» Natürlich sind ihr die lieber, mit denen man reden kann, Probenkräche lohnen nicht. «Es läuft ja doch auf das hinaus, was der Regisseur will.» Das sei auch in Ordnung so. «Von denen kann ich nur lernen.» Schließlich hat sie eine Traumrolle, für «Johanna» von Shaw. «Für die Französische Revolution fehlt mir noch ein Als ob.» Ich überlege krampfhaft, wo man so etwas heute findet. Sie wird etwas finden. Zur Not hört sie sich eben «Ich bin wie ich bin» an, wie bei jeder Rollen-Krise. «Man muß einfach stark genug sein, die zu überwinden und sich sagen: Ich packe es.» Noch jemand Zweifel? – Topp, die Wette gilt.

Ortrud Beginnen

Ortrud Beginnen soll singen

Berlin, Mai 1976: ein Jahr, nachdem das «Theater im Reichskabarett» in der Ludwigkirchstraße – eine beliebte Zuflucht der 68er Generation – wegen Schulden endgültig dicht machen mußte. Zu Ende, die Glanzzeiten des sogenannten «trivialen Theaters», wo wir in den banalsten Texten Zeitkritisches entdeckten, und wo ich meine ersten Erfolge sammelte. Nun übte ich mich gerade als Conferenciöse einer Travestie-Show: «Rosalie Tac-Tac et les petits berlinois». Da stürzt Rosalie – eigentlich Jean Pierre – auf die Bühne, und kriegt sich gar nicht mehr ein vor Lachen: «Ortrüüde, Telefon. Ein Staatstheater Stuttgart will dich sprechen. Quel chance, chérie! Ein staatlicher Puff will dich engagieren!»

Schluß mit der «Nudelbrett-Duse vom Ludwigkirchplatz»; mit 36 Jahren fange ich ein neues Leben an! Ich gehe zu Claus Peymann nach Stuttgart. Da warten ganz andere Kreise auf mich. Und Peymann ist ja links! Also: Mitbestimmungstheater! – das Zauberwort der siebziger Jahre. Keine Hierarchien, keine Stars, Gerechtigkeit in der Besetzung. Alle verstehen und unterstützen sich gegenseitig. Endlich nachdenklich – seriöse Artikel über mich in *Theater heute* – der *Bäckerblume* für Theaterleute. Ich wurde als Gast engagiert. Ich spielte die Blume in «Blume von Hawaii», eine durchgedrehte, degenerierte Hawaii-Prinzessin, die ihre Insel zurückhaben will. Unter der Regie von Alfred Kirchner. Die hatten niemand im Ensemble, der so schön «verrückt» war, wie es in diesem Fall ausnahmsweise verlangt wurde. Das habe ich aber erst später gemerkt. Zwei Stunden lang durfte ich obenohne, dafür mit Federhut, auf der Bühne herumlaufen und dabei berühmte Operettenmelodien absingen. Erst mal wollte ich ganz dableiben, Ensemblespiel lernen und alles, was dazugehört, um als seriöse Schauspielerin zu gelten. Jetzt kann ich's ja zugeben: ich wollte so eine richtige Tragödin werden; Iphigenie womöglich! Ein wundervoller linker Regisseur – eine wilde Mischung aus Robert Redford und Rudi Dutschke – würde sich in partnerschaftlicher Zusammenarbeit mit mir an Goethe, Schiller und all die anderen guten Sachen herantasten.

So wurde es ganz und gar nicht. Die Kunst mag links stehen, der Betrieb muß aber laufen, und das funktioniert am Stadt-/Staatstheater nicht anders als bei der AOK oder beim Verkehrsamt. Natürlich gibt es auch viele Vorteile: Weihnachtsgeld, sechs Wochen bezahlter Urlaub im Sommer, Rentenversicherung, Krankenversicherung. Aber ansonsten: von partnerschaftlicher Zusammenarbeit keine Rede. Ensemblegeist? Im Theater ist der Konkurrenzkampf untereinander genauso groß wie in allen großen Betrieben. Wenn du nicht den heißen Draht zum Intendanten pflegst, nützt dir deine Neigung zu Tschechow gar nichts. Du bleibst unten. Eigene Phantasie einbringen, tätige Mitarbeit: bitte nicht. Das ist in der Regel die traurige Wahrheit im Stadt-/Staatstheater.

Der Regisseur hat ein ganz bestimmtes Konzept, wie *er* sein Stück umsetzen will. Das kann sich auf den Inhalt des Stückes beziehen oder auf eine ganz bestimmte Spielart, die er von den Schauspielern wünscht. Ich habe öfter bei einer Probe einen Satz oder eine Szene zwanzigmal wiederholen müssen, bis es dem Regisseur ins Konzept paßte – und am nächsten Tag war es wieder verkehrt. Oder das Konzept hatte sich über Nacht geändert. Der Schauspieler ist Zuarbeiter, ist Material, das verbraucht wird. Besonders die saturierten Regisseure – links oder rechts, egal – haben ganz bestimmte Vorstellungen, wie der Schauspieler zu funktionieren hat, damit die Regie Erfolg hat. Ich habe es jahrelang versucht, so zu funktionieren, habe die Schuld bei mir selbst gesucht, habe mich richtig geschämt, daß ich nicht «präzise» sein konnte. Berufsuntauglich! Und trotzdem ging ich mit, als Claus Peymann 1979 von Stuttgart nach Bochum zog.

Sieben Jahre Ein-Satz-Rollen, und ab und zu ein bißchen mehr; sieben Jahre zahllose Klein-Beiträge zu bedeutenden Groß-Veranstaltungen: Wenn der große Meister auf der Hauptbühne seinen Geniestreich zur Saisoneröffnung zelebrierte, wurden die noch Unbeschäftigten im Ensemble aufgefordert, auf dem Theatervorplatz, in der Kassenhalle oder im Foyer mit Gesang und Tanz das Gesamtkunstwerk abzurunden. Während man oben Dario Fos «Zufälliger Tod eines Anarchisten» spielte, sangen wir unten Lieder der deutschen Bundeswehr; als oben Brechts Männerstück «Mahagonny» lief, gab es unten im Foyer ein Trostprogramm. Ich hatte noch Glück: ich durfte jedes Jahr die lustige

Ansage beim Silvesterhappening machen. «Ortrud Beginnen soll singen!» kam der Ruf aus der künstlerischen Küche, wenn irgendwo noch die Garnierung fehlte. Eine Weile hatte ich den Kosenamen «Trude Beiprogramm». Um geistig nicht völlig zu veröden, fing ich an, innerhalb des Betriebes eigene Projekte zu entwickeln. Das ging sogar ganz gut. Mit dem Stück «Minna oder wie man dazu gemacht wird» fand ich große Resonanz. Daraus wurde eine Trilogie. Aber langsam merkte ich, daß ein Stadttheater sich nur zu gern eine bunte Feder an den Filzhut steckt. «Petersilie» nenne ich das. Und dann: «Frauenprogramme», das hat «man» heutzutage – einmal pro Jahr. Und gleichzeitig wurde mir klar, daß es nur vom guten Willen der Leitung abhing, wann ich «mal durfte», also sogar im eigenen Projekt total vom Betrieb abhängig war. Da dachte ich mir, wie komme ich denn dazu, diesen Betrieb mit meinen Programmen zu schmücken?

Berlin, Januar 1986: Zehn Jahre später. Meinen festen Vertrag bei Claus Peymann in Bochum habe ich gekündigt – gerade als die *Westfälische Allgemeine Zeitung* mich zur «Perle vom Pott» ernannt hatte. Ich wollte wieder frei arbeiten. Das hört sich gut an: frei. Es hat aber mit kostenlos nichts zu tun. Das Zahlen begann gleich mit dem Neuanfang: ein sechswöchiges Gastspiel beim Kabarett «Die Wühlmäuse» mit meinem Solo-Programm «O Solo mia». Das hieß sechs Wochen lang jeden Abend spielen, außer Montag. Die Presse war gut bis sehr gut. Und das Publikum? Soweit es überhaupt in Erscheinung trat, waren es genau die Leute, vor denen ich aus Westdeutschland geflohen war: Familie Gänseklein und Co., drei Tage Berlin-West DM 560,– inkl. Flug, Übernachtung, Frühstück und Kabarettbesuch. In der Pause lösten sie am Stehbuffet ihren Getränkebon ein. Dementsprechend locker war die Stimmung im zweiten Teil. Mittwochs wurde ein Bus mit Jungen Liberalen aus Westdeutschland reingekippt. Die haben wohl bis zuletzt gehofft, daß doch noch Karl Dall auftritt.

Irgendwann waren die sechs Wochen um, und ich stellte bei der Endabrechnung fest, daß Werbung und Klaviermiete teurer waren als gedacht. Der lang ersehnte Ohrensessel fürs Wohnzimmer entschwand. Plötzlich wurden Themen wie Monatsmiete, Stromrechnung, Steuererklärung aktueller, und schon fing ich an, meine guten Vorsätze zu brechen: ich ging auf Gastspielreise durch die Provinz. Doch nicht immer waren die Räumlichkeiten für Theaterzwecke gedacht. So hatte ich es in Buxtehude mit einer Art Mehrzweckraum in einer Oberschule zu tun. Als Künstlergarderobe diente der Unterrichtsraum der städtischen Fahrschule. Wegen Schneeverwehungen war ich überhaupt erst eine Stunde vor Beginn dort angekommen. «Mit Ihnen haben wir gar nicht mehr gerechnet», begrüßte mich die

Veranstalterin, und erklärte mir, daß der Theaterraum leider nicht geheizt sei, weil die Schüler wegen Witterung frei gehabt hätten. Und voll sei es deswegen nicht, weil 35 Bundeswehrsoldaten kurzfristig abgesagt hätten. Nachher saßen fünf Damen von der «Frauengruppe Buxtehude, Abt. Kultur» in der ersten Reihe und stimmten während der Vorstellung ab, ob ich den «Buxtehuder Kleinkunstigel» wert sei.

In Kassel pflegte man die Kleinkunst im Foyer des Schauspielhauses, noch mehr aber pflegte man den Alkoholausschank. Während ich auf der Bühne meine Späßchen machte, ordneten fleißige Damen an der Bar die Gläser, putzten die Aschenbecher, ließen versehentlich einen Sektkorken knallen. Nach der Vorstellung konnte ich mich nicht mehr waschen, denn in dem Hotel wurde schon um 23 Uhr das warme Wasser abgestellt. Aber die Monatsmiete war sicher.

Heute: Ein- bis zweimal im Jahr mache ich Fernsehen. Das reicht. 1976 saß ich nämlich mal in einer Prominenten-Riege der Fernseh-Quiz-Reihe «Schnick-Schnack». Da war zwar ein halbes Jahr Geld im Portemonnaie, aber wenn ich abends auf der Bühne stand, rief es regelmäßig aus dem Publikum: «Schnick-schnack-schnick-schnack!» Seitdem bin ich vorsichtiger geworden mit der Gesichtsvermietung.

Eine gute Fernsehgage habe ich bisher immer in ein neues Theaterprojekt gesteckt. Geld macht kreativ. Zuletzt war es ein Gruppenversuch mit vier anderen Frauen. Zehntausend Mark und noch mehr schöne Ideen und Hoffnungen habe ich reingesteckt. Ein neues Kabarett-Ensemble sollte es werden. Statt dessen ging es zu wie in der Operette: Konkurrenzkampf bis aufs Messer. Die Premiere kriegten wir noch über die Rampe, aber nach drei Wochen war nichts mehr zu retten. Das Geld war hin. Mir fehlte offensichtlich die nötige Führungspersönlichkeit.

Claus Peymann ist mittlerweile als Intendant des Burgtheaters in Wien gelandet. Zwei- bis dreimal im Monat fliege ich hin und spiele als Gast die Sittah in seiner Inszenierung von «Nathan der Weise». Weitere Rollen habe ich bisher abgelehnt, um nicht auf ein neues in den Sog des Staatstheaters zu geraten. Komischerweise komme ich viel besser mit Herrn Peymann klar, seitdem ich nicht mehr seine Angestellte bin. Sein Name steht jetzt eingeritzt auf einer Messingtafel im Foyer des Burgtheaters, unter den Namen seiner Intendanten-Vorgänger: «Claus Peymann 1986 bis ...» Ein Hauch von Ewigkeit ist schon da. Mir ist die Messingtafel ferner denn je. Ich mache gerade ein Nachtprogramm in einer winzigen Ecke eines pseudofranzösischen Lokals in Berlin, das nicht zufällig eine Tür weiter ist als das alte «Reichskabarett». Das Programm hat den Titel «Katastrophen-Trude». Ich denke: ehrlich währt am längsten.

Wenn ihr's nicht fühlt,
ihr werdet's nie
erjagen...

Konrad Kuhnt

Zwischen jüngstem Gericht und letztem Gefecht

Beobachtungen bei
der Aufnahme-
prüfung

«Wenn du auf so einen Termin hinfieberst,
dann ist das ein Stück seelischer Arbeit»,
sagt Kay. «Es ändert sich alles, wenn's hin-
haut.» Kay ist gestern abend aus Frankfurt
angereist, sieben Stunden Bahnfahrt. Er
sieht noch etwas übernächtigt aus, wie die
meisten anderen auch. Sie kommen aus
Hamburg, aus Bayern oder Nordrhein-
Westfalen. Die ganze Republik ist vertreten
in diesem Raum mit der schlichten Num-
mer 01. Man sieht es an den vielen Reiseta-
schen, gerade groß genug, um den Bedarf
von zwei Tagen zu decken. Einmal Berlin
und zurück. Gestern saßen hier im Raum 01
vielleicht dreißig Leute. Morgen mögen es
35 sein, heute sind es 25, und ihre Hauptbe-
schäftigung wird das Warten sein. Warten,
daß es endlich anfängt. Warten, daß es endlich vorbei ist. Draußen an der Tür hängt
ein Zettel «Aufenthaltsraum mit Gequat-
sche und Getränken». Doch reden will jetzt
kaum einer. Sie wollen allein sein. Mit sich
und ihren Zigaretten. Mit sich und ihren
Gedanken. Nur einige Leutselige suchen das
Gespräch. Ein paar halblaute Sätze, dann ist
es wieder still. Ein blasser Typ hinten in der
Ecke klammert sich an seinen Cellokasten.
Drüben am Fenster dreht einer ständig ein
selbstgezimmertes Holzkreuz zwischen den
Fingern. Es könnte auch ein Schwert sein.
Das ist die Stimmung: angesiedelt im Irgendwo zwischen jüngstem Gericht und
letztem Gefecht. Die junge Frau aus dem
Schwäbischen starrt verquält auf ihre Stie-
felspitzen. So als wisse sie schon, daß es eh'
nichts wird. Die Chancen stehen 70 zu eins.
Plötzlich springt einer auf, läuft quer durch
den Raum, geht zurück und setzt sich still
wieder hin. Alle starren ihn an. «Das Warten
ist das Schlimmste», sagt Annegret später.
«Es ist schon sehr nervenaufreibend», kommentiert Kay die Situation, «die Leute sind

alle sehr in sich zurückgezogen und denken ‹*ich* muß es packen und kein anderer›.»

Insgesamt 950 Leute hegen diesen Gedanken. Das ist die Zahl derer, die sich beworben haben. Höchstens 14 werden es schließlich «gepackt» haben. Es sitzen doch nicht alle im gleichen Boot.

Die Uhr zeigt 8 Uhr 30. Bewegung kommt in Raum 01. Jetzt kommen die Sekretärinnen mit langen Namenslisten. Zettel werden ausgeteilt. «Bitte füllen Sie die aus», sagen die beiden Damen. Eine willkommene Abwechslung: «Haste mal 'n Kugelschreiber?» – «Hochschule der Künste, Fachbereich Darstellende Kunst», steht auf den Zetteln und weiter: «Für die Aufnahmeprüfung zum Sommersemester einstudierte Rollen:» Und jetzt schreiben sie. Vier Rollenausschnitte mußte jeder vorbereitet haben. Lessing ist der meistgenannte Autor, denn eine Rolle aus einem Lessing-Stück ist Pflicht. Damit will die Schule prüfen, wie die Kandidaten mit einem Klassiker umgehen, der nicht unmittelbar im Lebenszusammenhang der Prüflinge steht. Wie sie an ihre Lessing-Rolle herangegangen sind. Das haben alle in einem kleinen Text zusammengefaßt. Auch das verlangt die Schule.

Ein Mann kommt den Gang hinunter. Ein langer Gang, ein starker Auftritt. Mit geübt-lässigen Bewegungen verstaut er Hut und Mantel in einem Wandschrank. «Meine Damen und Herren, ich bringe Sie jetzt in den Probensaal.» Die 25 folgen ihm den langen Gang hinunter. Jetzt scheint es ernst zu werden. «Ich könnte vor Angst heulen», sagt ein Mädchen zu ihrer Freundin. «Dann tu es doch», rät die Freundin, «leg die Aggression in deine Rolle.» Den Jargon haben sie schon drauf. Die wenigsten machen das heute zum erstenmal.

Jemand hält eine Stahltür auf. «Theater-Proben-Saal» steht obenauf. Dann stehen alle auf der Bühne. Geblendet von Scheinwerferlicht. «Ich darf mich Ihnen vorstellen», sagt der Mann, «mein Name ist Professor Milar, ich bin der Vorsitzende der Prüfungskommission. Und das ist unser Probensaal.» Der Saal ist völlig abgedunkelt und nur, wenn man die Hand vor die Augen hält, läßt sich gegen die Scheinwerfer ein Tisch erkennen, an dem einige Gestalten geschäftig mit Papieren rascheln. Das ist die Prüfungskommission. Ihr Vorsitzender auf der Bühne erklärt den Gang der Dinge, daß das Licht während der Prüfung genauso sein wird wie jetzt, daß an der Seite Requisiten und Möbel bereitstehen, daß jeder genug Zeit haben wird, sich die Bühne herzurichten, daß es nicht unbedingt ein schlechtes Zeichen sein muß, wenn die Kommission eine Rolle abbricht. «Wir haben dann genug gesehen und glauben, in einer anderen Rolle mehr von Ihnen entdecken zu können», erläutert der Professor, «es kann auch sein, daß wir Sie bitten, nach der Prüfung noch zu warten, weil wir Sie noch einmal sehen wollen. Auch das hat noch nichts zu bedeuten.» Das endgültige Ergebnis, also wer in die zweite Runde kommt, wird abends ausgehängt oder läßt sich am nächsten Tag im Sekretariat erfragen. Die zweite Runde, an der Hochschule der Künste heißt das: Endauswahl. Die Spreu ist vom Weizen getrennt, und mit den verbliebenen Bewerbern arbeitet das gesamte Kollegium vier Tage lang an szenischen Übungen, bevor endgültig entschieden wird, wer im nächsten Semester das heißbegehrte Studienbuch erhält.

In Frankfurt habe er «die zweite Instanz geschafft», sagt Kay. Er sagt wirklich «Instanz». Für die meisten auf der Bühne des Probensaals wäre die zweite Runde schon ein persönlicher Erfolg, der wieder Auftrieb gibt, der wieder hoffen läßt, auch wenn sie schließlich doch nicht angenommen werden.

Die Kandidaten werden der alphabetischen Namensliste nach in Vierergruppen eingeteilt. Nur eine Frau will unbedingt in die erste Gruppe. Mit einer Mischung aus Mut und Trotz verkündet sie das: Jetzt oder nie. Und sie findet auch einen, der nur zu gerne mit ihr tauscht. Für jede Gruppe ist eine Stunde Prüfungszeit eingeplant. «Vorher können Sie noch an einem ‹warm-up› teilnehmen», verkündet der Professor. Dieses «warm-up» wird von Schauspielschülern älteren Semesters geleitet. Die erste Vierergruppe kann gleich anfangen. Die anderen wissen ihre Prüfungszeit, und irgendwann sitzt jede dieser Vierer-Schicksalsgemeinschaften wieder in Raum 01 und wartet.

Der Papierkorb quillt allmählich über. Die Getränkekasse auf dem Tisch ist schon gut gefüllt. Ab und zu steht jemand auf und holt heißes Wasser draußen aus dem Boiler für den Instant-Kaffee. Der Zeitplan ist hoffnungslos aus den Fugen geraten. Warten aufs «warm-up». Da hat jeder seine eigene Methode. Hendrik aus Hannover sitzt einfach da und brütet vor sich hin. Vor drei Jahren hat er es schon mal an der Schule in Hannover probiert. Sie haben ihn nicht genommen. Dann kam der Zivildienst dazwischen. Jetzt will er es noch einmal probieren. Und wenn's wieder nicht klappt? «Na ja.» – Achselzucken. Maren blättert nachlässig in ihrem Textbuch «Wer hat Angst vor Virginia Woolf». Dann klappt sie das zerlesene Taschenbuch entschlossen zu. Wenn es jetzt nicht sitzt, ist es so oder so zu spät. Die Gräfin Orsina aus Lessings «Emilia Galotti» hat sie noch vorbereitet und die «Elektra» von Hugo von Hofmannsthal. Harter Stoff. Zwei Stunden in der Woche hat sie mit einem Regisseur daran gefeilt. Für Annegret ist heute Aufnahmeprüfungs-Premiere. «Ich habe viel zu wenig gemacht. Nur so zu Hause im Wohnzimmer», meint sie, «und die Franziska von Lessing ist mir sowieso nicht ins Blut gegangen. Ich glaube nicht, daß sie mich nehmen.» Mit 25 Jahren ist sie auch schon relativ alt für eine Schauspielausbildung, und ein angefangenes Studium der Physiotherapie hängt man schließlich auch nicht einfach an den Nagel. Ihrer Ansicht nach hat «jeder so einen Traum in sich: Deswegen mache ich das jetzt, bevor ich es irgendwann mal bereue.»

Kay gibt sich selbstbewußt: «Ich halte mich für geeignet.» Schließlich hat er sich ein Jahr lang auf diese Prüfung vorbereitet, seine vier Rollen einstudiert. «Diesmal habe ich alles allein gemacht.» Letztes Jahr, für die Aufnahmeprüfung in Frankfurt, hatte Kay seine Rollen mit einem tschechischen Regisseur «gearbeitet», und das ging gründlich daneben. «Der hatte wahnsinnig viel Dramatik und die auf mich projiziert. Die Rollen, in die er mich gepreßt hat, haben zwar gestimmt, aber es war nicht überzeugend, weil einfach nichts von mir dabei war. Das haben die Prüfer gemerkt, und darum wurde es nichts.» Mark, der Schauspielschüler im vierten Semester, nickt mit dem Kopf. «Es kommt überhaupt nicht darauf an, irgendwelche Methoden zu kennen», meint er. «Die Prüfer wollen den Menschen sehen, wie durchlässig er ist. Die Persönlichkeit ist gefragt. Man muß da nichts Überwältigendes präsentieren.» Ende der Fachsimpelei. Jetzt wird geturnt.

Mark bittet die vier zum «warm-up» auf eine kleine Probenbühne. Sie laufen durch den Raum, erst kreuz und quer. Jeder sucht sich einen Punkt, auf den er zuläuft und von dort zum nächsten. Sie bleiben voreinander stehen, schauen sich an, laufen weiter. Dann schickt Mark sie ins Wechselbad der Gefühle. Sie gehen im Kreis, die Glieder werden schwer, sie sinken in sich zusammen. «Es ist alles ganz furchtbar», suggeriert Mark mit schwerer Stimme, «ganz schlimm.» Jetzt sind sie kaum noch vorhanden, kriechen im Entengang über den Boden. Und dann baut Mark sie auf: «Gute Luft hier», er schnuppert, «Frühling.» Sie werden größer, kommen nach oben, die Schritte werden leichter. «Ist doch alles prima.» Ja, es sieht so aus, als laufen sie beschwingt, beinahe heiter. Die Sonne scheint auf der Probenbühne. «Mit diesem Gefühl müßt ihr jetzt in die Prüfung gehen. Wer fängt an?» – Pause.

Annegret fängt an, vielleicht weil sie die gesündeste Einstellung zu der ganzen Prozedur hat. «Ich breche nicht in Schmerzensschreie aus, wenn sie mich nicht nehmen. Ich probier's dann höchstens noch einmal.» Die Stahltür zum Theater-Proben-Saal öffnet sich. Dann ist die Kandidatin mit sich, den Scheinwerfern und der erlauchten Kommission allein. Nachher wird sie erzählen, daß sie gar nicht richtig in Schwung gekommen ist, daß sie fast zu locker war. Die Armgart aus Schillers «Tell» ging gründlich daneben. Nach zwei Rollen war die Prüfung beendet. Von der Kommission hat sie nichts gesehen, wegen der Scheinwerfer. «Ich habe nur gespürt, daß die schon reichlich kaputt waren. So schnell raus, Mist. Man hört das ja an der Stimme.» Und aus ihrer Stimme klingt ein bißchen Enttäuschung.

Die anderen drei sitzen draußen und warten. «Mach dich darauf gefaßt, daß du bei der zweiten Rolle die Brille abnehmen mußt», sagt Mark zu Kay. «Die wollen deine Augen sehen.» Kay weiß Bescheid. Er ist Prüfungsprofi. «Aber es ist schon erstaunlich, wie wenig die Leute manchmal wissen», meint Mark, «manche glauben, sie müßten in einer Dialog-Szene beide Rollen spielen und springen dann immer hin und her. Das ist der größte Fehler, den du machen kannst.»

Kay verschwindet als nächster hinter der Stahltür. Dann Hendrik. Schließlich Maren. Danach sollen sie zwar alle noch dableiben, denn die Kommission will beraten, aber große Hoffnungen macht sich keiner. Hendrik sagt nichts, Kay murmelt etwas von einem Jahr Vorbereitungszeit. Maren ist wütend: «Die haben mich einfach abgebrochen. Den Schluß der ‹Orsina›, wo die Rolle gut wird, haben sie mich gar nicht mehr spielen lassen. Möchte mal wissen, was die für Kriterien haben, diese Halbgötter.»

Die Stahltür geht wieder auf. Eine Frau kommt heraus und sagt: «Also, ihr könnt jetzt doch alle gehen – der Nächste bitte.» Kay hat es eilig. Er greift die Reisetasche und hastet zum Bahnhof. Er hat morgen Termin zur Aufnahmeprüfung in Frankfurt. Maren kramt resigniert ihre Sachen zusammen. «Ich bin sechs Jahre im Geschäft, jetzt reicht's.» Mit «Geschäft» meint sie Prüfungsgeschäft.

Am Abend hängt die Liste aus. Drei haben heute die zweite Runde erreicht. Drei von 25. Insgesamt sind 40 Kandidaten in die Endauswahl gekommen. Zehn davon haben sie auserkoren. Sechs Männer und vier Frauen. Es hätten zwar 14 Plätze zur Verfügung gestanden, «aber», und das sagt der Professor ernsthaft, «wir nehmen nur die auf, bei denen wir glauben, es verantworten zu können, sie später dem Beruf auszusetzen».

Ich wollte gar nicht unbedingt Schauspielerin werden. In der Schule in Frankfurt hatten wir eine Theater-AG. Da erfuhr ich überhaupt erst, daß es so etwas wie Schauspielschulen gibt. Vom Arbeitsamt besorgte ich mir ein Heft über den Beruf des Schauspielers. Da stand alles, was verlangt wird, aufgeführt. Wie man sich bewirbt und was für Fächer unterrichtet werden: Körpertraining, Fechten, Akrobatik, Rollenstudium. Aber auch so Sachen wie Theorie oder Bühnenrecht. Das hat mich schon stark beeindruckt. In der Theater-AG sollte ich die Celimene in Enzensbergers «Menschenfeind» spielen. Davon habe ich meine Entscheidung abhängig gemacht: Wenn ich nicht vor Lampenfieber sterbe, versuche ich auf eine Schule zu kommen. Das Stück wurde ein Erfolg. Also habe ich es probiert.

Von den einzelnen öffentlichen Schulen ließ ich mir Unterlagen kommen. Die Anforderungen sind ziemlich ähnlich: drei oder vier Vorsprech-Rollen, die möglichst unterschiedlich sein sollen. In Berlin ist eine klassische Rolle Pflicht. Außerdem muß man einen kleinen Text schreiben, wie man diese Rolle angegangen ist. An allen Schulen gibt es zwei, manchmal sogar drei Auswahlrunden. In Saarbrücken verlangen sie zusätzlich einen Theorie-Test, und München ist die einzige Schule, wo man Prüfungsgebühren zahlen muß. Die Altersgrenze liegt im allgemeinen bei 24 Jahren, in Berlin sogar bei 28. Aber das ist utopisch. Die Schulen nehmen am liebsten ganz junge Leute. Mit 23 Jahren wird es schon schwierig. Ich war 19. Und noch etwas ist bei allen Aufnahmeprüfungen gleich: riesige Bewerberzahlen. Von 600 aufwärts und eine Stimmung, daß man die Luft schneiden kann.

Als Vorsprechrollen suchte ich mir die Estelle aus Sartres «Geschlossene Gesell-

Anja Hable

Alle Neune

Eine Aufnahme-
prüfungs-Tournee

schaft», die «Viola» aus Shakespeares «Was ihr wollt», weil man ja etwas Komisches braucht, und die Balkonszene aus «Romeo und Julia». Die hatte ich mal gelesen und war so begeistert davon, daß ich sie unbedingt spielen wollte. Man riet mir damals ab, weil das *die* klassische Rolle überhaupt und außerdem eine der schwierigsten ist. Inzwischen weiß ich das auch, aber damals bin ich ganz naiv an die Sache herangegangen.

An meinen Rollen arbeitete ich mit einer befreundeten Schauspielerin, die mit mir jeden Gang einprobte. Meine Mutter hat mir für die ganze «Tournee» einen Junior-Paß finanziert.

Zuerst fuhr ich nach Essen. Da war ich noch sehr von mir überzeugt. Ich dachte, die nehmen mich sofort, bin auf die Bühne, habe meine Sachen runtergespielt und war ganz entsetzt, als die Prüfer gar nicht daran dachten, mich zu nehmen. Sie wußten schon nach der ersten Rolle, daß ich mit jemandem geprobt hatte, und alle Schulen legen Wert darauf, daß die Rollen allein vorbereitet werden. Mich hätte jemand fürs Theater verdorben, sagten sie mir. Ich würde zu glatt spielen. Da seien Gesten, die ich noch gar nicht füllen könnte. Ich sollte besser noch ein Jahr leben und noch mal wiederkommen, wenn ich wollte. Sie sagen einem ja nicht immer, warum sie dich ablehnen, aber wenn sie es tun, dann nehmen sie kein Blatt vor den Mund. Das kann schon hart sein. Aber mit dieser Kritik konnte ich leben, sie stimmte ja. Bei der Julia gab es zum Beispiel so kitschige Sachen, wie an der Wand entlang rutschen. Ich habe dann alle überladenen Gesten rausgeschmissen und in Frankfurt auch eine «neue» Estelle gespielt. Prompt kam ich mit 60 anderen in die zweite von drei Runden. Das waren Improvisationsaufgaben. Ich mußte mit einer Partnerin «Beim Friseur» spielen. Ich sei die Kundin, also der passive Part, erklärten sie uns. Es wurde immer langweiliger. Schließlich brachen sie ab. Hinterher hieß es, ich sei wegen der Improvisation rausgefallen. Ich hätte viel mehr agieren müssen. Außerdem bemängelten sie körperliche Blockaden und einen S-Fehler beim Laut-Sprechen. Dies als Grund anzugeben, schien mir verwaschen. Ich war ziemlich sauer, habe auch geheult. Man muß ja diesen psychischen Stress verarbeiten.

Danach bin ich 600 Kilometer nach Hamburg gefahren. Dort geht es kurz und schmerzlos. Man spielt vor. Das ist eine Sache von fünf Minuten. Wenn sie sagen «der nächste bitte», ist man draußen. Wenn man noch mal reingerufen wird, ist man in der zweiten Runde. Bei mir hieß es «der nächste bitte». Ähnlich war es in Stuttgart: Aus in der ersten Runde.

Zu Hause habe ich mir überlegt, was die Prüfer eigentlich wollen. Da sind vielleicht 900 Leute, die vorspielen. Die von der Kommission wollen überrascht werden. Für München nahm ich mir vor: egal was kommt, ich spiele einen Ausbruch. Ich bin auf der Bühne völlig ausgeflippt, habe herumgeschrien. Auf dem Höhepunkt blieb mir dann der Text weg. Ich bekam einen «Hänger», bin immer hin- und hergelaufen und habe verzweifelt den letzten Satz wiederholt. Sie mußten lachen, und so kam ich in die zweite Runde. Aber dort war der Ausbruch schon nicht mehr so frisch. Dann mußte ich zehn Tage auf das Ergebnis warten – komme ich in die dritte Runde oder nicht. Und in diesen zehn Tagen erlebst du natürlich alle Höhen und Tiefen, machst dir Hoffnungen, bist schon so oft durchgefallen, möchtest unbedingt an die Schule. Und dann nach zehn Tagen die Absage – ohne Begründung. Das hat mich völlig zerstört. Ich war nah daran, aufzugeben. Aber dann kam Bochum. Das war die Schule, auf die ich am liebsten wollte. Sie ist nicht so riesig wie die anderen Schulen, die meistens an eine Musikhochschule angegliedert sind.

800 hatten sich beworben, und ich war unter den 14, die die dritte Runde erreicht haben. Das war natürlich riesig. Das erste Mal in der dritten Runde. Bei den ersten Improvisationsübungen flogen die nächsten raus. Jetzt waren wir nur noch zu sechst. Vier Männer und neben mir noch eine Frau. Ich saß in der Umkleidekabine und habe nur gehört, wie die gespielt hat. Ein ganz unscheinbares Mädchen. Aber sie hatte so eine Ausdruckskraft, daß ich wußte: die nehmen sie. Danach wurde ich reingerufen. Der Prüfer wollte mit mir noch mal an der Viola arbeiten. Da wurde es plötzlich ganz wichtig für mich. Ich wollte alles richtig und gut machen und war dadurch einfach nicht mutig genug. Dann war ich wirklich draußen. Ich würde noch zu schön spielen. Nach zwei Tagen mit jeweils zwölf Stunden Prüfung war ich völlig fertig und brauchte nicht lange auf die Tränen zu warten. Trotzdem war Bochum auch eine Bestätigung für mich, wie so ein Wurstzipfel vor der Nase, der im letzten Moment doch weggezogen wird. Das Resultat war, daß ich mehr denn je auf eine Schule wollte.

In Saarbrücken standen die Chancen dann gar nicht schlecht. Dort gab es nur 400 Bewerber. Bei diesem Theorie-Test mit Fragen wie «Was ist der Unterschied zwischen einer Theater- und einer Fernsehinszenierung?», «Wann lebte Brecht?» oder «Nenne vier Komödien und vier Tragödien von Shakespeare» haben wir alles voneinander abgeschrieben. Zum Schluß standen auf allen Zetteln ähnliche Antworten. Ich hatte auch eine neue Rolle einstudiert, die Sängerin aus Jean Cocteaus «Der schöne Teilnahmslose». Die durfte ich in der ersten Runde ganz durchspielen. An anderen Schulen ist das nicht so. Die Prüfer in Saarbrücken waren auch die ersten, die sich mit mir über eine Rolleninterpretation stritten. Normalerweise wird das immer ausgeklammert, und sie achten nur darauf, was du auf der Bühne machst. Aber nach Saarbrücken wollte ich nicht, weil das mir doch zu bieder war.

Die Schulen haben alle ihren Ruf. Saarbrücken und Essen gelten zum Beispiel als konservativ, wo man noch sehr viel Wert auf Stimme und richtiges Sprechen legt. In Hannover, heißt es, seien sie mehr an deiner Psyche interessiert, wollten die Persönlichkeit kennenlernen. Und in Berlin sei das Studium sehr uni-mäßig organisiert und verschult. Man hört das immer wieder während der Prüfungs-Tournee, weil man immer wieder auf dieselben Leute trifft.

In Hannover aber konnte ich feststellen, daß zumindest das Vorurteil der Abfertigung nicht stimmt. Dort durften wir nämlich zusehen, wie die anderen spielen. Auf der Bühne sieht man alles. Da kann man keinem etwas vormachen. Schon nach ein paar Minuten weißt du, ob was rüberkommt oder ob sich die Leute in den Text flüchten, nur oberflächlich spielen und nicht richtig aus sich herausgehen. Eben die typischen Fehler, die man in so einer Prüfungssituation macht.

In Hannover gab es keine persönliche Ablehnungsbegründung, sondern einen Bogen, auf dem die wichtigsten Punkte angekreuzt waren, wie körperliche, stimmliche Schwierigkeiten oder Interpretationsprobleme. Bei den meisten war «körperliche Ausdrucksschwierigkeiten» angestrichen. Auch bei mir. Aber ich habe das positiv gesehen, nämlich was nicht angekreuzt war, mußte ich schon haben. Insofern war ich mit der Prüfung ganz zufrieden. Trotzdem habe ich mir überlegt, daß die anderen etwas haben mußten, was mir fehlte. Sie waren zum größten Teil älter, wohnten auch nicht mehr zu Hause, hatten mehr Lebenserfahrung und damit vielleicht eine größere Intensität auf der Bühne.

Die österreichischen Prüfungen in Graz, Wien und Salzburg ließ ich ausfallen und zog statt dessen nach Berlin um, weil es dort eine Theaterszene gibt, die Frankfurt nicht hat. Ich wollte ein halbes Jahr lang Erfahrungen sammeln für die neunte und letzte Prüfung. Wußte dann aber gar nicht mehr, ob ich überhaupt noch auf eine Schauspielschule will. Ich meldete mich aber trotzdem an. Schließlich wohnte ich in Berlin, und außerdem hatte ich gemerkt, wie schwierig es ist, sich mit Nebenjobs über Wasser zu halten. Öffentliche Schulen sind umsonst. Aber auf der Bühne war ich ziemlich zu. Ich glaubte zwar, nach acht Prüfungen wäre ich abgebrüht genug, aber ich hatte einfach Angst vor einer erneuten Enttäuschung. Die kam dann zwangsläufig. Ich ließ die Rollen gar nicht richtig an mich heran, obwohl ich immer die Erfahrung gemacht hatte, daß ich sofort abgelehnt werde, wenn ich auf Sicherheit spiele, wenn ich mich nicht öffne. Man hat Angst sich zu öffnen, weil man damit verletzlich wird. Aber man muß auch den Mut haben, sich zu blamieren. Wenn es danebengeht, zurücknehmen kann man immer und hat mehr von sich gezeigt. Ich hatte nie das Gefühl, daß die Prüfer schlecht damit umgingen. Man sollte seinen Impulsen auf der Bühne folgen und daran auch Spaß haben.

Aber bei mir merkte ich, daß durch die Prüfungen alles so ein Krampf geworden war, daß ich langsam meine Spielfreude verlor. Jetzt versuche ich, den Spaß am Theater auf einer freien Bühne wiederzufinden – ohne den ständigen Druck im Nacken.

Gerd Meißner

Oh, Sie hier – und nicht in Hollywood?!

Der Studiengang
«Schauspiel» an der
Hochschule für
Musik und Theater
Hannover

Prolog

Der Weg vom Emmichplatz auf das Gelände der Hochschule führt durch die Ruine eines Arkaden-Portals aus Sandstein. Einer verwitterten Tafel ist zu entnehmen, daß an dieser Stelle 1712 das städtische Pesthaus erbaut wurde; umgewandelt in eine Wirtschaft namens «Neues Haus», 1894 neu errichtet, fiel das Gebäude 1943 einem Bombenangriff zum Opfer. Seit 1972 hat hier die Staatliche Hochschule für Musik und Theater ihren Platz.

Was die Tafel verschweigt: Glaubhaften Zeugenaussagen zufolge verließ am letzten Aufnahmeprüfungsnachmittag im Herbst 1982 ein junger Mann, brüllend wie ein Berserker, den Bau der Schauspielschule. Unter den Arkaden angelangt, versuchte er, das Werk der Bomben mit den Füßen zu vollenden. Blindwütig trat er immer wieder gegen die Sandsteinsäulen, und sein Schrei hallte aus dem nahegelegenen Stadtwald wider: «Diese Scheißschule, warum wollen die mich nicht? Die wissen doch gar nicht, was ihnen entgeht!»

Die Säulen stehen noch, wenn auch an den Sockeln etwas abgenutzt. Sie haben schon viel gesehen: Sieche, Säufer und Schauspielschul-Kandidaten. Schade, daß sie nicht reden können.

*

«Herzloses Schwein!» Die Tür ist nur angelehnt. «Schamloses Miststück!» Eine schneidende Frauenstimme dringt durch den Spalt nach draußen – kaum abgemildert durch den Teppichboden, der in seiner undefinierbaren Farbmischung aus Landweinrot, Emanzipationslila und Schneckenpurpur doch Harmonie und Kreativität am Institut fördern soll. So jedenfalls hat es sich der Innenarchitekt vorgestellt, als er die ganze Hochschule für Musik und Theater mit dieser Augenweide auslegen ließ; die scharfen Töne hinter der Tür im 1. Stock jedoch deuten eher auf einen gegenteiligen Effekt.

«Herzloses Schwein, Stiesel mit...» – die Studenten draußen auf dem Gang lassen sich nicht stören – «...Abstumpfungserscheinungen!» Keiner wird stutzig. Niemand wundert sich, alle wissen, was gespielt wird: Gerhild Bernard ist wieder da. Einmal pro Woche kommt die Sprecherzieherin von der Universität Bielefeld für sechs Stunden herüber nach Hannover, um mit den Schauspielstudenten des 4. Jahrgangs Sprechtechnik zu trainieren. S-Übung ist angesetzt: «Sehend deine Haltung, interessiert mich dein Ziel nicht», rezitiert die Studentin hinter der Tür Bertolt Brecht. «Hörend dein S, interessiert mich dein Text nicht», sagt die Lehrerin. «Du bist sooo gemein...» klagt die Schülerin. «Ich weiß das, ich weiß – mach weiter.»

Hart, aber herzlich ist der Umgangston an der Abteilung Schauspiel der Hochschule für Musik und Theater. Verglichen mit anderen Studiengängen, finden die Studenten hier geradezu familiäre Geborgenheit: Zehn hauptamtliche und fünf nebenamtliche Lehrer unterrichten rund 40 Schüler aus vier Jahrgängen. Sehr grob gerechnet, ist damit ein Dozent für nur drei Studenten da. Zehn bis zwölf Studienplätze pro Jahr können – aber müssen nicht – vergeben werden. Das entspricht der Aufnahmekapazität der meisten öffentlichen Schauspielschulen. Über 800 junge Frauen und Männer haben sich 1986 in Hannover für das Schauspielstudium beworben – rund 100 mehr als noch im Jahr zuvor. Tendenz: weiter steigend, wie an den anderen Schulen auch. Möglichst nicht jünger als 18 und nicht älter als 28 Jahre sollten die Bewerber sein; nicht Abitur, aber eine abgeschlossene Schulbildung müssen sie nachweisen, und auch ein Gutachten über die Stimmgesundheit wird verlangt. Und das sind nur die Mindestvoraussetzungen. Gesiebt wird dann zwei Wochen lang jeweils am Ende des Sommersemesters. Höchstens drei Tage dauert die Aufnahmeprüfung für die einzelnen Kandidaten: Drei Vorspielszenen werden begutachtet, dazu Gruppen- und Einzelimprovisation, Bewegungs-, Sprech- und Sprachmöglichkeiten, szenische Arbeit und die Fähigkeit zum Zusammenspiel. Am Ende wartet ein Mitglied des Kollegiums in Studio D und sagt: «Die jetzt bestanden haben, sollen sich bitte nicht zu laut freuen, aus Rücksicht auf die anderen.»

Die anderen – das sind jene, die anschließend nicht in den geschmückten Nebenraum geführt werden: zur traditionellen Begrüßungsfeier mit Sekt und Umarmungen.

Über dem Schreibtisch im Arbeitszimmer von Studiengangssprecher Heinz Schlage im 1. Stock hängt die aktuelle «Besetzungsliste» der «Schauspieler»; 42 Studenten sind hier verzeichnet, Prof. Schlage hat ihre Namen alle im Kopf.

«Erotik.» – Das ist seine schlichte Antwort auf die Frage, was denn nötig sei, um auf diese Liste zu gelangen: «Theaterarbeit ist eine stark erotische Arbeit.» Und um nicht mißverstanden zu werden – «Mit Sex-Appeal allein hat hier noch niemand die Aufnahmeprüfung bestanden» – skizziert Schlage kurz die Ausrichtung der Schule: «Das Wesentliche bei uns ist die Ensemblearbeit. Bei der Aufnahmeprüfung sind nicht nur die individuellen Fähigkeiten wichtig, auch das Zusammenspiel zählt. Die gesunde Spannung zwischen denen, die dann vier Jahre lang eine Einheit bilden sollen; wir müssen dafür sorgen, daß sie zusammenpassen. Wir halten unsere Schüler sehr früh dazu an, gemeinsam Szenen zu entwickeln und Rollen zu arbeiten. Dann sorgen wir dafür, daß sie nach diesen Erfahrungen auch weiter beieinanderbleiben.» Mit einem Lächeln verweist Schlage selbstkritisch auf eine Nebenwirkung des Konzepts, das er mitentwickelt hat und nach dem die Schule seit Anfang der 70er Jahre ausbildet: «Dieses Gluckenverhalten der Lehrer ist manchmal schon sehr schlimm. Aber davon sind andere Schulen wohl auch nicht frei. Das bleibt einfach nicht aus bei diesem Studium.»

«Gruppenorientierung» und «Projektorientierung» sind die zentralen Begriffe des Hannoveraner Konzeptes. Der Studiengang Schauspiel zählt damit zu den «progressiven» Schauspielschulen in der Bundesrepublik, sieht sich eher in einer Reihe mit Berlin und Bochum als mit Frankfurt und Essen. Die Ausbildung dauert in der Regel vier Jahre. Sie ist aufgegliedert in vier Semester Grund- und vier Semester Hauptstudium, geteilt durch eine Zwischenprüfung. In jedem Studienjahr widmen sich die Studenten während des ersten Semesters vorwiegend der fächerübergreifenden Projektarbeit; in der zweiten Jahreshälfte konzentrieren sie sich dann auf Rollenstudium, handwerkliche Fächer, Theorie und ihre individuellen Schwächen und Interessenschwerpunkte. Sprech- und Körpererziehung sind Pflichtfächer in allen acht Semestern. Am Ende steht die Diplomprüfung in Theorie und Praxis.

Andächtige Stille in Studio A. Einer spricht mit eindringlich leiser Stimme von seinem Regiestuhl herunter. Sieben andere sitzen auf dem kreativroten Teppichboden um ihn herum und lauschen angespannt. Nur die Koloraturen einer angehenden Opernsängerin trillern durch die geöffnete Balkontür aus der Abteilung Musik herüber und stören zuweilen empfindlich die Konzentration. «Ich will eine Geschichte erzählen, die schon da ist mit euch auf der Bühne», erklärt Schauspiellehrer Peter Hommen seinen Schülern. «Diese Geschichte muß nur noch sichtbar gemacht werden da oben. Wenn wir eine Szene wiederholen, dann nicht, um sie besser zu machen – ihr sollt besser in euch hineinhören, euch besser erforschen können.» Szenische Übung steht auf dem Stundenplan des 2. Semesters. Die Studenten bestimmen weitgehend selbst, welche Textvorlagen sie «oben» – hier: unten auf dem Teppichboden – umsetzen wollen; der Dozent hat sich bei der Auswahl auf die Ratgeberrolle beschränkt.

Zwei Studenten haben eine Erzählung von Hemingway bearbeitet, «Drei Tage Sturm» (Three Days Blow) – Szenen einer Männerfreundschaft. Knapp eine Viertelstunde dauert das einstudierte Kamingespräch der beiden jungen Männer. Doch nur für zwei Durchläufe, am Anfang und am Ende, ist Zeit in dieser Drei-Stunden-Sitzung. «Der ganze Anfang war mir nicht klar», kommentiert Lehrer Peter Hommen den ersten Versuch, «welches Zeitgefühl habt ihr für eure Freundschaft, wie lange seid ihr zusammen?» Und bewußt trennt er bei seiner Frage die beiden – befreundeten – Darsteller nicht von «Bill» und «Nick», ihren Rollen: Sinn der Sitzung ist die Selbsterforschung, das Ausloten der eigenen Biographie bis hin zur Selbstentblößung. «Peepshow» nennen die Studenten das.

«Ich studiere hier, weil ich mit diesem Beruf anschließend Geld verdienen will. Schauspielausbildung als Selbstfindung, wie manche sich das so vorstellen – das ist doch völlig weltfremd.» – «Bill», Schauspielstudent im 2. Semester, heißt richtig Christian Heller, stammt aus Stuttgart und ist 26 Jahre alt. Mit seinem braunen Vollbart wirkt er nicht gerade wie ein angehender «strahlender junger Held», sondern eher wie der nette Sozialarbeiter von nebenan. Christian hatte schon den Zivildienst abgeleistet und zwei Ausbildungen als Erzieher und Kamera-Assistent absolviert, bevor er sich vor einem Jahr in Hannover bewarb. «Ich hatte immer dieses Bedürfnis, kreativ zu arbeiten. Erst theaterpädagogisch mit Kindern; dann, hinter der Kamera, war ich ständig mit Schauspielern konfrontiert. Da kam der Wunsch wieder durch, Schauspieler zu werden.» Vorher hatte er es schon mit Bewerbungen in Stuttgart und Bochum versucht; im dritten Anlauf dann schaffte er den Sprung – als einer von neun von 800. Die meisten seiner neuen Kommilitonen in Hannover waren wie er «Mehrfachbewerber» und entsprachen kaum dem Klischee der «geborenen Selbstdarsteller». «Es gibt Unterschiede zwischen den Jahrgängen», hat Christian festgestellt, «in unserem sind wir alle mehr oder weniger introvertiert, eher ruhig als explodierend. Das sagt gar nichts aus über die schauspielerischen Fähigkeiten – ich habe hier gelernt, daß vermeintliche Schwächen Stärken sein können, und daß, was ich immer für Stärke gehalten hatte, hier eine Schwäche sein kann.» Für Christian und Mitschüler, die wie er nicht direkt nach der Schule an die Hochschule kamen, bedeutete der Studienbeginn eine völlige Umstellung: «Ich bin nach Hause gekommen und habe gedacht: Was kannst du überhaupt? Am Anfang wurde, bei aller Behutsamkeit, sehr stark mit der Tatsache gespielt, daß wir Anfänger sind. Das ist hier alles sehr verschult, muß es auch sein. Aber diese Unterordnung – der Lehrer Soundso hat recht – fällt manchmal schwer. Heute habe ich einen gewissen Abstand dazu.»

Rund 50 Stunden in der Woche ist Christian für die Schule auf der Rolle. 40 Stunden Unterricht sind in den ersten Semestern vorgesehen; dazu kommt das Textlernen nach dem Frühstück und die theoretische und praktische Unterrichts-Vorbereitung in den wenigen Springstunden und nach der Schule – etwa zehn Stunden wöchentlich. Das Privatleben – gehört auch der Schule. «Du kannst dich anschließend nicht einfach ausklinken», sagt Christian. «Mir ist das bei der Aufnahmeprüfung unheimlich stark aufgefallen, dieses Familiäre, dieses Intime. Das hat für mich die Attraktivität dieser Schule noch gesteigert. Zum Beispiel in der Szenischen Ausbildung, da entsteht eine Nähe, eine Intimität, der man nicht ausweichen kann. Du orientierst dich mit der Zeit immer stärker an den Menschen, die um dich herum sind. Das ist eine Art Sachzwang. Meine jetzige Freundin habe ich bei der Aufnahmeprüfung kennengelernt.»

«Aufmachen – aufmachen! Hört ihr nicht, hier ist jemand krank, wir brauchen Hilfe! Dringend!» In der Nachbarschaft schert sich schon lange keiner mehr um die Schreie aus der Villa Podbielskistraße 32. Wochen geht das jetzt schon so, wie jedes Jahr im Frühjahr: Proben für die Abschlußproduktion des 4. Jahrgangs in der Dependance der Schauspielschule. Am Emmichplatz sind die Räume knapp, die technisch luxuriös ausgestattete Bühne ist meist von den «Musikern» belegt, die «Schauspieler» müssen ausweichen in die drei ehemaligen Wohnzimmer an der Podbielskistraße.

«Es gibt eine vernünftige Erfahrung, die man hier macht – der Mensch hält was aus.» Susanne Stein sagt das, 26 Jahre alt und Schauspielstudentin im 8. Semester. Doch sie meint nicht die Raumverhältnisse, unter denen der ganze Studiengang stöhnt. Der Satz ist Teil ihrer Rolle in dem Stück von Jorge Diaz, das sie gerade mit vier Mitschülerinnen probt: «Diese ganze lange Nacht», Szenen aus dem Frauengefängnis einer lateinamerikanischen Diktatur. Die Abschlußproduktion, die später regelmäßig im Kulturzentrum «Raschplatz-Pavillon» in der Innenstadt gespielt werden wird, bildet den praktischen Teil der Diplomprüfung. Geprobt wird unter Anleitung von zwei Dozenten über zwei Monate, jeden Tag von 10 bis 15 Uhr. «Hinterher bist du erst mal fertig», sagt Susanne, «aber damit ist der Tag noch lange nicht vorbei.»

Bei einem Hochschulwettbewerb «Rezitation» belegte sie im letzten Jahr den ersten Platz – und bekam prompt ein Angebot für einen Nebenjob als Rundfunksprecherin. Nach den Proben eilt sie oft direkt ins Aufnahmestudio, dann wird Text gelernt; anschließend steht sie von 20 Uhr abends bis ein Uhr morgens hinter einem Kneipentresen – wenn nicht gerade Aufführung im «Raschplatz-Pavillon» ist; in einer Produktion des 5. Semesters mußte sie für eine Kollegin einspringen. «Acht Leute in meinem Jahrgang müssen arbeiten wie ich», sagt Susanne, «wir haben vorher alle etwas anderes studiert und kriegen jetzt kein BAföG mehr.» Auch die Studiengangsverwaltung sorgt dafür, daß die Studenten nicht darben müssen, kümmert sich beispielsweise um angemessene Arbeitsmöglichkeiten auf den diversen Messen in Hannover. Eines ist nicht angemessen: Statisterie. Das liegt unter der Würde der Schauspielschule.

Im 4. Jahr ist die Arbeitssituation weniger intim als am Anfang – nicht nur wegen Mehrfachbelastung der Studenten. «Die ersten Jahre klumpt man immer zusammen», erinnert sich Susanne, «man hat alle Kurse zusammen, ist aufeinander angewiesen. Das hört mit dem 5. Semester schlagartig auf, da arbeitest du nur noch alleine mit einem Dozenten am Repertoire, siehst deine Kommilitonen gar nicht mehr. Du bist völlig isoliert. Das geht dann so bis zum Vorspielen bei der Zentralen Bühnenvermittlung, und du hast auch keinen Unterricht mehr. Du bist dann total auf dich gestellt, kannst herumreisen, dich bewerben und triffst die anderen erst wieder zur Diplomarbeit im letzten Semester.» Susannes Thema für den schriftlichen Teil der Prüfung ist «Die Motivation zum Schauspielerberuf»; dafür hat sie Aussagen und Texte von Mitschülern und ausgebildeten Schauspielern zusammengetragen. «Das Wichtigste für die meisten in meinem Jahrgang ist, daß die Ausbildung viel mit ihnen selbst zu tun hat – daß sie Bewegung haben, Atmen und Sprechen lernen. Ich glaube, daß viele Kommilitonen hier eine Schulerfahrung hinter sich haben, wo sie wissenschaftliche Sachen lernen mußten, die sie wirklich nicht lernen wollten, so wie das auch bei mir war. In anderen Jahrgängen ist das wieder anders.» Das soll nicht heißen, daß an der Schule «Seelchen» ausgebildet werden: «Was die Frauen betrifft – hier laufen sehr viele in schwarzen Lederjacken herum; zartbesaitete Frauen gibt es hier kaum, die gehen hier unter. Das ist vielleicht ein bißchen typisch für diese Schule. Beim letzten Schauspielschultreffen konnte man die Schulen nach Moderichtungen unterscheiden: Wir kamen in Lederjacken und leicht angepunkt, andere Schulen waren an den Zöpfen oder hüftlangen Haaren zu erkennen.»

Susannes Jacke hängt am Wandhaken auf dem Flur der Dependance Podbielskistraße; sie ist schwarz und aus Leder.

Im Regal der Studiengangsverwaltung am Emmichplatz stapeln sich die Abschlußarbeiten: «Die Situation des Schauspielers – Eine Gegenüberstellung zweier Schauspieler aus Subventions- und Freiem Theater», «108 Tage Landesbühne Niedersachsen», «Anfänge in der Provinz». Viele Schauspielstudenten widmen ihre Diplomarbeit im 8. Semester den praktischen Erfahrungen während des Studiums – und der Perspektivsuche. «Vieles davon ist Schockverarbeitung», sagt Abteilungssprecher Heinz Schlage und weist auf die gebündelten Ergebnisse: «Zwei Schockerlebnisse für unsere Studenten gibt es. Einmal nach dem 6. Semester, da ist das Repertoire erarbeitet und der erste Praxiskontakt findet statt, mit dem Vorspielen in den Theatern; nach drei Jahren Erprobung und Entfaltung hier müssen sich die Schüler dort unter ganz harten Bedingungen bewähren – Konkurrenzbedingungen; das ist der erste Schock. Der zweite Schock ist für viele im ersten Engagement fällig. Die Arbeitsbedingungen, die sie von hier gewohnt sind, finden sie an den institutionalisierten Theatern nicht; konzeptionelle Fundierung und Recherche, allmähliche Entwicklung der ästhetischen Materialien für eine Produktion – dafür ist in den Staatstheatern kein Platz; ‹bewähr dich und mach›, heißt es da – ohne Rückhalt im Ensemble oder irgendeiner Truppe.»

Die elf Absolventen des Abschlußjahrgangs, sechs Frauen und fünf Männer, haben ihre Verträge schon in der Tasche – sie gehen an die Bühnen in Ingolstadt, Reutlingen, Kassel, Münster, Hamburg, Bremerhaven, Darmstadt und Basel.

Prof. Schlage muß zwar feststellen, «daß sich in den letzten zwei Jahren die Fälle häufen, wo Absolventen nicht auf Anhieb ein Engagement finden». Aber auch in diesem Jahr wieder wird das Klassenziel erreicht: «Alle kommen unter. Öffentlich ausgebildete Schüler haben die besten Überlebenschancen.»

Der Weg hinaus auf den Emmichplatz führt vorbei am Schwarzen Brett des Studiengangs Schauspiel. Neben Stundenplänen, Kursankündigungen, Ausschreibungen für kleinere Filmrollen und einer Karikatur von drei Schauspielerinnen mit dem Arbeitsamts-Bescheid «Schwer vermittelbar» hat jemand unter «Studentisches» einen Aufkleber angebracht: «Oh, Sie hier – und nicht in Hollywood?!» Hannover ist nicht Hollywood, aber Hannover ist hart. Denn Hannover kommt vor Hollywood.

Majorie hat keine Chance. Sie weint, sie brüllt, sie bittet und kratzt – alles umsonst. Der Angreifer kauert über ihr. Seine Knie drücken schwer auf ihre Oberarme, seine rechte Hand legt sich würgend um ihren Hals. «Nein, bitte nicht», wimmert Majorie. Sie strampelt mit den Beinen, dann bekommt sie für einen Augenblick den linken Arm frei. Die Hand sucht tastend auf dem Boden. Plötzlich hat Majorie eine Sprühdose mit Insektengift in der Hand: eine Waffe. Ein kurzes, zischendes Geräusch – nun liegt der Angreifer wehrlos brüllend auf dem Rücken. Majories Rache wird furchtbar sein.

Die Szene spielt in einem leergeräumten Kellerraum im Münchner Gärtnerplatzviertel. Das «Zinner-Studio», eine private Schauspielschule, hat zu einer Talentprobe eingeladen; gezeigt wird das reißerische Vergewaltigungsdrama «Extremeties» von William Mastrosimone. Alicia Hoechner ist Majorie – für die 23jährige ist der heutige Abend eine doppelte Premiere: Zum erstenmal spielt sie in einem Theaterstück die Hauptrolle, zum erstenmal zeigt sie vor einem größeren Publikum, was sie in den vergangenen zwei Jahren gelernt hat. Mehr als 100 dichtgedrängte Zuschauer leiden mit, wenn der fremde Eindringling mit Alicia ringt, hören ihr Schreien, sehen ihre Gegenwehr. Zweieinhalb Stunden später ist Alicia glücklich. Sie hat es geschafft: kein Hänger, keine der gefürchteten Pannen bei Licht- oder Tonregie. Ihre Beine sind vom Bühnenkampf zwar ein wenig zerkratzt, doch ihre braunen Augen strahlen: «Ich bin echt zufrieden.»

Private Schauspielschulen: Der solide Weg zum Ruhm oder Ausbildung zur Arbeitslosigkeit? Zwei Jahre Rollenstudium, Tanz und Gymnastik, Gesang und Sprechübungen hat Alicia schon hinter sich, ein Jahr wird es noch mindestens dauern, bis sie die Ab-

Wolfgang Höbel

«Berühmt wie Uschi Glas...»

Ein Streifzug durch private Schauspielschulen

schlußprüfung im «Zinner-Studio» absolvieren kann. Dann wird sie 7200 Mark Schulgeld – das entspricht 400 Mark monatlich – bezahlt haben. Alicia weiß genau, was sie will: «Am liebsten würde ich beides machen, Theater und Film, und im Fernsehen bekannt werden wie, sagen wir mal, Uschi Glas.» Ob sie das schaffen wird, steht in den Sternen: Allein in München sind einige Tausend Schauspieler als Arbeitslose gemeldet, und neben der staatlichen «Otto-Falckenberg-Schule» gibt es im Stadtgebiet noch mindestens drei weitere private Schauspielschulen.

Die «Privaten» sind schon seit Jahren im Gerede. Schließlich kann beinahe jeder, der den nötigen Gewerbeschein beantragt, eine Schauspielschule eröffnen. Die Vorwürfe sind hart: es gebe unter den «Privaten» zu viele schwarze Schafe, die es mit eilig zusammengesuchtem Billigpersonal nur auf das Geld gutgläubiger Schüler abgesehen hätten. Vielen Schülern werde die Illusion einer großen Karriere vorgegaukelt. Manfred Rudolph kennt diese Vorwürfe. Er ist Leiter des «Zinner-Studios», das mit ganzem Namen «Berufsfachschule für Schauspieler bei Theater, Film, Funk und Fernsehen» heißt. Daß die Kritiker des Schauspielschulen-Wildwuchses nach stärkerer staatlicher Kontrolle rufen, findet Rudolph verständlich: «Auch wir halten strengere Gesetze für wünschenswert – es gibt zu viele, die in Wohnküchen Schauspielunterricht geben.» Das «Zinner-Studio» trägt immerhin das Signum «staatlich genehmigt», und damit ist die Schule zugleich anerkannt als «Fachschule für Schauspielunterricht», deren Schüler nach dem Bundesausbildungsförderungsgesetz Unterstützung beantragen können. Eine solche «staatliche Genehmigung» bekommt nur, wer formale Voraussetzungen wie Raumgröße und entsprechende sanitäre Anlagen erfüllt und einen Lehrplan mit vorgeschriebener Mindeststundenzahl vorlegen kann.

Manfred Rudolph kann das. Er glaubt, daß eine Privatschule nur dann sinnvoll ist, wenn sie als ernstzunehmende Konkurrenz zur staatlichen Ausbildung betrieben wird. «Das Fächerangebot im ‹Zinner-Studio›», davon ist Rudolph überzeugt, «kann sich durchaus mit dem der großen Brüder messen.» 14 Lehrer unterrichten in etwa die gleichen Fächer wie an einer großen staatlichen Schauspielschule, also Sprechtraining, Gesang oder Atemtechnik und auch auf den ersten Blick fürs praktische Schauspielerleben her zweitrangige Fächer wie Fechten oder Theatergeschichte.

Doch nicht nur bei der Qualifikation, sondern auch bei der Arbeitszeit der Lehrer beginnen die Unterschiede. Hauptberufliche Ausbilder kann sich die private Berufsfachschule kaum leisten. Deshalb gehen die meisten der Lehrer anderen Beschäftigungen nach. Phonetiklehrer

Karl Neusiedler etwa ist zwar selbst ausgebildeter Schauspieler, arbeitet aber als Büroangestellter. Im «Zinner-Studio» nichts Ungewöhnliches: «Auch die meisten unserer Schüler müssen sich nebenher etwas dazuverdienen», erklärt Manfred Rudolph. Phillip Zimmermann, der beispielsweise in «Extremeties» den Vergewaltiger gespielt hat, bediente längere Zeit abends in Kneipen.

Möglich werden solche Nebenbeschäftigungen in der Regel nur mit halbtägigem Unterricht. Die derzeit 70 «Zinner»-Schüler kommen durchschnittlich auf 25 Wochenstunden. Eine Aufnahmeprüfung, daran stoßen sich manche Kritiker, gibt es in der Berufsfachschule nicht: «Dafür haben wir eine achtwöchige Probezeit», sagt Rudolph. Und fügt schnell hinzu: «Meistens trenne ich aber schon im Aufnahmegespräch die Spreu vom Weizen.»

«Seriöse Privatschulen», sagt Ruth Grabner von der Genossenschaft Deutscher Bühnenangehöriger, «erkennt man daran, daß sie ihre Schüler zur Paritätischen Prüfungskommission schicken.» Diese Prüfungskommission ist eine Gemeinschaftseinrichtung des Deutschen Bühnenvereins, der die Interessen der Arbeitgeber im Theaterbetrieb vertritt, und eben der Bühnengenossenschaft, in der die meisten Künstler organisiert sind. Drei Prüfungen bietet die Kommission im Laufe einer Privatausbildung an; gleich zu Beginn die sogenannte Bühneneignungsprüfung, die sich mit den Aufnahmeprüfungen öffentlicher Schulen vergleichen läßt. Mitunter wird dort den Kandidaten gleich klipp und klar gesagt, daß aus ihnen nie ein Schauspieler wird. «Wir versuchen auch immer ein bißchen Berufsberatung zu machen, indem wir offen mit den Leuten reden», meint Ernst Seiltgen, der Intendant des Stadttheaters Ingolstadt. Mit einem weiteren Intendanten-Kollegen sitzt er häufig für den Bühnenverein in der bayerischen Prüfungskommission, die zweimal im Jahr, meistens im Münchener Residenz-Theater, tagt. Die Genossenschaft ist gewöhnlich mit zwei Schauspielern vertreten.

«Von katastrophal bis sehr gut» beschreibt Seiltgen die Bandbreite bei diesen Prüfungen. «Es gibt Privatlehrer, bei denen man Angst hat, wenn wieder einer ihrer Schüler kommt. Es gibt aber auch Privatschulen, da sieht man durchaus mit Interesse hin.»

Nach einer bestandenen Zwischenprüfung spricht die Prüfungskommission den Privatschülern auch die höchste Weihe zu, vorausgesetzt, sie weisen eine dreijährige Ausbildung nach und können das Gremium mit jeweils drei klassischen und modernen Rollen überzeugen. Dann erhalten sie die «Bühnenreife» mit Brief und Siegel. Doch dieses Zeugnis hat zunächst allenfalls Einfluß auf die Rente. Bei der Bundesversicherungsanstalt wird es nämlich als Ausbildungsnachweis anerkannt. Eine Garantie für ein Engagement bietet das Prädikat «bühnen-reif» nicht. «Ich frage zwar immer nach», sagt Ernst Seiltgen, «aber wenn mir jemand sehr gut gefällt, wird mich die Tatsache, daß er keine Abschlußprüfung hat, nicht daran hindern, ihn zu engagieren.»

Der Schauspielberuf ist ein freier Beruf, ohne Zugangsvorausset-zung, ohne Ausbildungsordnung und ohne geregelten Abschluß. Des-wegen steht es den Privatschulen auch frei, ihre Schüler zur Paritäti-schen Prüfungskommission zu schicken. Doch in den Untiefen der Privatausbildungen sind diese Prüfungen für Ernst Seiltgen «die ein-zige Möglichkeit, das Schlimmste abzufangen. Schließlich könnte ja jeder Pförtner meines Theaters eine Schauspielschule aufmachen.»

Im «Zinner-Studio» bleibt es den Schülern selbst überlassen, ob sie vor der Paritätischen Prüfungskommission antreten wollen. Manfred Rudolph vertraut auf sein eigenes, schulinternes Prüfungssystem. Ausgesiebt wird in den «Zwischenprüfungen» am Ende jeden Seme-sters. Wie streng das Auswahlverfahren ist, soll die Schülerzahl in der derzeitigen Abschlußklasse belegen: Während in den unteren Klassen A und B bis zu 20 Nachwuchsschauspielerinnen und -spieler gemein-sam lernen, sind es in Klasse F nur vier. Was ist mit den anderen gesche-hen? «Wir werfen niemanden raus», sagt Rudolph, der seine eigenen Lehrjahre als Schauspieler in Göttingen und Stuttgart absolviert hat, «wer durchfällt, muß wiederholen» – oder geht freiwillig. Viele bre-chen ihre Ausbildung vorzeitig ab.

«Wenn's nicht geht, merkt das irgendwann jeder. Oder er kriegt's gesagt», berichtet Phillip Zimmermann. Er hat von «Extremeties» im-mer noch aufgeschminkte Brand- und Kratzwunden im Gesicht. An-ders als die meisten Schüler im «Zinner-Studio» hat sich Phillip nicht vorher erfolglos an einer staatlichen Schule beworben: «Ich war län-gere Zeit in Mexiko», sagt der 23jährige, «und hab dort irgendwann mal Straßentheater gespielt – so bin ich draufgekommen.» Mit der «Zinner»-Ausbildung ist er auch nach mehr als zwei Jahren noch zu-frieden: «Das Blöde und zugleich Gute hier ist, daß du dir alles selber holen mußt. Wenn du nicht willst, läuft dir keiner nach.»

Das bestätigt auch Manfred Rudolph: «Natürlich ist die Begabung das Wichtigste, aber sie ist nur Voraussetzung. Wollen müssen die Schüler dann schon selbst.» Was die Berufschancen seiner Absolventen angeht, ist der Schulleiter optimistisch, schließlich gebe es immer mehr Fernsehprogramme, die nicht nur ausländische Produktionen zeigen könnten, da tue sich ein neuer Arbeitsmarkt auf. «Und sehen Sie: Es gibt Tausende arbeitslose Lehrer; deswegen hört auch keiner auf zu studieren.»

Ein etwas gewagter Vergleich? Bernd Steets sieht die Arbeit der

Münchner Privat-Schauspielschulen mit gemischten Gefühlen. Der 41jährige ist Angestellter der Zentralen Bühnen-, Fernseh- und Filmvermittlung der Bundesanstalt für Arbeit, kurz ZBF. Er kennt Chancen und Elend der privaten Schauspielschüler aus seiner täglichen Arbeit.

Wenn die angehenden Schauspieler ihre Abschlußprüfung vor der Paritätischen Prüfungskommission abgelegt haben, kommen sie meistens zur ZBF. Dort müssen sie, um in die Vermittlungskartei aufgenommen zu werden, eine weitere Prüfung ablegen. Pro Monat gibt es in München zwei solcher «Absolventenvorsprechen». Geprüft werden jeweils zehn Bewerber. Die Ablehnungsquote liegt bei über 50 Prozent. Denn schließlich geht es um Qualität: «Wen wir in die Kartei aufnehmen, der muß auch gut sein» –.

In der Münchner ZBF-Kartei sind derzeit etwa 930 in München wohnende Schauspieler und Schauspielerinnen notiert. Ungefähr zwei Drittel von ihnen haben eine Privatausbildung hinter sich. Doch auch die Aufnahme ins ZBF-Register ist keine Garantie für eine Beschäftigung. Im Dezember 1986 waren 275 «ZBF-Schauspieler» beim Münchner Arbeitsamt arbeitslos gemeldet.

Die ZBF nimmt jährlich etwa 200 Neulinge auf. Das entspricht der Zahl der Abgänger an den neun staatlichen Schauspielschulen in der Bundesrepublik und der deutschsprachigen Nachbarn Österreich und Schweiz, wo es je drei öffentliche Schulen gibt. Beim Absolventenvorsprechen, wo die Prüflinge drei Rollen vorstellen müssen, zeigen sich die Schwächen der Privaten oft eklatant: «Manche Schulen nehmen einfach jeden, der sich meldet.» Steets, der zwölf Jahre lang als Dramaturg in Augsburg und am Münchner «Theater der Jugend» gearbeitet hat, sieht beim ZBF-Vorsprechen viel «Schwaches»: Jeder Prüfling muß drei Rollen vorsprechen, hinterher kann er mit Steets und seinen Kollegen über Aufnahme- oder Ablehnungsentscheidung reden. «Das ist als Beratung gedacht», sagt Steets, «aber oft wird dann geheult oder einer brüllt rum: ‹Das ist mir eh egal, ich schaff's auch ohne euch.› Nur ganz selten sagen wir einem, daß er unserer Meinung nach total unbegabt ist. Das kann ja im Grunde keiner verkraften.»

In Steets' Büro klingelt schier unaufhörlich das Telefon: Schauspieler, die von erfolgreichen oder geplatzten Verhandlungen berichten, andere, die nur Auskunft über ein Stadttheater haben möchten, von dem sie ein Angebot bekommen haben. Manchmal ruft ein Abiturient an, der Steets dann berichtet, daß er soeben von einer staatlichen Schule abgewiesen wurde und nun privaten Unterricht nehmen möchte. Was rät Bernd Steets in derartigen Fällen? «Namen darf ich keine nennen, aber ich sag: Seien Sie skeptisch, wenn's keine Aufnahmeprüfung gibt, erkundigen Sie sich genau, wer und was unterrichtet wird.» Auch

Bernd Steets fordert strengere gesetzliche Kontrollen für private Ausbilder, beispielsweise «sollten regelmäßige Zwischenprüfungen verbindlich vorgeschrieben werden und auch von den Ausbildern Qualifikationsnachweise verlangt werden».

Szenenwechsel. Ein Vormittag im «Gmelin-Schauspielstudio», ein parkettierter Gymnastikraum im Tiefparterre. Im Schneidersitz-Halbrund ein Dutzend Schauspielschüler. Juliane, ein blondes Mädchen mit blassem Gesicht und großen Augen, erzählt von ihrer Aufnahmeprüfung, die nun zwei Jahre zurückliegt: «Ich habe erst mal das Gretchen gespielt, die Kerkerszene, und dann eine selber erarbeitete Beziehungsszene.» Nachdem sie an der Falckenberg-Schule abgelehnt worden war, hatte sich Juliane an der «Gmelin»-Schule beworben, zählte schließlich unter 20 eingeladenen Bewerbern – insgesamt sind es pro Semester etwa 70 – zu den vier Auserwählten. «20 Leute – mehr bilde ich nicht aus», sagt Dorothea Gmelin, die seit 23 Jahren ihre eigene Schauspielschule betreibt, «ich find's nicht gut, allzu viele auszubilden.» Nein, reich könne man in diesem Geschäft nicht werden, die Bezahlung der Miete, der Lehrer, der Versicherung werde sie wahrscheinlich demnächst zwingen, das Schulgeld von 350 auf 400 Mark zu erhöhen. Da auch die «Gmelin»-Schule das Signum «staatlich genehmigt» trägt, gibt es auch hier einen verbindlichen Fächerkanon. Besonderen Wert aber legt man auf Körperbeherrschung, weshalb unter anderem «Feldenkrais» und «Tai-Chi» unterrichtet werden. Das eher exotische Bewegungstraining beschreibt Schüler Konstantin so: «Du lernst, auch kleine Gesten genau zu spüren, dich zu konzentrieren, ein Gefühl für deine Bewegungen zu bekommen.» Konstantin ist, bevor er hier anfing, bei drei staatlichen Aufnahmeprüfungen durchgefallen. Illusionen über eine große Bühnenzukunft mache er sich keine, «ich würde auch gerne Filme machen – aber das ist hier ziemlich verpönt».

Konstantin, Juliane und ihre Mitschüler reden viel von Ehrlichkeit, von Sensibilität und dem oft quälenden Erlernen des puren Handwerks. Hier, wo der Unterricht ganztägig ist, könne man oft auch nach Feierabend nicht abschalten. Selbstzweifel? «Selbstzweifel», sagt Juliane ernst, «habe ich täglich – aber die hat jeder von uns.»

«In den letzten fünf Jahren haben fast alle Abgänger auch ein Engagement bekommen. An einem Landestheater, an Münchner Privatbühnen oder bei Film und Fernsehen.» Dorothea Gmelin erzählt das nicht ohne Stolz. Doch sie fügt hinzu: «Jeder weiß, wie hart es ist. Man muß stark und stabil sein. Denn es kann der Weg in ein demütigendes Elend werden. Talent ist wichtig, die Liebe zur Sache – aber es gibt keine Versicherung.» Ja, sie sei eigentlich froh um jeden, der sagt: das ist nichts für mich.

«Die Vorliebe der meisten Wiener treibt sie zur Kunst – in der Regel zur Musik oder zum Theater. Aber so viele Musiker und Schauspieler als Wien hervorbringen könnte und wollte, kann die ganze Welt nicht konsumieren. So muß also diese Liebe meistens unerfüllt bleiben», schrieb Otto Friedländer in seinem Buch «Letzter Glanz der Märchenstadt».

Tatsächlich ist in Wien Theater nicht nur Bildungsbedürfnis und Freizeitvertreib, sondern auch Lebens- und Anschauungsform. Der Wiener hat eine Vorliebe für alles Theatralische. Nicht nur im Rahmen einer einstudierten Aufführung, sondern auch in der Politik, bei Feiern und Festen, in Sport und Spiel. Kurz überall dort, wo es zur spontanen oder inszenierten Begegnung mehrerer Menschen kommt.

Österreich ist ein Land, das Kultur exportiert. Man hält sich viel darauf zugute. Es gibt kaum ein Ensemble in der Bundesrepublik, dem nicht einige österreichische Schauspieler angehören. Man erkennt sie leicht, an ihrer Diktion und der unnachahmlichen Art, «über die Rampe zu grabschen», wie es in Wien heißt. Dort gründet sich der Status eines Publikumslieblings nicht auf eine besonders gelungene Rollengestaltung, sondern auf diese bestimmte Technik, mit den Zuschauern umzugehen. Eine erfolgreiche Theaterkarriere erkennt man daher nicht an dem Maß von Respekt und Bewunderung, das einem Schauspieler wegen seiner künstlerischen Leistung entgegengebracht wird, sondern an dem stürmischen Applaus, noch bevor er auf der Bühne ein einziges Wort gesprochen hat.

Wie wird man Publikumsliebling? Man absolviert das Reinhardt-Seminar, erkundet in einem Kellertheater die Avantgarde, wird mit der Aufnahme ins Volkstheater oder in

Paul Kruntorad

«Über die Bühne gegrabscht...» – Vom Reinhardt-Seminar an die Burg

Schauspielausbildung in Österreich

die Josefstadt belohnt, ins Burgtheater befördert, spielt den Weinberl, den Grafen Kari Bühl, den Fabrikanten Hofreiter, oder die Luise, die Karoline und ein süßes Wiener Mädel, wird nach zehn Jahren pensionsberechtigt, weil unkündbar, läßt sich mit 65 pensionieren, tritt dann sofort wieder ins Ensemble ein und spielt nur noch Lieblingsrollen, bis man sich kein Wort mehr merken kann.

So war es jedenfalls einmal. Die Zehnjahresklausel im Burgtheater ist inzwischen durch Claus Peymann zu Fall gebracht worden. Doch verglichen etwa mit der Situation in England ist der soziale Schutz der österreichischen Bühnenangehörigen sehr ausgeprägt. Das führt freilich zu einem Verlust an künstlerischer Flexibilität und Spontaneität und hat den Theaterbetrieb stark verteuert. Als zum Beispiel vor einigen Jahren an der Staatsoper «Boris Godunow» in Russisch einstudiert wurde, bekam der Chor eine Fremdsprachenzulage. Die Bühnenarbeiter leiteten daraus den gleichen Anspruch ab und erhielten ebenfalls eine Sonderzulage. Gegenwärtig kostet allein der Betrieb der österreichischen Bundestheater mit Oper, Volksoper, Burg- und Akademietheater etwa 200 Millionen Mark im Jahr. Das Burgtheater zahlt nach wie vor die höchsten Gagen in Österreich. Aber im Vergleich zu Berlin, Hamburg, München, Stuttgart oder Zürich scheinen sie eher niedrig. Wer allerdings Film, Funk und Fernsehen richtig zu bedienen versteht, kann die Differenz zwischen 6000 Mark an der Burg und 14 000 Mark in Zürich erträglicher gestalten.

Die legendären österreichischen Schauspieler kamen zwar nicht unbedingt aus dem Reinhardt-Seminar, Attila Hörbiger etwa hatte überhaupt keine professionelle Ausbildung, war also Autodidakt, und Oskar Werner wurde in jener Wiener Privatschule ausgebildet, die heute noch der Vater des Filmstars und Pop-Sängers Peter Kraus leitet, doch gewöhnlich sollte eine Karriere als Publikumsliebling am Reinhardt-Seminar beginnen. Jährlich bewerben sich dort rund 600 vorwiegend junge Leute – das Mindestalter liegt bei siebzehn Jahren –, aber die Erfolgsquote beträgt lediglich zwei Prozent: jährlich besteht also nur etwa ein Dutzend die Aufnahmeprüfung, die aus Improvisationen, dem Vortrag der vom Kandidaten vorbereiteten Texte – zwei Klassiker-Rollen und zwei aus der modernen Literatur –, verschiedenen musikalischen, körperlichen, sprachlichen, stimmlichen und literarischen Tests.

«Was Sie hier lernen sollen, ist das Handwerk, das wie jedes Handwerk seinen guten Boden hat und wahrhaftig gelernt sein will. Ich sage Ihnen: Die vollkommene Meisterung des Handwerks, die souveräne Beherrschung des Wortes und der Stimme, die gründliche musikalische, sportliche, ja sogar akrobatische und die gesangliche Ausbildung wird in Zukunft vom Schauspieler verlangt werden.» Diese Worte Max Reinhardts zur Eröffnung des nach ihm benannten Seminars 1929 sind die beste Zusammenfassung des Lehrplans für die künftigen Schauspieler: Sprachgestaltung, Rollengestaltung, Ensemblearbeit, Körperliche Gestaltung, Szenische Gestaltung heißen einzelne Klassen der künstlerischen Ausbildung. Zu den Lehrveranstaltungen gehören aber auch Akrobatik, Fechten und «Abbau von Defensivverhalten», Fernseh- und Filmarbeit, ein Schminkkurs und Theaterrecht. Insgesamt betreuen achtundzwanzig Lehrkräfte die vierzig bis fünfzig «ordentlichen Hörer» aus vier Jahrgängen. Theoretisch kann man schon nach sechs Semestern die Bühnenreife erlangen, doch die meisten ziehen es vor, noch weitere zwei Semester in Schloß Cumberland vis -á-vis vom Schloß Schönbrunn zu verbringen, wo das Reinhardt-Seminar untergebracht ist. Neben den drei Schauspielabteilungen der Hochschule für Musik und darstellende Kunst in Wien, Salzburg und Graz existieren Schauspielklassen in den Konservatorien von Wien und Linz, eine ans Wiener Volkstheater angeschlossene Schauspielschule, etliche Privatschulen und eine unüberschaubare Anzahl von Privatlehrern. Der Besuch der staatlichen Institute ist kostenlos. Als Hochschulabschluß erhält man den Titel eines «Magister Artium» und erwirbt damit automatisch die Bühnenreife.

Für den Unterricht in den Privatschulen, die ja nach dem Profit-Gewinnprinzip arbeiten, muß man im Monat durchschnittlich etwa 200 Mark Schulgeld bezahlen. Je nachdem, ob die Schule mit dem sogenannten «Öffentlichkeitsrecht» versehen ist, müssen die Schüler sich einer oder mehreren Prüfungen durch die Paritätische Prüfungskommission unterziehen. Absolventen der Schulen mit Öffentlichkeitsrecht stellen sich der Kommission einmal, am Ende ihrer Ausbildung, um sich, bei entsprechender Leistung, die «Bühnenreife» bestätigen zu lassen. Alle anderen werden bis zu dieser Bühnenreifeprüfung einmal im Jahr auf ihre «Eignung» geprüft.

In der Paritätischen Prüfungskommission sind der Theaterdirektorenverband und der Verband österreichischer Theatererhalter sowie die Bühnengewerkschaft vertreten. Arbeitgeber wie Arbeitnehmer, nach bestem und bewährtem österreichischen Rezept also. Denn die sogenannte Sozialpartnerschaft, die friedliche Zusammenarbeit des Gewerkschaftsbundes mit den Unternehmerverbänden, ist die Grundlage der österreichischen Politik. Halbwegs einig ist man sich auch bei der Beurteilung der Qualität österreichischer Privatausbildung, mit aller diplomatischen Vorsicht gesagt: einigermaßen unzufrieden, besonders, was die Ausbildung durch Privatlehrer angeht. Dementsprechend schwankt auch die Durchfallquote um die 50-Prozent-Marke.

Das gilt besonders für die ersten beiden «Eignungs»-Prüfungen. Die Latte der Anforderungen ist dann besonders hoch, um gleich zu Anfang die Spreu vom Weizen zu trennen. Später, bei der Bühnenreifeprüfung ist ein Ende mit Schrecken seltener. Da kennen sich Prüfer und Geprüfte schließlich schon eine Weile.

Das Hochschuldiplom oder die bestandene Bühnenreifeprüfung sind Voraussetzung für ein Erst-Engagement durch ein österreichisches Theater, wobei diese Regel von den unzähligen Klein- und Kellertheatern nicht gerade rigoros eingehalten wird. Niemand freilich kann einem angehenden Schauspieler, der sich für die Praxis reif genug fühlt, verbieten, im Ausland ein Engagement zu suchen. In der Bundesrepublik ist zum Beispiel die Bestätigung der Bühnenreife für ein Engagement nicht notwendig. Auf der anderen Seite jedoch, da Theaterdirektoren Kündigungen begründen müssen, gilt das Fehlen eines Diploms oder der Bühnenreifebestätigung als gültiger Kündigungsgrund. Daher warnt die österreichische Bühnengewerkschaft davor, ohne Abschluß ein Engagement im Ausland anzutreten.

Man kann sich ausrechnen, daß jährlich etwa fünfzig bis sechzig österreichische Schauspieler und Schauspielerinnen mit Diplom oder Reifezeugnis ein Anfänger-Engagement suchen. Doch selbst das Diplom des Reinhardt-Seminars ist längst keine Beschäftigungsgarantie mehr. Beim Reinhardt-Seminar selbst versucht man das damit zu erklären, daß die Aufnahmefähigkeit der deutschsprachigen Bühnen geringer wird, weil die Zahl der jährlichen Premieren ständig abnimmt. Die ältere Schauspielergeneration dagegen bemängelt die mäßige handwerkliche Ausbildung in Österreich. Auch in Gewerkschaftskreisen macht man sich offenbar Gedanken nicht nur über die Schauspielausbildung selbst, sondern auch über die Ausbilder. Gemeinsam mit dem Wiener Volkstheater hat man ein «Seminar für Schauspielpädagogik» eingerichtet, das die didaktischen und methodischen Grundlagen für die Ausbildung des österreichischen Bühnennachwuchses erforschen soll. Man bietet eine viersemestrige Ausbildung für Schauspiellehrer an. Dem Seminar ist eine Schauspielschule angegliedert, jeder Jahrgang besteht aus zehn Schülern, die mit einer mehrstufigen Eignungsprüfung ausgewählt werden. Der Akzent liegt auf Improvisation und Gruppenarbeit. Doch vielleicht ist es symptomatisch für den Zustand der Schauspielausbildung in Österreich, daß prominente Wiener Schauspieler ihre Kinder, wenn sie sich partout nicht davon abbringen lassen wollen, in die Fußstapfen ihrer Eltern zu treten, lieber am Ernst-Busch-Seminar in Ost-Berlin unterzubringen versuchen als am Max-Reinhardt-Seminar in Wien.

Jetzt ist's um ihn geschehen, dachten meine Eltern. Klammheimlich hatte ich mich mit meinem Taschengeld für einen Freizeitkurs angemeldet. Jeweils am Mittwoch von 18 bis 19 Uhr. Was ich da, allerdings dann nur dreimal statt zehnmal, besuchte, hieß nämlich «Schauspielkurs». Ich war nicht nur der einzige Teilnehmer männlichen Geschlechts, sondern bei weitem auch der Jüngste. Vorwiegend glücklich strahlenden oder scheu errötenden Frauen, die meine Mütter hätten sein können und ihre vollbepackten Einkaufstaschen mitschleppten, brachte ein älterer Schauspieler vom Stadttheater das richtige Artikulieren und Betonen bei – an Hand von Goethes Gedicht «Prometheus». Mein älterer Bruder wollte damals Pilot werden und nahm richtige Flugstunden. Ob ich Schauspieler werden wollte, weiß ich nicht mehr genau. Ich saß viel im Theater und wollte hinter den Vorhang riechen. Auf jeden Fall spielte mit, daß ich alles mögliche, nur nichts «Gewöhnliches» werden wollte.

Das war vor mehr als zwanzig Jahren. Als Schüler hatte ich keine Ahnung davon, daß es Schauspielschulen gab. In Zürich existierte schon damals eine seit dreißig Jahren, das 1937 von Paulina Treichler zunächst privat betriebene «Bühnenstudio», das Felix Rellstab in langjähriger Arbeit zur heutigen «Schauspiel-Akademie Zürich» gemacht hat. Und in Bern, am Musik-Konservatorium der Stadt, begann in jenen Jahren der Regisseur Paul Roland, eine zweite offizielle Schauspielschule in der deutschsprachigen Schweiz aufzubauen. Diese beiden Institute sind heute die einzigen, die öffentlich subventioniert und anerkannt werden. Und die Schauspiel-Akademie Zürich (SAZ) kann heute gar als eine der größten offiziellen Schauspielschulen im deutschsprachigen Raum gelten.

Peter Burri

Die Akademie und ihr kleiner Bruder

Schauspielausbildung in der Schweiz

Schauspieler werden, wollen auch in der Schweiz viele, Zulassungen erhalten wenige. Zwischen 300 und 400 junge Frauen und Männer melden sich jeweils zu den Begabungstests der SAZ an. Rund achtzig werden dann zu einer genaueren Eignungsprüfung zugelassen, und etwa zwanzig bis dreißig zuletzt in die Schule aufgenommen.

Die Berner Schule ist kleiner, intimer, aber auch sie selektiert streng. Beide Schulen erachten es als ihre Pflicht, Anwärter mit bloßen Wunschträumen gleich einmal auf den Boden der Realität zu holen. Doch der Wunsch, ihr Heil in der Schauspiel-Kunst zu suchen, ist unvermindert stark ausgeprägt. Vor allem bei jungen Menschen, die der ausschließlich an Vernunft und Zahlen orientierten Schulbildung eines Tages adieu sagen und etwas anderes suchen: Spiel, Selbsterfahrung, Körpertraining, Gruppenerfahrung. In einem Wort: Kreativität und künstlerisch geprägte Lernprozesse statt einer nahtlosen Eingliederung in die marktorientierte Berufsgesellschaft.

Die Realität sieht aber dann auch an den Schauspielschulen oft anders aus. Darum versuchen es viele – gerade auch solche, die durch die weiten Maschen der Selektion an diesen beiden Berufsschulen gefallen sind – an Privatschulen unterschiedlichster Färbung. Davon gibt es auch in der kleinen Schweiz genug. Ob Schauspiel oder Tanz: Kreativität ist «in», und viele Lehrerinnen und Lehrer locken damit zu beträchtlichem Kursgeld und machen ihren Schülern oft falsche Hoffnungen. Das geschieht auch im sogenannten Alternativbereich: Eine Person oder eine Theatergruppe maßt sich an, in diesem rechtlich ungeschützten Beruf Ausbildung zu betreiben. Die Schüler werden dann oft dazu mißbraucht, um zu Billiglöhnen als Darsteller in zum Teil auch fragwürdigen Produktionen aufzutreten, mit denen sich Privattheater oder freie, gelegentlich auch teil-subventionierte Gruppen über Wasser zu halten versuchen. Für Absolventen von Privatschulen gab es früher in der Schweiz die Möglichkeit, nach der Ausbildung ein offizielles Anerkennungspapier des Bundesamtes für Industrie, Gewerbe und Arbeit (BIGA) zu bekommen, wofür eine Spezialkommission zuständig war. Diese existiert heute nicht mehr. Anerkannt werden nur die offiziellen Schulabschlüsse von Zürich und Bern.

Das bedeutet nicht – und zum Glück ist der Berufstitel Schauspieler immer noch unverschult und ungeschützt –, daß nicht auch aus ganz individuellen Ausbildungswegen Talente heranwachsen können. Doch ist Vorsicht am Platze, gerade weil es sich bei der Schauspielerei heute, anders als vor zwanzig Jahren, als ich mich in einem Freizeitkurs versuchte – um ein ganz andersartiges Faß von Hoffnungen handelt. Vor zwanzig Jahren war das Theater noch etwas, was oben auf der Rampe geschah, das Publikum saß unten. Schauspielen bedeutete in jener Zeit in der Regel noch, einen Einzelakt zu vollbringen – in einer Gruppe zwar, doch als Individuum. Heute stehen, gerade auch in den Hoffnungen, die mit Theater verbunden sind, Gruppenerlebnisse im Vordergrund; in ihnen soll und will sich das Individuum reiben und stärken können.

In einer Zeit, die vieles noch verdauen muß, was in den letzten zwanzig Jahren geschah – die Studentenrevolten von 1968, das Aufkommen der Wohngemeinschaften und der Beginn der neuen Frauenbewegung, die neuen Revolten einer desillusionierten Jugend –, sind die Schauspielschulen vermehrt wieder Zentren für Kollektiverlebnisse geworden, in denen junge Leute eine Reibungsfläche mit ihrer Umwelt und Gesellschaft suchen.

Wer wirklich die Auseinandersetzung nicht nur mit sich selber und seinen Wünschen, sondern gleichzeitig auch mit der Gesellschaft und ihrem Verhältnis zur Theaterkunst sucht, sollte sich zunächst um die Aufnahme in eine offizielle Schule bemühen, um gerade dort die Fragwürdigkeit des Theaterbetriebs in unserer Zeit kennenzulernen. Denn die offiziellen Schauspielschulen sind ein Spiegel des gesellschaftlichen Wertes, den Theater hat. Sie ernüchtern, können aber auch bereichern. Sie sind – schon in der kleinen deutschsprachigen Schweiz – recht unterschiedlich geprägt.

Beide Schulen gehen in ihrer theaterpädagogischen Strategie im Grunde auch auf denselben Meister des Faches zurück: auf Konstantin Stanislawski. Er hat ein gültiges Programm aufgezeichnet und vorpraktiziert, wie Innen und Außen in der Person des Schauspielers Bühnen-Gegenwart werden können. Aber schon in der Art und Weise, wie sie den altrussischen Meister in der Praxis interpretieren, unterscheiden sich die beiden Schulen.

Neben der Schauspielausbildung bietet die Zürcher SAZ seit 1973, als die kulturelle Animation und das Projektmachen in Schwung kam, auch den Berufsweg des «Theaterpädagogen» an. In diesem Zweig sind in minimaler Anzahl auch «ältere» Bewerber zugelassen, bis etwa 30 Jahre, die bereits eine Vergangenheit als «freie» Theaterleute, Pädagogen oder Sozialarbeiter haben. Aus dieser SAZ-Abteilung kamen Leute, die viel bewirkt haben: zum Beispiel Hansjörg Betschart, ein Mitbegründer des ersten professionellen schweizerischen Jugendtheaters in Basel, der später in der Bundesrepublik und in Schweden tätig wurde und verschiedene Preise erhielt.

Was die traditionelle Schauspielausbildung betrifft, unterscheiden sich die beiden Schulen vor allem in ihrer Struktur. Im Gegensatz zur Zürcher SAZ praktiziert die Berner Schule gemäß ihren Statuten ein Mitbestimmungsmodell. Man findet in ihrer Studienordnung auch folgenden Passus, den es in Zürich nicht gibt: «Die Entfaltung der schauspielerischen Einzelpersönlichkeit wird in der solidarischen Zusammenarbeit der Gruppe angestrebt. Die Ausbildung hat zum Ziel, mündige, zur Auseinandersetzung fähige, über die gesellschaftliche Funktion künstlerischer Arbeit reflektierende Schauspieler zu entwikkeln.» Das kann natürlich jeder in ein Ausbildungsprogramm schreiben, doch in Bern ist dieser Passus ernst gemeint. Ein Schüler: «Man fühlt sich hier wirklich ernstgenommen und aufgehoben, was zuweilen auch störend wirken kann: Wir sind eine kleine Familie und sitzen immer zusammen, oft auch privat.»

Anders als die SAZ kennt die Berner Schule auch ein volles viertes Ausbildungsjahr, das praxisbezogen ist und nicht von vornherein den Vorsprechmöglichkeiten an Theatern dient. Die Zürcher Schule ist unter Felix Rellstab straffer geleitet, wie einige meinen: auch autoritärer. Nach dem Rausschmiß eines beliebten Lehrers, der zehn Jahre lang an der SAZ tätig war, gründeten Zürcher Schüler eine Zeitschrift mit dem Titel *TheaterMorgen*. Darin kam auch der eher ungeschickt weggequengelte als «abgeschossene» Lehrer Louis Naef zu Wort: «Die Innenwelt der SAZ war, so schien mir, immer auch Spiegelbild der Außenwelt des eigentlichen Theaters: mal erstarrt, wie die Theater draußen, mal im Aufbruch begriffen, im Ansatz innovativ, wie die Theaterszene drumherum, dann wieder brav, so eben, wie es die Theaterdirektoren vom Vorsprechen erwarten.»

Es kann hier nicht darum gehen, die beiden Schulen in Zürich und Bern gegeneinander auszuspielen. Auf jeden Fall ist man in der Schweizer Szene froh, daß es die Berner Alternative zur SAZ gibt. Als Paul Roland diese Schule Anfang der sechziger Jahre hartnäckig und mit zäher Arbeit auf die Beine zu stellen begann, waren die offiziellen Kreise noch der Meinung, eine einzige Schule genüge für die deutschsprachige Schweiz. Werner Düggelin, der von 1968 bis 1974 aus dem Basler Theater die spannendste Bühne des Landes machte, wollte in seiner Direktionszeit in Basel eine dritte Schule begründen, kam aber bei der Behörde nicht durch.

Inzwischen ist die «Akademie»- und Monopolidee nicht mehr unbestritten. Gefragt ist auch in der Ausbildung eine Vielfalt, die verschiedensten Bedürfnissen gerecht wird, so auch den alternativen. Denn, so schreiben die SAZ-Schüler in ihrer Zeitschrift: «Theater ist langweilig. Meistens. Theaterspielen macht Spaß. Immer.»

Ob das ein richtiger Ansatz sein kann, Schauspieler zu werden, sei dahingestellt. Arbeitsmöglichkeiten nach der Schule sind jedenfalls nicht immer vorhanden. Zwar gelingt es der Zürcher und der Berner Schule in der Regel, ihre Absolventen über die Frankfurter Zentrale der ZBF an einem deutschsprachigen Theater unterzubringen, doch zahlreiche Absolventen der Schweizer Schulen wollen nicht ohne weiteres ein Engagement an irgendeinem deutschen Stadttheater annehmen, sondern möchten in Bern oder Zürich bleiben. Meistens gründen sie dann Theatergruppen und versuchen, mit eigenen Ideen, Projekten und Nebenjobs über die Runden zu kommen. Aber auch auf dem Markt der Freien Gruppen überleben nur die wenigsten. Oft ist der Besuch einer Schauspielschule nicht einmal unbedingt mit dem Wunsch nach lebenslänglicher Berufsausübung verbunden. «Nach der Ausbildung», so sagt ein Berner Schüler kurz vor der Abschlußprüfung, «gehe ich mal an ein Theater und schaue, ob es dort wirklich so schlimm ist, wie man immer hört. Das Wichtigste ist, man hat an der Schule eine Stärkung bekommen, mit der man sich an einem Theater bewegen, ihm aber vielleicht auch Lebewohl sagen kann.»

Ginger Müller
und Fred Meier

Musical-Ausbildung
im Aufbruch

Mit seinem Hüftschwung haperte es noch etwas, die ständigen Vibrationen vom Bauchnabel abwärts sahen kantig aus, nicht so elastisch-fließend, wie sie hätten sein müssen. Doch seine Stimme war unglaublich: weich und gurgelnd-rollend, mit diesen kleinen, sich überschlagenden Kicksern interpretierte er die bekannten Songs gerade so, als sei der 1977 verstorbene Elvis Presley aus dem Sarg geklettert. Aber sein Name ist nicht Elvis, sondern Felix – Felix Martin; er ist gerade mal 22 Jahre jung, groß, blond, schlank, gebürtiger Berliner, Wahl-Hamburger, Sänger, Tänzer, Schauspieler, und 1986 stand er als «Elvis the Pelvis» in Berlin auf der Bühne. «Stationen einer Karriere» – so der Titel des rockigen Musicals.

Ungeschminkt und ohne Kostüm ist Felix Martin der nette junge Mann von nebenan, den jede Mutter gern zum Schwiegersohn hätte. Ein wenig scheu, unaufdringlich, höflich bis charmant, manchmal auch rühr-mich-nicht-an. Das wird ihm schnell als Arroganz ausgelegt. «Aber ich hasse dieses chi-chi im Show-Business, diese schnelle Intimität mit jedem», sagt er mit Nachdruck.

Schon als Kind hat Felix Theaterluft geschnuppert, hat mit Bauklötzchen in den Kulissen gespielt, denn auch die Eltern sind vom Fach und haben den Sohn häufig zu den Proben mitgenommen. Der Weg war also vorgezeichnet. «Nein, nicht ganz», räumt er ein, zumal der Vater ihn darin bestärkte, einen «anständigen» Beruf zu lernen. Als Felix allerdings im zarten Alter von 13 Jahren ein kleines Engagement an der Hamburger Staatsoper bekam und den zweiten Knaben in der «Zauberflöte» singen durfte, stand für ihn der Berufswunsch fest. Mit 18 bewarb er sich am Max-Reinhardt-Seminar in Wien und war einer von 22 Glücklichen, die aufgenommen wurden.

Doch diese überaus begehrte Schule, an die so viele wollen und nicht können, frustrierte ihn. Vielleicht lag's am Wiener Schmäh', der nicht seine Sache ist, kurzum: er kam nicht mit der Schule und die Schule nicht mit ihm klar. «Da wurde nur geredet und diskutiert, doch die Resultate später auf der Bühne waren armselig.»

Er wollte spielen, wollte praktisch – nicht theoretisch – lernen und sprach am Burgtheater vor. Wieder einmal stand das Glück auf seiner Seite: er bekam eine winzige Rolle im «Hauptmann von Köpenick». Was nun folgte, hört sich fast an wie das Märchen «Vom Skriptboy zum Superstar»: er wurde entdeckt. Die Regisseurin Anna Vaughan war gerade auf Darstellersuche für das Peanuts-Musical «Snoopy». Felix Martin fiel ihr auf trotz seines winzigen Auftritts. Und so kam er nicht auf den Hund, sondern wurde der «Snoopy»-Titelheld in Wien. Und als Anna Vaughan für die Berliner Inszenierung der Presley-Revue verpflichtet wurde, brachte sie ihren Hauptdarsteller gleich mit. Stationen einer Karriere. «So ist die Welt», sagt Felix Martin heute lachend, «am Max-Reinhardt-Seminar hielten sie nichts von mir, hier gelte ich als begabt.»

Sein Auftritt als Elvis blieb ebenfalls nicht ohne Folgen. Inzwischen stand er bereits im Berliner Musical-Tempel «Theater des Westens» in einer Hauptrolle, nämlich als «Schlemihl», auf der Bühne. Seinen Abschloß braucht er nicht nachzuholen.

«Musical ist absolut im Kommen», sagt Peter Weck, der Generalintendant der Vereinigten Wiener Bühnen, doch wie rar solche Talente wie Felix Martin sind, bemerkt Weck jedesmal, wenn es um die Besetzung für eine Musical-Produktion wie «Cats» oder «A Chorus Line» geht. Von den Schauspielschulen ist wenig zu erwarten. «Da wir keine Tradition in Richtung Musical haben, wird auch in den Schauspielschulen wenig Aufmerksamkeit darauf verwendet. Sie machen dort höchstens Fechtunterricht und ein bißchen Gymnastik, aber fast nie Singen und Tanzen.» Um dem Besetzungsnotstand der Intendanten in Sachen Musical abzuhelfen, wurde in München ein Jahr lang im Auftrag der Bundesanstalt für Arbeit eine Zusatzausbildung für Sänger, Tänzer und Schauspieler der öffentlichen Theater angeboten; in Würzburg ist Musical ein Unterrichtsangebot an der Musikhochschule und an der Hamburger Hochschule für Musik und Darstellende Künste läuft ein «Modellversuch Popularmusik» – allerdings nur als Kompaktkurs in den Semesterferien. Alles in allem aber, so meint Peter Weck, wird «diese Form des Theaters an den Schauspielschulen noch immer zu stiefmütterlich behandelt».

In Berlin hatten einige Professoren der Hochschule der Künste, kurz HdK, schon vor über zehn Jahren die Ausbildung zum Musical-Darsteller angeregt. «Immer häufiger klopften Theaterintendanten bei uns an und fragten nach deutschen Gingers und Freds», berichtet Professor Wilhelms. Man war es leid, mit Importen aus dem Ausland zu arbeiten, die oft der deutschen Sprache nicht mächtig waren. Man war es leid, Operntenöre oder Operettensänger zu engagieren, die einer leicht-beschwingten Musik-Revue unpassende Schwere verliehen, die mit harmonisch-wirbelnden Tanzschritten über spiegelnde Flächen allemal ihre Schwierigkeiten hatten.

Doch bürokratische Mühlen mahlen bekanntlich besonders langsam, und so ist erst im Frühjahr 1986 Wirklichkeit geworden, was sich im Amtsdeutsch «Erprobungsphase Musical» nennt, eine Berliner Spezialität: nur hier wird «Musical» als Lehrfach an einer Hochschule angeboten.

«Achtung», Vicky Hall vom Theater des Westens und nun auch Lehrerin an der HdK eröffnet die Probe. «Eins, zwei, drei...» zählt sie den Pianisten ein, die Schüler stehen in Warte-Positur, mit dem Rücken zum imaginären Publikum. Sie wirken angestrengt und ihre Blicke sind eher starr als lächelnd. Allerdings haben sie auch schon einen langen Tag hinter sich. Jeden Morgen um 8 Uhr 30 geht's los: warming-up – Frühgymnastik steht auf dem Stundenplan. Da werden Muskeln gelockert, Sehnen gedehnt, ein letzter Rest von Schläfrigkeit aus den Knochen geschüttelt. Jogginganzug oder Body samt wollene Stulpen, um warm und gut durchblutet zu bleiben, werden so schnell nicht wieder ausgezogen. Sechs Stunden Tanz stehen täglich auf dem Programm. Da fließt viel Schweiß. In diesem Gruppenunterricht proben die Studenten Szenen aus bekannten Musicals, versuchen sich in tänzerischen Improvisationen. Ohne Pause werden Schritte wiederholt, allein, zu zweit, bis sie sitzen. Wendy, die 24jährige Australierin, ist an diesem Nachmittag den Tränen nahe. Ihr großer Zeh schmerzt bei jeder Bewegung. Es hilft nichts. Sie probt weiter, beißt die Zähne zusammen.

Tanz und Körpersprache waren im ersten Semester die Schwerpunkte der Ausbildung. «Da haben die meisten große Lücken», erklärt Professor Wilhelms, Initiator und Leiter der Erprobungsphase. Über den Tag, über die Woche verteilt, werden die Eleven darüber hinaus in Gesang und Klavier, in Sprechtechnik und in Theorie unterrichtet. Nicht selten wird daraus eine Sieben-Tage-Woche, manchmal von morgens halb neun bis abends um elf. Doch bis jetzt bedauert es keiner der Studenten, so wenig Freizeit zu haben. Allerdings finden sie, daß der Schauspielunterricht ein bißchen zu kurz gekommen ist. Doch die Professoren sind der Meinung, zuerst sollen die Körper «befreit» werden, dann folgen Stimme und Sprache.

Sie sind die Neuen, die Quirligen an der Berliner Hochschule, auf die die Studenten der «ernsten» Fächer schon mal naserümpfend herabblicken: «Na ja, leichte Muse, Musical, was ist das schon...» Dabei sind die Voraussetzungen, um überhaupt angenommen zu werden, nicht ohne.

«Eine besondere künstlerische Begabung», wie es in den Zulassungsbestimmungen heißt, in Schauspiel, Tanz und Gesang muß man nämlich schon mit der Aufnahmeprüfung bringen. Und so haben in der Regel die Bewerberinnen – die weibliche Überzahl ist erheblich – bereits vor dem Studium Unterricht genommen oder steckten schon von Kindheit an in Ballettschuhen. Über 300 bewarben sich insgesamt in Berlin, knapp 30 durften nach einem dreitägigen Härtetest bleiben. Für die Prüfung muß man in drei Songs fit sein, wovon mindestens zwei aus Musicals stammen müssen und einer in deutscher Sprache sein sollte. Hat man diese Hürde genommen, geht's an die Textsicherheit: Eine Rolle und ein Gedicht oder Prosastück sind gefragt. Wenn die Prüfer unsicher sind, ob die Stotterei eines Kandidaten dem Lampenfieber oder der Unfähigkeit zuzuschreiben ist, kann sich «auf Beschluß der Kommission» ein Stimmtest anschließen. Der dritte Teil der Prüfung gilt der Beweglichkeit, entweder in Form einer Improvisation oder einer einstudierten Tanzscene. Last but not least wird die Musikalität getestet. Dur und Moll sollte man unterscheiden, Intervalle bestimmen und vom Blatt singen können.

«Der Mangel an harmonischer Bewegung ist ein Grund, warum so wenig junge Männer die Aufnahmeprüfung bestanden», meint Professor Wilhelms, «die Jungen bolzen in ihrer Kindheit viel lieber auf Fußballplätzen und trainieren ihre Körper weniger elastisch, geschmeidig.» Einer der wenigen Männer, die aufgenommen wurden, glaubt, die Herren der Schöpfung hätten weniger Mut sich auf der Bühne zu präsentieren. «Die sind gehemmter», findet auch Modjgan, mit 18 Jahren die jüngste Studentin. Sie hat schon auf der Schulbühne gesungen, getanzt und gesteppt, entdeckte bereits dort ihre Liebe zum Musical. Als sie von dem neuen Studiengang in Berlin hörte, war für sie sofort klar: da muß ich hin. Modjgan kommt «aus gutem Hause», und so reagierten die Eltern mit gemischten Gefühlen auf die Glimmer-Glitter-Glitzer-Träume ihrer Tochter. Immerhin sagten sie: versuch's mal. «Insgeheim mögen sie gehofft haben, ich würde nicht angenommen. Aber jetzt sind beide ganz schön stolz auf mich.»

Jutta, mit 24 Jahren die Älteste, wollte eigentlich Opernsängerin werden. Doch ein Gesangstest förderte Ernüchterndes zutage: sie habe gar keine Opernstimme, erklärte ihr Prof. Wilhelms, der Gesangsunterricht gibt, aber sie solle sich doch bei der «Erprobungsphase Musical» bewerben. Nun ist Jutta eben dort gelandet und hat ihre tänzerische Begabung entdeckt.

Filme wie «Fame» oder «A Chorus Line» malen ja kein sehr rosiges Bild vom Alltag im Show-Business: einer kämpft gegen den anderen mit allen Tricks, um zu den wenigen Auserwählten zu gehören. «Ich weiß, daß es ein Geschäft ist, in dem man Ellenbogen braucht. Wenn man gut ist und was will, muß man manchmal vielleicht auch über Leichen gehen», sagt Modjgan, «das ist für mich eine Herausforderung.» Doch so hart wird es für die Musical-Studenten zunächst nicht werden. Denn noch ist die Nachfrage groß, und schon während der Ausbildung bekommen sie immer wieder kleine Auftritte angeboten. «Leute, die singen, tanzen und schauspielern können, sind einfach Mangelware in der Bundesrepublik», meint Helmut Baumann, der Chef des Theaters des Westens. Und einstweilen wird die «Erprobungsphase Musical» den Bedarf nicht decken können.

Eine riesige, weißgetünchte Fabriketage in Kreuzberg ist das Domizil von «Stagefright». Olaf, der sein Geld als Hausmeister dieser Musical-Schule verdient, ist meistens der erste am frühen Morgen. In Trainingsdress und Schläppchen putzt und fegt er die Räume, angefeuert durch «Absolute Beginners» vom Plattenteller. Wenn die anderen 17 Schüler zum Unterricht erscheinen, hat er sein warming-up schon hinter sich.

Olaf liebäugelte eigentlich mit einer Schauspielausbildung, fiel aber bei allen Aufnahmeprüfungen durch. «Ein bißchen halbherzig waren diese Versuche allerdings schon», gibt er zu, «denn mein Traum war immer, Schauspiel, Tanz und Gesang zu lernen.» Als er von der Berliner Privatschule «Stagefright» hörte, war er Feuer und Flamme.

Olaf gehört seit 1985 zu den Studenten der ersten Stunde. Die Idee zu «Stagefright» hatte Vera Kamaryt, die nach sechs Jahren Hochschularbeit als Gesangslehrerin die Nase gestrichen voll hatte. Sie war entmutigt, weil ihrer Meinung nach an staatlichen Institutionen nur noch verwaltet wird, das Wichtigste aber, die Kunst, auf der Strecke bleibt. Sie eröffnete ihre eigene Schule mit dem Ziel, eine gleichwertige Ausbildung in den drei Sparten «Schauspiel, Gesang und Tanz» anzubieten. «Stagefright» ist eine der wenigen Privatschulen, die sich auf Musical-Ausbildung spezialisiert hat.

20 bis 25 Stunden in der Woche werden die Eleven in Ballett, Gesang und Schauspiel unterrichtet, einen festen Ausbildungsplan aber gibt es nicht. Bei «Stagefright» richtet man sich – so weit es geht – nach den Bedürfnissen der Schüler und nach ihrer freien Zeit, denn fast alle gehen nebenbei arbeiten, um die 550 Mark Schulgeld bezahlen zu können. Außerdem hält Vera Kamaryt überhaupt nichts von einer ver-

schulten Rund-um-die-Uhr-Betreuung. «Der Unterricht ist nur die Sahne. Alles andere muß selbständig geübt werden», heißt ihre Devise.

Und so steht die geräumige Fabriketage jederzeit zur Verfügung. Tag und Nacht oder auch an den Wochenenden. Zweimal im Jahr finden Aufnahmeprüfungen statt, die kaum mit denen an einer staatlichen Hochschule zu vergleichen sind. «Bei uns ist es unwichtig, ob jemand die richtigen Töne trifft, uns interessiert die menschliche Qualität», erklärt Vera Kamaryt, «die Technik ist erlernbar. Einen Sänger mache ich aus jedem.» Bei «Stagefright» versucht man eher zu ergründen, warum jemand diese Ausbildung machen möchte, welche Phantasien und Wünsche dahinterstecken.

«Wenn allerdings das Engagement nur auf der Zunge, nicht aber im Herzen liegt», dann legt Vera Kamaryt dem einen oder anderen schon nach kurzer Zeit nahe, die Schule wieder zu verlassen.

«Diese Generation der versicherten Jugendlichen macht mich oft traurig», sagt die «Stagefright»-Gründerin. Kaum jemand hat noch Mut zu Experimenten oder auch nur Spaß am Lernen. Und wenn schon bei der Aufnahmeprüfung gefragt wird, was man denn mit dem Abschlußpapier machen könne, glühen bei Vera Kamaryt die Signallampen auf. «Die Leute sollen bei uns lernen, daß sie die Ausbildung nur für sich machen», heißt ein Ziel der Schule. Daß das Konzept erfolgversprechend ist, zeigt wohl nicht nur die Tatsache, daß «Stagefright»-Schüler schon während ihrer Ausbildung gerne von Berliner Theatern engagiert werden. In der Elvis-Revue «Stationen einer Karriere» beispielsweise standen sie als Chor-Girls und -Boys mit Felix Martin auf der Bühne. Und da der Weg zum Ruhm im Musical oftmals ein zufälliger ist, könnte es ja sein, daß auch sie entdeckt werden. Trotz kleinster Rolle.

Made in Germany – Trained in USA

Schauspielausbildung in New York City

Jessika Cardinahl, 21 Jahre, Schauspielschülerin in New York City. Der Name ist kein Künstlername, obwohl er so klingt. Und die bildhübsche blonde junge Frau, die mir im *Palm Court*-Café des feinen *Plaza Hotels* gegenübersitzt, hat sich daheim in der Bundesrepublik durchaus schon ihren eigenen Namen gemacht: als weibliche Hauptdarstellerin im Otto-Seller «Otto – Der Film», der 14 Millionen Besucher ins Kino zog. Seit fast zwei Jahren nun spielt Jessika wieder Schülerin, nimmt in New York intensiven Schauspielunterricht bei Privatlehrern.

«Heftig, knallhart, aber gut», sagt Jessika, sei New York für Neuanfänger, gleich auf welchem Gebiet; und «knallhart, aber gut» sei auch der einmonatige Intensivsprachkurs gewesen, den sie an der Columbia University absolviert hat. Diese Tortur hat die junge Dame zwar 1500 Dollar gekostet, erzählt sie, habe aber auch «mehr Power» als das billigere Intensivsprachenprogramm an der New York University: «Das Wichtigste für jemanden aus Deutschland ist, erst mal perfekt in die englische Sprache einzusteigen.» Besonders, wenn das Ziel eine der renommierten Fulltime-Schulen für Schauspieler ist, betont Jessika: «Die Juilliard School zum Beispiel verlangt Fluent English vom Feinsten.»

«Fluent English» – man muß sich in der fremden Sprache fließend ausdrücken können, je akzentfreier, desto besser. Urdeutsch gerollte «R» oder verstolperte «th» können schon beim üblichen Aufnahmeinterview zum Stolperstein im Weg auf eine «gute» New Yorker Schauspielschule sein. Jessika nimmt deshalb auch einen Phonetik-Kurs und verbringt ihre Freizeit am liebsten mit Amerikanern. Ihr Trost: auch Amerikaner aus den Südstaaten oder aus dem New

Yorker Stadtbezirk Brooklyn tummeln sich in diesen Phonetik-Kursen, weil ihre englische Aussprache allzuviel Lokalkolorit verrät.

Kurz nachdem sie, 19jährig, als «Sylvia von Kohlen und Reibach» neben Otto Waalkes Film-Furore gemacht hatte, ging Jessika nach New York, um das schauspielerische Handwerk «von der Pieke auf» zu lernen. In Deutschland hatte sie nur ein bißchen Privatunterricht genommen, ergatterte die Hauptrolle beim ersten Vorsprechen. Jetzt lernt Jessika Schauspiel bei Sandra Lee; Sprachunterricht nimmt sie bei Mary Warren, Gesangsstunden bei Barbara Meier, außerdem besucht sie Movement Classes – Bewegungskurse. «Das ist mein Weg; andere gehen zur Schule oder machen nur eine Schauspielklasse oder so», sagt sie.

Die meisten New Yorker Schauspielschulen sind aufgegliedert in Gesang / Tanz / Körperbewegung, Szenenanalyse und Interpretation von Stücken und Sense / Emotional Memory. «Überraschend viele Deutsche» hat Jessika in diesem Geschäft ausgemacht – frühe Immigranten wie Ute Hagen und Herbert Berghoff, die im West Village das «HB Studio» betreiben. Die «American School for Dramatic Art» hat sich in den 30er und 40er Jahren ihren guten Ruf erworben. Klassiker wie Kirk Douglas und Spencer Tracy haben sich dort ihre Sporen erspielt.

Das Erbe von Lee Strasberg ist allgegenwärtig: Ute Hagen, Sandy Meisner, Actors Studio sind die einschlägigen Adressen; die Strasberg-Schule selbst genießt nicht mehr den Spitzenruf alter Zeiten. John Strasberg, der Sohn des großen Lee, führt sie in seinem Namen weiter. Eine Einrichtung namens «Real Style», mit Zweigniederlassung in Paris, lehrt ebenfalls «Strasberg», für etwa 115 Dollar im Monat, vier Stunden in der Woche. «Neben den etablierten Schulen gibt es irrsinnig viele private Lehrer», klagt Jessika, «aber nur wenige gute. Je bekannter der Name des Lehrers, desto mehr mußt du hinblättern – meist zwischen 50 und 55 Dollar pro Stunde.» Rund 4000 Dollar im Jahr müssen für die besseren Schulen veranschlagt werden. Von den Fulltime-Schulen ist für sie die Juilliard School eine der besten, aber auch eine, «auf die du gar nicht so einfach raufkommst, auch kohlemäßig.» Die Programme an den Universitäten Yale und Harvard gelten ebenfalls als hervorragend. Woody Allen-Lieblingsdarstellerin Merryl Streep kommt von Harvard. Paul Newman unterrichtet Workshops in Hartford / Connecticut.

Obwohl die meisten renommierten Ausbildungseinrichtungen und Privatlehrer den Highschool- oder einen vergleichbaren Abschluß verlangen, ist es, so Jessikas Erfahrung, «nicht so wie in Deutschland, wo du für alles ein Zeugnis haben mußt. Wichtiger ist der Wille, es wirk-

lich zu schaffen. Wenn die dich angucken, wissen sie, ob du ‹potential›
hast oder nicht.»

Für einen Juilliard-Abschluß beispielsweise muß man vier Jahre auf
der Schule verharren. «Die Leute sind dann zwar technisch sehr
perfekt, aber die Kreativität ist ein bißchen raus», meint Jessika. Sie
empfiehlt: «Jeder muß individuell für sich entscheiden, bei diesem irr-
sinnigen Angebot von Schulen Augen und Ohren aufsperren und sich
umhören, bevor er sich irgendwo einschreibt.» Jessika hat es mit ihrer
Schauspiellehrerin Sandra Lee gut getroffen: Die hat Sally Field für den
Film «Places in the Heart» trainiert und Jane Fonda für «The Morning
After».

Auf Fulltime-Programm abgestellte Schauspielschulen wie Juilliard
oder das «Neighborhood Playhouse» verpflichten ihre Schüler, während der Lehrzeit keine Engagements anzunehmen. Jessika mit ihrem
Kanon an Privatstunden trifft diese Auflage nicht. Sie veranschlagt
selbst noch etwa ein Jahr Lehrzeit, bevor sie Auftrittsangebote an-
nimmt. «Das kann sich aber auch alles ändern. Vielleicht gehe ich
nächstes Jahr doch auch auf eine Fulltime-Schule oder nehme andere
Lehrer.» Jessika verweist auf Berühmtheiten wie Robert DeNiro und
Jack Nicholson, die noch immer mal wieder Schauspielunterricht nehmen. «Es hört nie auf», weiß sie. Der Englisch-Drill zusätzlich macht
der Jungschauspielerin aus der Bundesrepublik nichts aus, im Gegenteil: «Ich finde, Englisch ist einfach eine schöne Sprache. Liegt mir viel
mehr als Deutsch. Die Sprache ist mehr auf dem Punkt.» Deutschland
ade? Beileibe nicht, meint Jessika Cardinahl; auf «Englisch total» sei sie
auch nicht eingeschworen; sie macht mehrere Übungen in Deutsch,
versucht, beide Sprachen zusammenzubringen. Doch ihr Traum sei
natürlich, so die deutsche Nachwuchsschauspielerin, die englischspra-
chigen Autoren auch im Original spielen zu können: «Ich nehme hier
Unterricht und bin recht akzentfrei – also werde ich wohl auch hier
auftreten können. Jeder hat seinen Traum – das ist meiner.» Die geal-
terten Herren Musiker an Piano und Geigen im «Oak Room» des *Plaza*
instrumentieren dazu passend die «Schicksalsmelodie».

Daß sich die meisten Schauspielschüler in New York das Eintritts-
geld für ihre Theaterkurse «einspülen», als Tellerwäscher oder Bedie-
nung arbeiten, hält Jessika schlicht für eine Mär: «Viele haben private
Ersparnisse, oder die Eltern helfen nach. Für die meisten ist das doch
heute wie ein normales College-Studium.» Wer keine betuchten Eltern
hat, verdingt sich als Modell, arrangiert Blumen für gehobene Anlässe
oder stellt, als «Catering Service», Party-Buffets zusammen.

Die Chance, beim Tellerwaschen entdeckt und vom Küchenfleck
weg an den Broadway oder nach Hollywood engagiert zu werden, ist

heute in New York verschwindend gering. «Klar, man braucht gute Connections in diesem Beruf», räumt Jessika ein, «aber letztlich wollen die Leute doch nur sehen, daß du was kannst.»

Was in New York wie überall zählt, ist solides Handwerk. «Du merkst: Mensch, ich hab Talent; that's the first step. Du, dein Körper, bist dein eigenes Instrument, je besser du es kennst, desto mehr kannst du es beherrschen – step number two.» Jessika kommt auf die amerikanische Debatte zu sprechen, den Schauspielunterricht noch schärfer als bisher nach Theater, Film und Fernsehen zu trennen: Ohnehin liege die Betonung hier viel stärker auf «Acting is Doing», nicht so «Laber, Laber, Laber», wie man das von Deutschland her gewohnt sei. Hier in New York, sagt Jessika, erinnert sie sich immer wieder einer alten deutschen Weisheit: «Handwerk hat goldenen Boden.»

New York für Newcomer – Schauspielschulen, Zusammengestellt von Ute Büsing

Actors Playhouse, 100 Seventh Avenue South, Tel. 741–1215, bietet einen zehnwöchigen Kurs für 150 Dollar an jedem Samstag; montags und mittwochs für 10 Wochen 250 Dollar. Das Schwergewicht liegt auf der Ausarbeitung konkreter Szenen in Stücken. Großer Vorzug der «Performance-orientierten» Schule: Jede Montagnacht können die Theaterschüler sich in richtigen Stücken vor einem Live-Publikum ausspielen.

Adler Stella Conservatory of Acting, 130 W 56th Street, Tel. 246-1195, bietet Sommer (Juni) und Herbst (September) Fulltime-Kurse für 15 Wochen zum Preis von etwa 1300 Dollar an. Unterrichtet werden Grundlagen des Schauspiels; Sprache; Bewegung. Betonung auf Shakespeare im Schauspielunterricht. Flüssiges Englisch wird vorausgesetzt.

HB Studio Ute Hagen, Herbert Berghoff, 120 Bank Street, New York, N.Y. 10014, Tel. 675-2370, eines der anerkannten «downtown»-Studios für Schauspiel, Regie, Bewegung, Sprachausbildung, Make-up und Kostüme sowie Stückeschreiben, bietet z. B. den «bargain» an, die Möglichkeit, für 60 Dollar über 12 Wochen jeweils 2 Stunden wöchentlich je nach Geschmack an einer Vielzahl von Klassen teilzunehmen.

Lee Strasberg Theatrical Institute, 115 East 15th Street, Tel. 533-5500, Internationalisten aus aller Damen und Herren Länder versammeln sich hier zu Kurz- und Langzeitkursen in Stimmausbildung, Sprache,

Tanz, Schauspiel und Stückeschreiben. In der Regel drei Stunden pro Tag.

Neighborhood Playhouse School of the Theater, 340 East 54th Street, Tel. 688-3770, gehört zu den altangestammten Langzeit-Schulen; Unterricht von 9 bis 18 Uhr, fünf Tage die Woche. Wie bei den meisten Fulltime-Schulen gehören ein persönliches Interview und Referenzen zu den Aufnahmevoraussetzungen. Flüssiges Englisch versteht sich von selbst. Betont werden Schauspiel, Bewegung, Ballett, Jazz- und moderner Tanz; Stimm- und Sprechausbildung. Ein knapp achtmonatiges Semester kostet 3900 Dollar, plus 30 Dollar für Unterrichtsmaterial. Besonders qualifizierte Schüler werden von ihren Lehrern für ein zweites Schuljahr eingeladen – auch das kostet selbstverständlich Gebühren.

American Academy of Dramatic Arts, 120 Madison Avenue, Tel. 686-9244, bietet sowohl Vollprogramme mit Abschluß nach zwei Jahren als auch sechswöchige Sommerkurse, Samstags- und Abendprogramme. Fächer: Schauspiel, Bewegung, Stimm- und Sprechausbildung.

Juilliard School, 144 West 66th Street/Lincoln Center, N.Y. 10023, Tel. 799-5000, Ext. 251, neben Referenzen werden für die Aufnahme in das vierjährige Vollprogramm bei der «audition», dem Vorstellungsgespräch, ein klassischer und ein zeitgenössischer Monolog verlangt. Ausländer werden wie alle anderen Bewerber ausschließlich nach Talent beurteilt. Unterrichtet werden eine Vielzahl von Bewegungsklassen, Sprach- und Stimmausbildung und Schauspiel. In den ersten zwei Jahren ist der Schwerpunkt der Schauspielarbeit die Improvisation, später dann die Erarbeitung konkreter Szenen. Juilliard-Schüler spielen ständig in konkreten Stücken, in den ersten zwei Jahren ausschließlich vor ihren Mitschülern, in den letzten beiden Jahren für die Öffentlichkeit. Der Juilliard-Abschluß kommt einem College-Degree gleich.

Weitere Universitäts-Vollprogramme, vergleichbar mit Juilliard, außerhalb New Yorks, aber im Einzugsbereich der Stadt, bieten an:

Harvard University, Cambridge, Massachusetts 02138
University of Hartford, West Hartford, Connecticut 06117
Yale University, New Haven, Connecticut 06520

Jahr für Jahr fallen die Absolventen der Schauspielschulen in die Theater ein. Ich habe das oft miterlebt. Meist gibt es, außer dem «Vorsprechen», auch Gespräche, und ich bin immer erstaunt, wie viele selten oder nie im Theater waren, nie in Laienspielgruppen gespielt haben. Warum sie überhaupt Schauspieler werden wollen? Ja, warum? Einer wollte sich mal «selbst verwirklichen» – eine Antwort aus zweiter Hand. Ein anderer wollte «mit möglichst wenig Arbeit möglichst viel Geld verdienen» – das war nicht ganz ernst gemeint, mehr als «Schokker», um auf sich aufmerksam zu machen. Es ist schwer, bei solchen Anlässen etwas herauszukriegen, weil es eigentlich auch nicht darum geht, was einer «kann». Aber um was geht es? Ich erinnere mich an den jungen Martin Wuttke, der einen Haufen Requisiten um sich hatte, nicht recht damit zu Rande kam und schließlich sogar rot wurde. Ich bat ihn, doch mal vorzu*spielen*, wie er damit nicht fertig wird. Ich machte ihm die «Fehlleistung» gerade zur Aufgabe. Er verstand und spielte nun, wie die Jacke, die er anhatte, zu einem Ding wurde, das ihn ständig behinderte, wie die alltäglichsten Dinge, Stöcke, Tassen, sich gegen ihn kehrten und nie da landeten, wo er wollte, ja, wie der eben geölte Boden unserer Probebühne zu einer Falle wurde, so daß er schließlich nicht einmal mehr laufen konnte. Wir amüsierten uns. Das gab ihm Auftrieb. Es kam das heraus, was man «Slapstick» nennt, Chaplin, die Marx-Brothers, Laurel und Hardy waren Meister darin. Wir engagierten ihn und haben es nicht bereut. Aber er zeigte uns nicht das, was er auf der Schule gelernt hatte.

Auf den Schulen können sie einem eine Menge beibringen, nämlich die Mittel, das heißt Technisches. Also «Sprechen», Fechten, vielleicht auch Tanzen, Akrobatik, Sin-

Adolf Dresen

Locker sein auf Befehl

Der Schauspielschüler als Tausendfüßler

gen. Aber die Schulen wollen nicht bloß Mittel vermitteln, sondern Schauspieler ausbilden, und da fehlt eben noch etwas.

Schauspieler, das ist ein Ding voller Paradoxien. Eine der üblichen: Wenn einer auf der Probe, was im Leben doch jeder von selbst kann, einfach nur «gehen» soll, bemerkt er, daß er unter dem Blick des Regisseurs auf einmal nicht mehr «gehen» kann, daß er nicht mehr weiß, wohin er mit seinen Händen und schließlich überhaupt mit sich selbst soll. Dann sagt der Regisseur vielleicht: «Sei erst mal ganz locker.» Dann wird es noch schlimmer. «Locker», das kann man vielleicht *sein*, aber auf *Befehl*, sozusagen mit *Gewalt*? «Locker sein», das ist so eine Anweisung, die man prinzipiell nicht ausführen kann, indem man sie befolgt. «Sei ganz offen», «Sei ganz du selbst», das ist auch so etwas... Unter der Anweisung, doch ganz «man selbst» zu sein, fühlt man sich förmlich zu einem Nichts zusammenschrumpfen. Vielleicht kommt dann das Allerschlimmste, wenn der Mann da vorne sagt: «Mensch, gehorche doch nicht immer.» Ja, was denn? Wenn man ihm nun darin gehorcht, daß man nicht gehorchen soll, dann gehorcht man doch gerade und ist gerade dadurch nicht gehorsam – eine Wirrnis. Es ist die alte Geschichte vom Tausendfüßler, den die Ameise fragt, mit welchem Bein er zuerst losgeht, und der dann überhaupt nicht mehr laufen kann. Der Dichter Kleist hat darüber einen sehr schönen Aufsatz geschrieben: «Über das Marionettentheater».

Dort, wo diese Paradoxien anfangen, und das ist spätestens bei den ersten Spieletüden, endet alles Verbale, alles Rationale. Da geht es dann los: Du hast es oder hast es nicht. Ja was? «Begabung», «Talent», sagen wir: «Persönlichkeit». Kann man Persönlichkeit auf einer Schule oder sonstwo vermitteln? Ist es nicht gerade ihr Kennzeichen, daß sie sich, allen Widerständen zum Trotz, von allein durchsetzt? Kommt nicht daher die Geschichte, die man von so vielen Genialen hört, sie seien an Kunstschulen nicht angenommen worden oder gerade noch rechtzeitig durchgefallen? Gehört nicht zur Persönlichkeit Eigenständigkeit, und ist es nicht ein «logischer Widerspruch», jemand Eigenständigkeit beibringen zu wollen? Lehrer, die einem lediglich «etwas beibringen» können, helfen da nicht, da braucht es den Lehrer in einem höheren Sinn – den «Meister». Das Wort klingt altmodisch, vielleicht weil «Meister» selten geworden sind. Ich benutze es für den «Mehr-als-Lehrer», dessen Kommunikation die verbale, die rationale übersteigt, dessen Existenz die Auflösung des Paradoxons ist, eine Persönlichkeit zu bilden.

Man findet die Beschwörung des «Meisters» in vielen Schauspieler-Biographien. Kortner und Quadflieg, zwei ganz verschiedene Männer, erzählen zum Beispiel von ihrer Begegnung mit so einem Meister, dessen Verehrung sozusagen am Beginn ihres eigenen Weges stand. Es war Josef Kainz, der berühmte sensible österreichische Schauspieler. Kortner hatte ihn aus der letzten Reihe des Wiener Burgtheaters gesehen, Quadflieg überhaupt nicht. Bei beiden aber war es gewissermaßen der Anruf, die Berufung zu diesem Nicht-Beruf. Vielleicht weil die Flamme sich lieber an der Flamme entzündet als an einem Vortrag über Oxydation. Vielleicht hat es auch damit zu tun, daß der künftige Menschen-Nachahmer immer zuerst den Nachahmer nachahmt.

Aber wo sind unsere Josef Kainz? Ich hatte das Glück, im Osten wie im Westen vorzüglichen Schauspielern zu begegnen – keiner von ihnen würde sich «Meister» nennen. Den verstorbenen Dieter Franke vom Deutschen Theater, den ich besonders geliebt habe, höre ich sogar sagen: «Ich bin Darstellungsbeamter.» Das hat nicht mit mangelndem Format zu tun. Der Mann, der die Rollen spielt, spielt heute nicht mehr die Rolle am Theater, die Josef Kainz noch spielen konnte. Schauspieler ist nicht mehr die Hauptrolle am Theater. Vielleicht kann man von Westdeutschland eher sagen, Theater wird hier nicht mehr von Schauspielern für Zuschauer gemacht, sondern von Regisseuren für Kritiker. Die Schauspieler sind dann oft nur Vehikel, Bestandteile des Bühnenbildes, alles in allem Mittel, Mittel des Regisseurs. Die Frage des Schauspielers auf der ersten Probe: «Wie hätten Sie's denn gerne?» hat leider eine objektive Berechtigung. Es gibt hier so viele Sorten Theater, daß die theatralische Sprache, die da einen Abend lang gesprochen werden soll, überhaupt erst vorher definiert werden muß – die «Spielweise». Den «Schauspieler», den gibt es in Westdeutschland gar nicht mehr, der ist zerfallen in höchst verschiedene Gestalten, in Noelte-, Zadek- und Stein-Schauspieler. Was für einer von denen will man sein – vielleicht nicht überhaupt am besten der, der zu allen Regisseuren paßt, weil er Wachs in ihren Händen ist, pures Material, der Lehm, aus dem Gottvater den Menschen formt? So ein Schauspieler aber wird auf der Bühne schlechthin unsichtbar sein: seine Sichtbarkeit auf der Bühne ist absolut proportional zu seiner Persönlichkeit. Und aus dem gleichen Grund wird ihn keiner der genannten Regisseure wollen.

Wie es um die «Persönlichkeit» steht, sieht man an den unzähligen Schauspieler-«Workshops», die alle den jeweils einzigen Weg zur Seligkeit weisen. Man staunt, was Schauspieler sich das kosten lassen, den Glauben an einen, der zumindest den Glauben erweckt, daß er an sich glaubt. Sie reisen, mit ihren schmalen Gagen bis New York oder ans Ende der Welt, um des Wunders von Lourdes teilhaftig zu werden. Oder die «Meister» ziehen durchs Land wie die Sektenprediger, halten Sessionen wie Psychotherapeuten. Gewiß ist keineswegs alles Scharlatanerie – aber manchmal hilft sogar die Scharlatanerie. Das Defizit, das durch diese Theatergurus signalisiert wird, ist kein technisches – das gibt es auch, und nicht zu knapp –, sondern eines der Persönlichkeit.

Die meisten Berufe *lernt* man, und dann *macht* man. Künstler ist in dieser und mancher anderer Hinsicht überhaupt *kein* Beruf. Kunst lernt sich, wie Sprechen oder Schwimmen, allein *durch* Machen, *im* Machen. Man kann interessant darüber reden hören, man kann eine «Ausbildung» aufnehmen, man kann verfolgen, was den Medien zufolge gerade «in» ist oder «out», man kann solche Bücher lesen wie dieses – das hilft alles wenig.

Am besten fängt man selbst an zu spielen, und wenn gerade keine Laienspielgruppe da ist, sollte man eine gründen. Mit «Faust» oder «Maß für Maß» anzufangen, finde ich keineswegs anmaßend, wobei es am besten ist, seine Stücke selber zu schreiben. Es ist ganz gewiß nicht wichtig, irgendwelche «Fachleute» zuzuziehen. Wer Schauspieler werden will, der darf auf niemanden warten, der ihn «entdeckt», ihn «rausbringt» oder ihm was «beibringt». Selbst ist der Mann, und die Frau natürlich auch. Das reicht bis in den Entschluß hinein, daß man zum Theater gehen will. Diese Entscheidung kann einem niemand abnehmen. Wer es tut, der muß es aus Eigenem tun. Er muß es selbst «wissen», an irgendeiner Stelle seiner Seele.

Und genau an der Stelle sitzt das, was ihn ausmachen wird.

«Ich bin ein Autodidakt.» –
Martin Benrath

Peter Lackner

**Gespräche mit
Schauspielern
über ihre
Ausbildung**

(**M**artin Benrath: Erstes Engagement 1947 bis 1950 Theater am Schiffbauerdamm; 1953 bis 1960 fest am Düsseldorfer Schauspielhaus, Arbeiten unter der Regie von Gründgens, Spier, Stroux, Hilpert, Felsenstein u. a.; seit 1961 als Gast und dann fest am Residenztheater München, Arbeiten unter der Regie von Meisel, Lindtberg, Lietzau, Bergmann, Everding, Rudolf u. v. a.; öfter als Gast an den Staatlichen Schauspielbühnen Berlins unter Lietzau; Film u. a. «Väter und Söhne» von Bernhard Sinkel.

LACKNER: Glauben Sie, die Schule ist wertvoll für jeden, der Schauspieler werden will, oder hätten viele sie gar nicht nötig?

BENRATH: Ein Beispiel bin ich selber, der eigentlich gar keine Schule gemacht hat, sondern die verschiedenen Aufgaben, die ich das Glück hatte immer zu bekommen, waren die Schule. Ich bin, wenn man so will, ein Autodidakt. Auf der Schule müssen die Grundlagen gelernt werden – wie Einatmen und Ausatmen als lebenserhaltender, aber auch dramatischer Vorgang funktioniert. Man kann ja durch Trainieren lernen, sich völlig zu entspannen, oder Spannung zu spielen, ohne wirklich gespannt zu sein. Auf der Schule muß auch erfahren werden, daß die Aufgaben, die ein Schauspieler erwartet, nicht unbedingt nur in der Rang- und Größenordnung von «Hamlet» stattfinden. Ein Lehrer muß auch einer Schülerin sagen: «So wie du aussiehst, wirst du eher in deinem Leben die Kammerzofe spielen als die Desdemona.» Und die muß akzeptieren können. Nur dann kann einer, der z. B. nie in den Typus des jungen Helden passen wird, auch seine individuellen Vorteile entdecken und entwickeln.

LACKNER: Wenn Sie eine Schule organisieren würden, was wären die wichtigsten Elemente, die dann für den Beruf einen Wert hätten?

BENRATH: Ich bin der Meinung, daß unter den Schauspielern nicht so viele Lehrer zu finden sind, wie man gemeinhin glaubt, denn Theater spielen und den Beruf lehren, sind zwei ganz verschiedene Dinge. Zunächst müßte man sich also um die Lehrer kümmern, die soviel Geduld und soviel Zartgefühl haben, um pädagogisch das Material eines unverbrauchten und unroutinierten Menschen so zart an die Sache heranzubringen, daß man nicht gleich mit dem Resultat anfängt. Das heißt also: langsam üben – vor allen Dingen das Rollenstudium –, in kleinen Aufgaben – nicht gleich mit großen, sondern mit kleinen alltäglichen Aufgaben. So was wäre natürlich schwer im Gruppenunterricht. In einem Gespräch zwischen Lehrer und Schüler, zu zweit, wird mehr erreicht als in der Gruppe. Wenn man nun ein paar Sachen mit einem Lehrer behutsam bearbeitet hat, dann wird auch ziemlich bald – nach einem Jahr – der Moment kommen, wo man das vorzeigen muß. Und da soll auch Kritik von der Gruppe kommen, damit sich der Schauspieler auch daran gewöhnt, daß sein Beruf ein öffentlicher ist. Das wird sonst fürchterlich schmerzlich.

Ich halte auch überhaupt nichts von den therapeutischen Gedanken. Therapie ist eine Privatsache. Erst wenn ein Mensch so diszipliniert ist, daß er sich konsequent mit der Arbeit, mit der Rolle, beschäftigen kann – konsequent daran gearbeitet hat und das ganz Private dabei zum Schluß wegläßt, dann ist er ein Profi. Sonst ist das nur Kinderbefreiungsmasche. Ich arbeite von «Innen» nach «Außen», aber «Innen» bedeutet für mich nicht nur «Persönlichkeit», sondern auch die geleistete Vorarbeit während der Probezeit und die Arbeit zu Hause – etwas ganz Ungewöhnliches heutzutage: Schauspieler arbeiten heute zu Hause nicht genug.

LACKNER: Was ist dann diese Arbeit «zu Hause»?

BENRATH: Ich stehe um sechs Uhr auf, koche mir Tee, setze mich hin und lerne eigentlich hauptsächlich den Text der anderen. Und ich frage mich, was diese Figur, die ich zu spielen habe, denkt, wie sie zu den Gedanken kommt. Eigentlich tue ich nichts anderes als das, was Stanislawskij gefordert hat – der Text ist eigentlich nur die notwendige Folge dessen, was die Rolle denkt. Aber in der Schule muß man lernen, wie der Körper das zusätzlich ausdrückt, was der Kopf meint.

LACKNER: Wie soll man Körpertraining und Rollenstudium integrieren?

BENRATH: Ich finde, das sollte man trennen und getrennt lassen. Körpersprache und Sprachunterricht sollen Fächer für sich sein. Der Schüler soll das dann selber integrieren, sonst besteht die Gefahr, daß man zu äußerlich an die Dinge herangeht. Die Sprache der Gestik kann man lernen, aber eher soll der Schüler lernen, selber im Leben zu beobachten – das ist das Geheimnis von Verwandlung. Ich fahre oft noch S-Bahn, weil ich gerne habe, die Leute zu beobachten. Ibsen saß immer im Café mit einer Zeitung, in der ein Loch war. Und dann hat er hinter der Zeitung die Gespräche belauscht und durch das Loch sich die Physiognomien angeschaut. Ein Schauspieler sollte natürlich *alles* können – er sollte ein Tablett mit zwanzig gefüllten Gläsern selbstverständlich wie ein Oberkellner über die Bühne tragen können, aber er muß natürlich auch steppen können. Wir können, verglichen z. B. mit US-Schauspielern, hier so wenig. Die Schule hat also eine grenzenlose Aufgabe – aber der Schüler muß wahrscheinlich diese Sonderfächer außerhalb der Schule und auch nach der Schule pflegen.

«Der Superstar bildet sich sowieso...» – Gerd Wameling

Gerd Wameling: Ausbildung an der Folkwang-Hochschule Essen 1969–1972; Mitglied des TAT Frankfurt 1972–1974; seit 1974 an der Berliner Schaubühne, Arbeiten mit Grüber, Stein, Bondy, Wilson, Monk, König u. a.; unterrichtet seit 1983 Schauspiel an der Hochschule der Künste in Berlin.

LACKNER: Findest du, daß die Kritik unter den Schauspielschülern wichtiger ist als Kritik von «oben», von einem Lehrer?

WAMELING: Ja, ich finde, es muß von beiden kommen. Der Professor hat auch ganz bestimmte Dinge mitzuteilen. Es gibt ja so merkwürdige Geheimnisse auf der Bühne, die man gar nicht erklären kann, z. B. daß, wenn man nach einer Tasse greift, man dieses Bewußtsein davon auch wirklich in der Hand hat. Und das muß man auch erzählen und erklären können. Und so etwas weiß ein Mitschüler nicht so genau. Das sind so Sachen, die ein Erfahrener erzählt, auf die man im Laufe der Zeit hinweisen kann, die man nicht als falsch oder richtig bewertet, sondern als bemerkenswert.

In Essen hatten wir die Möglichkeit, mit Regieschülern an Produktionen zu arbeiten. Als Anfänger waren wir alle auf einem «Level». Die Regisseure hatten ganz gute Ideen, und wir waren auch nicht so schlecht. Wenn das Ergebnis einigermaßen gut war, führten wir es intern vor der ganzen Schule vor. Da erlebten wir zum erstenmal die «Sekunde des Darstellens» – nicht mehr Workshop, sondern wo wirklich da unten Zuschauer sind und wo der Vorhang aufgeht. Und die Erfahrung dieser Sekunde, die kann dir niemand beibringen: Das kann man nicht lehren, das muß man erleben.

Was für mich ganz wichtig war an der Schauspielschule – und in der Richtung würde ich Neues versuchen –, das sind die Improvisationen. Das Feld, wo der Schauspielschüler seine ganze Phantasie einsetzen kann, wo er sich frei bewegen kann noch ohne Literatur erst mal, wo er nur seine Vorstellungen einbringen kann. Und erst in diesem Rahmen würde ich z. B. Stimmtraining machen, Stimmübungen, aber eben nicht so als pure Technik. Da gibt es heute eben wirklich Lehrer, die Ahnung davon haben, wie die Stimme im Zusammenhang mit dem Körper sich äußert. Das heißt also: wie dein Seelenleben aussieht, wenn deine Stimme rauskommt, daß das etwas miteinander zu tun hat.

Eine der wichtigsten Sachen – das muß ich noch anfügen – für mich in der Schauspielausbildung: das Ensemblespiel. Deshalb plädiere ich immer für mehrere Leute. Der Superstar bildet sich sowieso – aber daß Leute aufeinander hören, daß Leute abnehmen, was der andere denkt, daß Leute einander zuhören, ist ungeheuer wichtig. Dieses Gefühl, in einer Gruppe zusammenzukommen, als Menschengruppe irgend etwas zusammen zu tun – also ein Gefühl für soziales Verhalten –, kann durch eine Menge Übungen entwickelt werden. Wenn man z. B. Töne voneinander abnimmt, wenn man in einem Raum etwas zusammen herstellt, da lernt man, aufeinander zu achten, und das halte ich für unheimlich wichtig.

Ich habe gelernt, daß der Partner für mich entscheidend ist, und das ist eine Forderung, die ich seitdem am Theater habe. Ich würde nie, um Geld zu verdienen oder Theater zu machen, als Einzelkämpfer irgendwohin wollen, in ein Theater, wo mir nicht alle Mitglieder gefallen würden. Es gibt nichts Mächtigeres als ein Ensemble, was untereinander funktioniert.

Bernhard Minetti: Im Gründungsjahr 1925 an der Staatlichen Schauspielschule Berlin, geleitet von Jessner. Spielte unter Fehling am Staatstheater am Gendarmenmarkt. Ensemblemitglied der Staatlichen Schauspielbühnen Berlins. Arbeiten unter Regie von Bauer, Dorn, Lietzau, Noelte, Grüber, Zadek, Peymann u. v. a.

LACKNER: Wie beurteilen Sie die staatliche Ausbildung von Ihrer jetzigen Perspektive aus?

MINETTI: Nun, ich kann es so formulieren: als Einrichtung hat die Schauspielschule noch nie geschadet. Sie schadet höchstens zeitweilig, weil sie also durch Technik und durch das Handwerk, das ja dann erlernt wird, die Emotionen und die eigentliche Begabung erst mal eine Weile hemmt, es sei denn, man macht es auf die andere Art, über die Psyche. Aber auch die Psyche schafft ja eigentlich nur im naturalistischen Drama einen Sinn, nicht unbedingt bei Kleist oder Shakespeare. Dazu muß man, finde ich, dann doch schon ein Handwerk richtig lernen. Diese psychische Ausbildung geht eigentlich letztlich auf den Film hin. Ich bin der Ansicht, daß nur schwache Begabung durch Technik zerstört werden kann. Die Technik muß so gut werden, daß sie selbstverständlich wird, daß sie echt nur ein Mittel für die Emotionen ist. Aber ich meine, wie Sprachtechnik und Spiel-Emotionen zu einer Einheit werden können, das muß zuerst durch die Schule gelernt, dann am Theater erprobt werden. Aber man entwickelt ja dann auch noch eine eigene Technik für sich, die eine Art Geheimnis bleibt. Ich könnte vielleicht ein penetrantes Beispiel geben, es ist wie in der Sinnlichkeit; sie können sexuelle Bezüge technisch «erledigen», sie können sie radikal emotional bis zu einer Vergewaltigung hin «erledigen», das ist ja beides nicht das Ideal, es gehört schon diese Kombination von Technik und Emotion zusammen, auch in jeder Art im Leben. Schauspielschule an sich als Einrichtung ist schon wertvoll dadurch, daß überhaupt junge Menschen, die ein berufliches Ziel gemeinsam haben, überhaupt zueinander kommen – im wesentlichen, um etwas zu lernen und etwas zu erfahren, aber auch um darüber zu quasseln, also um sich zu enthemmen oder sich selbst zu finden. Ich behaupte, so rasch findet man sich nicht in der Schule. Manche brauchen 60 Jahre, um sich zu finden, und das schadet ja auch nichts. Wenn sie auf dem Weg der Selbstfindung sind, kann es interessant genug sein. Aber wenn einer Schauspieler werden will und Literatur als eine Aufgabe oder als ein Erlebnis empfindet, und wenn er in jungen Jahren in mittelgroßen oder kleineren Städten spielt, muß er unbedingt eine technisch und handwerklich fundierte Grundlage haben, sonst macht er sich kaputt oder er findet gar nicht zu einer Lösung, zu einer Rolle.

LACKNER: Wie sollen die Schauspielschüler ausgewählt werden? Welche Qualitäten soll man berücksichtigen?

MINETTI: Ich fürchte, das ist schwer zu entscheiden. Ich würde ungern in der Jury beteiligt sein, weil ich mich nicht traue, das zu entscheiden. Ich würde mich an das, was ich Fluidum – die Ausstrahlung – nenne, halten, aber auch Gehemmtheit positiv werten, wenn einer eben auch ein Fluidum des Gehemmtseins hat. Eher würde ich Arroganz und Penetranz oder Glattheit oder «aus zweiter Hand spielen» negativ beurteilen. Ich würde da möglichst großzügig sein. Aber wenn ein Lehrer nach einem Jahr nicht imstande ist zu beurteilen, wie begabt oder wie fähig der einzelne ist, dann ist die ganze Institution anzufechten.

Dieses grausame Risiko muß dann auch ein junger Mensch eingehen, daß man etwa nach einem Jahr ihm sagen kann, wir finden dich nicht geeignet. Ich meine, letztlich ist es ja auch erst dann festzustellen.

«Am meisten hat mir gefehlt...» – Ilse Ritter

Ilse Ritter: Ausbildung an der Hochschule für Musik und Theater in Hannover; Arbeiten mit Neuenfels, Peymann, Grüber, Bondy; drei Jahre an der Berliner Schaubühne; Arbeiten mit Zadek, Stein, Wilson, Savary in Berlin, Bochum, Hamburg, Wien, u. a.

LACKNER: Hast du deine Fähigkeit, dich extrem zu verwandeln, in der Schule entwickelt?

RITTER: Das ist sicher auch eine Veranlagung, die ich sowieso hatte. Ich war einfach mehr ein Clown, von meiner Veranlagung her, als jemand, der von irgendeiner Identität ausging. Ich hatte keine.

In der Schule habe ich viel lieber ohne jeden Text gespielt, hab mich irrsinnig gern verkleidet und bin dann einfach irgend etwas gewesen. Am liebsten in der Schule habe ich Improvisation gemacht. Durch diese Improvisationen bin ich darauf gekommen, wie das bei mir funktioniert: daß, wenn ich mir eine ganz starke Vorstellung von einer Figur mache, daß dann meine Phantasie anfängt zu arbeiten – also nicht, wenn ich von *mir* ausgehe, sondern mir etwas vorstelle und mich dahin bewege. Der Vorgang ist der, daß da irgendwie, irgendwann, zwei Dinge zusammenkommen müssen, d. h. mein Körper und meine Vorstellungskraft. Die Wege zu dieser Vereinigung sind dann sehr verschieden – ob ich da mehr von der Vorstellungskraft ausgehe und versuche, den Körper dahinzubewegen, oder ob ich dieses Bild, das ich habe, immer mehr an mich heranziehe, bis es in den Körper einfließt. Es ist verschieden für verschiedene Rollen.

LACKNER: Wie würdest du deine Ausbildung in Hannover beschreiben?

RITTER: Es war, was man wahrscheinlich als sehr traditionell bezeichnen würde – es gab alles, sprachtechnischen Unterricht, Atemtherapie, bewegungstechnischen Unterricht wie Fechten, jeden Morgen Tanz, Gymnastik, Exercise.

LACKNER: Was war der größte Mangel der Schule?

RITTER: Am meisten hat gefehlt, daß wir lernen konnten, mit einem Regisseur umzugehen und zu arbeiten. Ich hatte das wahnsinnige Glück, im ersten Engagement einen Regisseur zu finden, der mich erst einmal an die Hand genommen hat, aber für viele ist der Übergang ein echter Schock – von einer nicht-autoritären in eine ganz autoritäre Situation.

LACKNER: War die Schule überhaupt wirklich notwendig für dich?

RITTER: Meine Ausbildung ging im ersten Engagement – bei Hans Bauer in Darmstadt – weiter. Dort habe ich erst recht viel gelernt. Aber die Schule war schon wichtig, um überhaupt einen Punkt zu finden, wo man anfängt, und um auf Dinge aufmerksam gemacht zu werden, die wichtig sind. Das wichtigste war dann wohl die Eigenarbeit, die Arbeit an sich selbst, sich zu sensibilisieren. Aber das ging ineinander mit rein technischen Übungen. Ich mußte viel tun – Atemübungen –, um schließlich ein Volumen zu kriegen, mit dem ich mich wirklich ausdrücken konnte und frei damit umgehen konnte. An sich selbst arbeiten heißt auch, technische Möglichkeiten entwickeln, trainieren. In der Schule kann und muß jeder einzelne für sich daraufkommen, daß man die sehr wesentliche Aufgabe hat, aus sich eine Person zu machen, die sensibler wird, aufnahmefähiger, transparenter. Man kapiert, daß man sich zu einem Instrument machen muß, das fähig ist, viele Dinge auszudrücken. Dann versucht jeder auf ganz verschiedene Art, dieses Instrument zu werden.

«Fühlen kann jeder...» – Hans Peter Hallwachs

Hans Peter Hallwachs: Ausbildung an der privaten Fritz-Kirchoff-Schule Berlin 1959 bis 1961, fest engagiert am Bremer Schauspiel von 1962 bis 1966, in Stuttgart von 1966 bis 1968, in Berlin von 1972 bis 1980. Arbeiten u. a. mit Palitzsch, Hollmann, Lietzau, Zadek, Wilson.

LACKNER: Was ist für 18–22jährige am wertvollsten in einer Ausbildung?

HALLWACHS: Erst mal aufs Technische konzentrieren. Die Ausbildung mit dem Erforschen der Gefühle anzufangen – «Fühle nur» –, ist absolute Scheiße. Denn fühlen kann jeder – das ist gar kein Problem. Aber es darzustellen, und zwar mit Hilfe von Technik – *das* ist das Problem. Natürlich ist es aber ein langer Weg, diese Technik dann so weit zu bringen, daß du sie vergessen kannst. Die Eitelkeit der Technik für sich – die «Alte Schule» von tollen Sprechern –, interessiert auch nicht mehr. Aber man muß auf dem Weg der Technik gehen – und ihn ganz zu Ende gehen.

Die Schulen sollten auch Bühnenerfahrung möglichst früh ermöglichen, damit der Schüler erfährt, was das bedeutet: auf der Bühne stehen. Ich glaube nach wie vor, daß man alles, was wirklich mit Spielen, mit szenischer oder dialogischer Arbeit zu tun hat, nur auf der Bühne – und zwar der professionellen Bühne – erfahren kann. Diese längere oder kürzere Zeit ist eine Lehrzeit, wofür man früher in die Provinz ging. Heutzutage muß man immer noch dahin – nicht mehr geographisch, sondern in *seine* Provinz –, da muß man halt durch, da macht man Fehler, und nur aus Fehlern lernt man. Hinzu kommt: Theater ist doch kein klinischer Betrieb, sondern ein tolles Geschehen unter vielen Menschen. Schauspieler zu sein ist doch eine stolze Angelegenheit; ich jedenfalls bin stolz auf meinen Beruf, auch wenn es nicht immer ideal läuft. Eine Liebesbeziehung muß da sein, auch zum Publikum. Auch ein Verantwortungsgefühl gegenüber dem Publikum, und das erlebt man nur *vor* einem Publikum.

LACKNER: Was war gut oder mangelhaft an deiner Ausbildung?

HALLWACHS: Was mich *gar nicht* vorwärts gebracht hat, war dieses komische sogenannte «Rollenstudium». Das sind immer so ins Luftleere gefurzte, isolierte Dinger – albern. Es kann nicht hinhauen, Hamlet in der Schule zu studieren. Aber was mir doch sehr geholfen hat, war eine Lehrerin dort, die mit Theater eigentlich nichts zu tun hatte, eine Atemtherapeutin vom Kinderkrankenhaus. Und bei der habe ich wirklich das Entscheidende gelernt, keine Verblasenheit oder irgendwelche mythischen geheimnisvollen Vorgänge, sondern physikalisch, wie man beim Spielen atmet, daß man dabei auch Strümpfe stricken kann. Und dann fällt dir schon von allein auf, was du alles mit dieser Technik machen kannst. Das *mußt* du sowieso alleine auffassen, sonst ist es ja kein «künstlerischer» Beruf mehr. Je älter ich jetzt werde, um so mehr läuft es darüber, nichts zu machen. Die ganze Kunst des Spielens besteht ja im Nicht-Spielen, eine überspitzte Formulierung: darstellen, aber nicht spielen. Du mußt die Rolle hören, was in der steht. Man muß sich sich der Rolle überlassen – aber das geht nur mit der technischen Vorbedingung: technisch so weit bereit sein, daß man sich dann auch mit Konsequenz der Rolle überlassen kann.

LACKNER: Was hältst du von Improvisationsarbeit?

HALLWACHS: Bei mir ganz persönlich bin ich immer dagegen, weil ich dann eine unheimliche Scheu habe: ich schäme mich. Auf der Schule habe ich ein Gefühl des Ekels empfunden, als manche Leute das mit besonderer Hingabe machten. Und die verstiegen sich dann zu den letzten Sachen – sie improvisierten Blumenpflücken und das «Glück» als solches, der totale somnambulische, mystische Schwachsinn – das ist mir ein absolutes Greuel, ein Ekel. Ich brauche eigentlich immer einen Text dazu. Wenn es ein guter Text ist, ist es einfach fahrlässig zu sagen, «ich spiele jetzt erst einmal, was ich fühle und nur die Situation». Das ist ja Quatsch, die Situation kommt aus dem Text. Als Übung, um einen «Subtext» zu entwickeln, geht Improvisation noch, aber wenn du eine Gefühlsdarstellung trainieren willst, da gibt es leider schon Angebote wie Sand am Meer, in allen Preislagen. Man soll Gefühle nicht kategorisieren und austauschbar machen; jede Situation – mit ganzer Vorgeschichte – erzeugt etwas anderes. Die große Verantwortung und Chance von Ausbildern ist, den Schüler zum Dichter zu bringen, zum Inhalt des Textes. Eine Rolle voll und mit Treue zu beherrschen, erlaubt totale Freiheit. Aber du muß so diszipliniert sein, daß du nur das machst, was in dem Stück und in der Rolle möglich ist. Die Disziplin ist, daß du die *Rolle* darstellst.

Grau ist alle Theorie...

Peter Simhandl

«Brauchbare und nützliche Glieder der bürgerlichen Gesellschaft»

Zur Geschichte der Schauspielausbildung im deutschsprachigen Raum

Schauspieler – lange ist es noch nicht her, daß dieser Titel eher Schimpf und Schande bedeutete als Ruhm und Ehre. Schauspielerei galt als anrüchig und unanständig, war die Sache fahrender Sippen, nicht eines anerkannten Berufsstandes. Anfänger erwarben sich ihre Fähigkeiten direkt in der Spielpraxis. Unter Betreuung eines erfahrenen Schauspielers oder des Prinzipals einer Truppe.

Erste Ansätze, Schauspieler mehr oder weniger systematisch in eigenen Schulen auszubilden, machte erst das pädagogisch-aufklärerisch orientierte Bürgertum, als es im 18. Jahrhundert das Theater als Mittel zur Befreiung von der Aristokratie entdeckte. Mit der Forderung nach einer geschönten, aber dennoch illusionierenden Nachahmung häuslich-familiärer Wirklichkeit und der glaubwürdigen Darstellung komplizierter Individuen wurde das Schauspielen zum theoretischen und damit auch didaktischen Problem. Das nach ausländischen Vorbildern entstandene Literaturtheater verlangte mehr als komödiantische Improvisationstechniken, steife Helden und derb-komische Spaßmacher. Konrad Ekhof, der sogenannte «Vater der deutschen Schauspielkunst», erkannte als einer der ersten die Zeichen der neuen Zeit: Er versuchte, innerhalb einer Wandertruppe während deren Aufenthalt in Schwerin (1753/54) eine «Schauspieler-Akademie» einzurichten. Dabei ging es um die Weiterbildung der Truppenmitglieder durch gemeinsame Lektüre und Diskussion neuer Stücke und durch das Gespräch über Grundfragen realistischer Schauspielkunst. Besonders wichtig war dem Gründer der Akademie die sittliche Bildung seiner Berufskollegen als Voraussetzung für die Emanzipation des noch weithin verachteten Berufsstandes.

Auch in den ersten tatsächlich als Ausbildungsstätten konzipierten Schulen nahm die Erziehung zur Sittlichkeit einen breiten Raum ein. In einem Programm, das der Schauspieler Johann Müller dem österreichischen Kaiser Joseph II. einreichte, standen als oberste Erziehungsziele das «gesittete und einträchtige Betragen sowie die unermüdliche Sorgfalt, daß die Schüler nicht nur gute Akteure und Aktricen würden, sondern daß sie auch viel in dieser Schule erlernten, um brauchbare und nützliche Glieder der bürgerlichen Gesellschaft... zu werden.» Dafür sollte neben einem Tanzmeister, praktizierenden Schauspielern und einem Theoretiker vor allem ein Religionslehrer sorgen. Rekrutiert werden sollten die 10- bis 12jährigen Schüler aus Wiener Waisenhäusern. In Stuttgart scheinen die Sitten rauher gewesen zu sein: dort führte man die Schauspielschule als Sonderklasse der Militärakademie. Ausgesprochen praxisnah war die Ausbildung an den Schulen, die im letzten Viertel des 18. Jahrhunderts an verschiedenen Hoftheatern gegründet wurden. Es gab bereits Aufnahmeprüfungen, die Schüler konnten als Komparsen und in Nebenrollen auf der Bühne Erfahrungen sammeln. Dafür wurde kein Schulgeld erhoben und auch die Unterbringung im Internat – damals die Regel für Schauspielschüler – war kostenlos. Die meist nicht einmal vierzehnjährigen Eleven bekamen neben den Fachkenntnissen eine relativ gute Allgemeinbildung vermittelt, was nicht zuletzt das Ansehen des Berufes in der Gesellschaft steigern sollte.

Inhaltlich orientierte sich die Ausbildung – nach dem an dem Realismus der Aufklärung und dem Leidenschaftsduktus des Sturm und Drang – jetzt zunehmend an den Idealen des klassizistischen Theaters, wie sie vor allem Goethe am Weimarer Hoftheater entwickelt hatte. Die berühmt-berüchtigten Regeln, die er für seine jungen Schauspieler aufstellte, erscheinen uns heute als ein Ausbund von Formalismus; da lesen wir etwa: «Eine schöne, nachdenkliche Stellung ist diese, wenn ich die Brust und den ganzen Körper herausgekehrt, in der vierten Tanzstellung verbleibe, meinen Kopf etwas auf die Seite neige, mit den Augen auf die Erde starre und beide Hände hängen lasse.» Wenn auch Goethe die Regeln nur als «geheime Grundlinien für das lebendige Handeln» verstanden wissen wollte, führte doch die klassische Maxime «Erst schön, dann wahr» in der Schauspielkunst zu einer Stilisierung, die wohl allzuoft als Zwangsjacke wirkte.

Für diejenigen Eleven, die nicht die Möglichkeit hatten, an einem Mustertheater wie dem Weimarer oder an einer der wenigen Schulen ausgebildet zu werden, änderte sich nicht viel gegenüber der Wanderbühnen-Zeit. Der Schauspieler und Theaterhistoriker Eduard Devrient schreibt um die Mitte des vorigen Jahrhunderts: «Immer noch ergänzten sich die Kunstgenossenschaften aus den untersten Schichten der Gesellschaft. Fast immer führte ein fehlgeschlagener Lebensweg zum Theater, fast lauter Schiffbrüchige waren es, die sich auf die Bühne retteten. ... Eigentlich erzogen für das Theater wurden nur die Schauspielerkinder, und diese Erziehung war nicht mehr als eine frühzeitige Abrichtung zu Kinderrollen und eine allerdings heilsame Dressur in dem Handwerksmäßigen der Kunst durch Übung im Tanzen, Singen, Sprechen.» Devrient empfahl dem damaligen preußischen Kultusminister die Einrichtung einer staatlichen Theaterschule, deren Ziel nicht in erster Linie die Ausbildung von Genies, sondern die Anhebung des Durchschnitts sein sollte. Die Eingangsvoraussetzungen und der Lehrplan lesen sich ganz modern; sogar Improvisation ist schon als Unterrichtsfach vorgesehen.

Doch der Zeitgeist war einem solchen Unternehmen nicht wohlgesonnen: Als der pädagogische Impetus der Aufklärung versickerte, der romantische Genieglaube immer mehr an Boden gewann, wurde auch der Sinn von Schauspielschulen zunehmend in Frage gestellt. In einem Theaterlexikon von 1841 finden sich die manchmal auch heute noch vertretenen Meinungen, daß alles vom Talent abhänge und die Praxis selbst die beste Schule sei. «Eine Theaterschule wird sowenig einen Künstler bilden, als irgendein großer Meister es imstande sein wird, wenn dem Schüler das Talent fehlt.»

Parallel zu seinem wirtschaftlichen Aufstieg und der politischen Stabilisierung gewann in der zweiten Hälfte des vorigen Jahrhunderts das deutsche Bürgertum auch kulturell an Macht. Es kam zu einer Flut von Theatergründungen; der Bedarf an geschulten Darstellern stieg rapide. Mehr oder minder künstlerisch und pädagogisch begabte Schauspieler sahen eine Chance, ihr Einkommen durch Privatunterricht aufzubessern. Der Unterricht war meist eng begrenzt auf Stimmbildung, Sprecherziehung und Rollenstudium. Es etablierte sich die «Ausbildung im Hinterzimmer» als regelrechter Geschäftszweig; allein in Wien gab es in dieser Zeit mehr als 40 Schauspiellehrer. An Schülern mangelte es nicht: die Schauspielerei wurde zu einem «Traumberuf» auch in zahlungskräftigen Schichten. Zu Beginn unseres Jahrhunderts träumten nach Aussage eines Zeitgenossen zwei Drittel aller bürgerlichen Töchter und Söhne von einer Theaterkarriere. Das Bürgertum hatte nicht nur den Zuschauerraum, sondern auch die Bühne erobert. Die relativ hohen Kosten der Privatausbildung garantierten, daß man unter sich blieb. In einer zeitgenössischen Programmschrift stand geradeheraus zu lesen, daß die Erhebung von Schulgeld «den Zulauf von Leuten aus den ungebildeten Klassen zum Theater verhindert und damit von vorteilhaftem Einfluß für das ganze Bühnenwesen» sei. Natürlich erfüllte sich der teuer bezahlte Traum nur für wenige; besonders Schauspielerinnen mußten sich um Nebeneinkünfte bemühen, wenn sie überleben wollten. So versteckte sich hinter mancher Theaterschule einfach ein Bordell.

Eine deutliche Steigerung des Niveaus brachte nach der Jahrhundertwende die Gründung von Schauspielschulen an künstlerisch fortschrittlichen Theatern wie dem Düsseldorfer Schauspielhaus unter Louise Dumont und Gustav Lindemann oder an den Berliner Bühnen von Max Reinhardt. Für die Ernsthaftigkeit der Arbeit in Düsseldorf sprechen etwa die ausführlichen und prägnanten Charakterisierungen der einzelnen Schüler durch Louise Dumont, in denen sich aber auch da und dort der Sarkasmas der enttäuschten Lehrerin niederschlägt, wie etwa in der Beurteilung des Schülers A. M.: «Kleiner ungebildeter Junge, der ‹hoch wollte› und das Theater für eine geeignete Leiter hielt. Er stürzte indes bald herunter, wurde Liftboy im Hotel, wo er dann schneller hoch kam.»

Während die Dumont ihre Schüler zu der «rätselhaften seelischen Verwandlung» des Schauspielers hinführen wollte, setzte Max Reinhardt stärker auf das rein handwerkliche Moment. Was er 1929 bei der Gründung des nach ihm benannten Seminars in Wien sagte, galt schon als Programm für die Schule, die er seinem Berliner Theaterimperium 1905 angegliedert hatte: «Die vollkommene Meisterung des Handwerks, die souveräne Beherrschung des Wortes und der Stimme, die gründliche musikalische, rhythmische, tänzerische, ja sogar akrobatische und die gesangliche Ausbildung wird in Zukunft vom Schauspieler verlangt werden.» Im Gegensatz zu Reinhardts Streben nach Vermittlung zweckfreien Handwerks betonte Erwin Piscator in seinem 1927 in Berlin gegründeten Studio für junge Schauspieler den politischen Zweck: «Die selbstverständliche Voraussetzung war, daß die Schule ihre Aufgabe nicht von formalen, ästhetischen Gesichtspunkten aus sah, sondern daß auch der Motor ihrer Arbeit der Wille zur Politik war.»

Im Laufe der 20er und 30er Jahre wurden die größeren, oft einem Theater angegliederten Privatschulen verstaatlicht und teilweise als eigenständige Abteilungen den Musikhochschulen angegliedert. Daneben blieb das Privatschulwesen bestehen, doch wurde es mit der Einrichtung von Paritätischen Prüfungskommissionen, bestehend aus Vertretern des Bühnenvereins als Arbeitgeber und der Bühnengewerkschaft, unter Kontrolle genommen. 1928 schlossen Bühnenverein und Genossenschaft sogar eine Vereinbarung, nach der nur Abgänger einer staatlichen Schule oder Privatschüler mit einem «Bühnenreifezeugnis» der Paritätischen Prüfungskommission engagiert werden sollten. Allerdings hat sich bis heute kein Intendant daran gehalten. Während der Herrschaft der Nationalsozialisten setzte sich die Reglementierung des Ausbildungswesens weiter fort – nun unter dem Vorzeichen der faschistischen Ideologie. Die Reichstheaterkammer nahm Einfluß auf die Auswahl der Bewerber und achtete darauf, daß alle Schauspielschüler «geistig und sittlich im Geiste des Nationalsozialismus zum Dienst an der Volksgemeinschaft» erzogen wurden.

Kurz nach Kriegsende existierten bereits wieder relativ viele staatliche und private Schauspielschulen; an manchen Orten kam es sogar zu Neugründungen. Ganz im Sinne des restaurativen Nachkriegstheaters wurden im westlichen deutschsprachigen Raum die traditionellen Spielweisen weitervermittelt. Methodisch ließ man sich im Westen nur punktuell, in Ostdeutschland ganz systematisch auf die Auseinandersetzung mit dem psychologisch-realistischen «System» des russischen Theaterpädagogen Konstantin Sergejewitsch Stanislawski ein. Auf dieser Linie, die durch schauspielmethodische Elemente aus der Konzeption Bertolt Brechts erweitert wurde, arbeiten heute die drei staatlichen Schauspielschulen in der DDR. In der Bundesrepublik hingegen setzte eine breite Methodendiskussion erst in der Folge der Studentenbewegung ein. Das Reformbemühen gipfelte in einem «Theaterpädagogischen Kongreß» 1973 in Berlin, auf dem Dozenten und Studenten, Wissenschaftler und Theaterpraktiker umfassend über eine Erneuerung der Schauspielausbildung diskutierten. Die dort formulierten Prinzipien – fächerintegrierendes Projektstudium mit dem Ziel öffentlicher Aufführungen, engere Zusammenarbeit mit der Theaterpraxis, systematische Reflexion der Ausbildungsinhalte, Vielfalt der Methoden – prägen noch heute die Struktur der Schauspielausbildung.

Stanislawski, Strasberg, Artaud, Brecht, Grotowski – wer auf die Bühne will, kommt nicht an ihnen vorbei: Schon der kleinste Schauspiel-Workshop schmückt sich mit diesen Namen; sie zieren die Programmhefte auch von Hinterhof-Inszenierungen, die ihren selbstgewählten «Paten» kaum Ehre machen.

Die Übergänge zwischen den Schulen sind fließend. Die sie begründeten, taten das nicht mit dem Anspruch, ein geschlossenes System zu schaffen. Patentrezepte gibt es nicht – auch für den Umgang mit den Meistern gilt Hamlets Empfehlung: «Seid auch nicht allzu zahm, sondern laßt euer eignes Urteil euren Meister sein...»

Bei der theoretischen Beschäftigung mit der Arbeit des Schauspielers stellt sich hauptsächlich ein Problem: Das Verhältnis zwischen dem Charakter des Spielers und dem der Rolle muß geklärt werden. Das ist so, seit «Natürlichkeit» des Spiels gefördert (siehe z. B. schon bei Shakespeare die Rede Hamlets an die Schauspieler) wird, damit eine Illusion von Wirklichkeit auf der Bühne hergestellt werden kann. Wie kann ein Mensch auf der Bühne einen anderen Menschen darstellen? Soll sich der Spieler mit der darzustellenden Figur identifizieren und das Spiel mit eigenem Erleben füllen: Nur selbst Erlebtes ist darstellbar? Oder soll er bewußt und ohne Gefühl gestaltend neben ihr stehen, die Figur dem Zuschauer präsentierend? Daran geknüpft ist eine andere Frage: Wie gelangt man zu den Darstellungsmitteln – über Einfühlung in die Figur oder über Beobachtung äußeren Geschehens?

Die Forderung nach Einfühlung hat niemand so konsequent vertreten wie Konstantin S. Stanislawski (1863 – 1938), dessen Schriften das bisher umfassendste schauspielpädagogische Konzept bilden. Als aus

Nils Böke

Welche Schule in der Schule?

Schulausbildung theoretisch

schauspielerischer Erfahrung entwickelte Analyse waren sie der erste Versuch, die Lehr- und Lernbarkeit des Theaterspielens schriftlich zu fassen. Diese Arbeit ist bis heute die wichtigste theoretische Grundlage für die Ausbildung geblieben.

Stanislawski betonte die innere Wahrheit des Theaterspielens – gegenüber einem traditionellen, auf äußere Wirkungen abzielenden Stil. In den Anfängen seiner Arbeit forderte er von den Schauspielern die psychologische Einfühlung in die Bühnenfigur, eine «Logik der Gefühle», und kam zu einer Theaterkunst, in der vor allem Stimmungen im Mittelpunkt standen. In seinen Inszenierungen bemühte er sich extrem um äußere Genauigkeit, die historische Treue von Dekorationen und Kostümen: so ließ er teilweise die Räume hinter der Bühne im Stil des gerade gespielten Stückes einrichten, damit die Schauspieler sich auf ihren Auftritt einstimmen konnten.

Dieses Konzept eines illusionistischen Einfühlungstheaters erwies sich nach intensiver Weiterentwicklung als Sackgasse; Stanislawski bemühte sich in den 20er Jahren nach der Oktoberrevolution, seinem System der «schöpferischen Phantasie» eine materialistische Grundlage zu geben. Statt der «Logik der Gefühle» ging es nun um die «Logik der Handlung»: Vom Schauspieler wird verlangt, sich eine konkrete Vorstellung der Rollengestalt zu erarbeiten, genaueste Kenntnisse von deren Lebensumständen und ein Bild von ihren Möglichkeiten sich zu bewegen. Aus der Beschäftigung mit Psyche und Umwelt der Figur soll so notwendigerweise die richtige Art der äußeren Handlung entstehen, die «physische Handlung». Damit sind inneres und äußeres Leben der Rolle im Spiel verbunden. Zur Unterstützung entwarf Stanislawski die Methode der Psychotechnik, um über Improvisationen, Körper- und Konzentrationsübungen, Vorstellungen bestimmter exakt festgelegter Situationen und vor allem über Phantasie den «bewußten Weg zum unbewußten Schaffen finden» zu können. «Wie der Reisende das Eisenbahngleis, so brauchen wir eine sich wie ein Schienenweg ununterbrochen hinziehende Linie der physischen Handlungen.»

«Sobald der Schauspieler die Wahrheit der äußeren Linie der Handlung zu spüren beginnt, stellt sich bei ihm auch todsicher die innere Linie ein (...) so beginnen wir bewußt mit der Schaffung des äußeren Lebens und gehen allmählich intuitiv auf das Innere über.»

Um zu gewährleisten, daß diese von jedem einzelnen zu leistende Arbeit nicht zu einer lose nebeneinander stehenden Ansammlung von einzelnen Aktionen und Figuren führt, braucht es die ständige Einbindung der «physischen Handlungen» in die «Überaufgabe». Sie organisiert als leitende Idee die Spielvorgänge und stellt die künstlerische Geschlossenheit her.

Als eine Weiterführung der Arbeit Stanislawskis begriff der amerikanische Schauspiellehrer Lee Strasberg (1901–1982) seine Pädagogik, die unter dem Namen «The Method» starke Verbreitung fand. Seine Arbeit am New Yorker «Actor's Studio» (seit 1947) war für ganze Generationen von amerikanischen Filmschauspielern prägend und wurde in den 70er Jahren im Zuge des zunehmenden Interesses für das «Selbst» auch in Deutschland populär. Strasberg entwickelte vor allem auf Grund von Stanislawskis erster Arbeitsphase ein Training zur Sensibilisierung für die eigenen psychischen und physischen Prozesse, sowie die der Rolle, und zur Entwicklung der darstellerischen Kreativität. Im Zentrum der Arbeit steht die Aktivierung des «affektiven Gedächtnisses»: Durch das Erinnern an eigene Erlebnisse sollen sich auch die damit verbundenen Gefühle wieder einstellen. Auch für die Arbeit mit der Rolle übernahm Strasberg Vorschläge von Stanislawski, wie die analytische Aufbereitung der Rolle durch die «W-Fragen»: Wer? Wo? Was? Wie? Warum? Woher? Wohin? Vor- und Umfeld des darzustellenden Geschehens sollen durch Improvisationen erkundet werden.

Strasbergs Training entwickelt die vor allem für Filmschauspieler wichtige Fähigkeit, genau vorgegebene Rollen und Situationen auf Abruf mit eigenem Erleben zu füllen. Aber etwas für das Theater Fundamentales drohte bei dieser Suche nach Sensibilisierung zu kurz zu kommen: ein Repertoire an bewußten, materiellen Kunstmitteln, die es dem Spieler ermöglichen, eine äußere Struktur der Bühnenrolle aufzubauen.

Widerstand gegen die Konzeptionen Stanislawskis gab es schon bei Bertolt Brecht (1898–1956). Er verstand seine Forderung nach Verfremdung, nach Distanz des Schauspielers zu seiner Rolle zeitweise als Gegenposition zu Stanislawskis extremem Illusionstheater. Später näherten sich ihre Theorien allerdings wieder an und werden heute als sich gegenseitig ergänzend begriffen: So wie Stanislawski in seiner «Arbeit des Schauspielers an der Rolle» eine Verbindung von äußerer und innerer Handlung erreichen will, gibt es im Spätwerk Brechts die Forderung nach Verbindung von Einfühlung und Verfremdung: «Das Denken reinigt die Gefühle, die Gefühle beflügeln den Verstand.» Das Theater Brechts in seiner Einheit von Stücktext, Theatertheorie und Aufführungspraxis will die Welt ändern und stellt sie als veränderbar dar. Dazu braucht es Distanz – nur was ästhetisch, historisch oder geographisch weggerückt ist, wird über- und durchschaubar. Der Schauspieler hat die Aufgabe, Stücktext und Rolle «auszustellen». Auf keinen Fall darf er sich mit ihnen identifizieren – die Brüche zwischen Spieler und Rolle sollen dargestellt werden, um zu verhindern, daß diese Rolle als allgemein menschlich und unwandelbar erscheint. Seine Darstellungsmittel gewinnt der Spieler durch Beobachtung des Geschehens um ihn herum, das er auf der Bühne nachahmt. Situationen, Handlungen, Figuren erscheinen so als «auffällig», sind aus ihrem «natürlichen» Zusammenhang herausgenommen und stellen diesen in Frage.

Neben der Beobachtung ist der zweite Hauptteil der Schauspielkunst bei Brecht das Einnehmen eines bewußten Standpunktes: Von ihm aus organisiert der Spieler das Darstellungsmaterial, stellt die Rolle in Sprache und Bewegung aus und präsentiert sie dem Sachverstand des Publikums.

All diese Überlegungen ordnen die Theaterarbeit einem vorgegebenen Text unter, der auf der Bühne umgesetzt werden soll. Seit Anfang dieses Jahrhunderts gibt es eine Gegenbewegung, die die Aufführung als eigenständige künstlerische Äußerung begreift. Der Stücktext wird zum Material der Inszenierung. Parallel dazu verwarfen die Reformer (Edward Gordon Craig, Adolphe Appia, Wsewolod Meyerhold u. a.) das Illusionsprinzip: Das Theater wird von seiner Abbildfunktion befreit und ihm seine eigene Realität zugestanden. Zum einen sollten vorillusionistische (und vorbürgerliche) Spielformen wie die Commedia dell'arte wiederbelebt werden; zum anderen wollte man die mythisch-kultische Dimension von Theater wieder erreichen. Religiös akzentuierte Festspiele wurden veranstaltet, die Teil einer das ganze Leben umfassenden Reformbewegung sein sollten.

Von den Bemühungen dieser Zeit, das Theater neu zu begründen, hat das Leben und Werk des radikalen Außenseiters Antonin Artaud (1896–1938) die weitreichendsten Wirkungen gehabt. Er konnte zwar seine Idee kaum praktisch umsetzen, aber seine Manifeste und vor allem der Mythos seines Lebens haben bis heute ihre Faszination nicht verloren. Was Artaud von seinen Zeitgenossen wie Craig oder Meyerhold unterscheidet, ist, daß das Theater für ihn echte Existenzerfahrung war, kein ästhetisches Unternehmen oder Kunstwerk. In der extremen Suche nach ursprünglich menschlichem Erleben waren Leben und Werk untrennbar verbunden. Das Theater ist «dieser Schmelztiegel aus Feuer und wirklichem Fleisch, wo sich anatomisch, durch das Stampfen von Knochen, Gliedern und Silben, die Körper erneuern, und sich physisch und unverfälscht die mythische Handlung darstellt, einen Körper zu machen».

Artauds Stichwort ist das «Theater der Grausamkeit», was weniger Blut und Gewalt meint als Lebenskraft, Hellsicht, unerträgliche Strenge. Das Ziel ist fast eine Theaterreligion: Theater als Moment des Lebens, Ausdruck seiner zerstörerischen, unbegreifbaren Grundlage, als Erfahrung der Grenzen der menschlichen Existenz. Als Ergebnis entsteht – für Schauspieler und Zuschauer – eine Art Neugeburt des Lebens durch das Theater, eine «grausame Heilung».

Wichtigstes Ausdrucksmittel der Aufführung ist der Schauspieler, da durch ihn die «kommunikative Kraft der Gebärde» auf die Bühne kommt – wofür das Hauptvorbild die streng festgelegten Bewegungen des ostasiatischen kultischen Theaters sind. Der Spieler soll das Publikum in Trance und Hypnose versetzen, wie ein «Schlangenbeschwörer» (Artaud). Außerdem werden alle nicht-verbalen Darstellungsmittel mit einbezogen: «Musik, Tanz, Plastik, Pantomime, Mimik, Gestik, Architektur, Licht und Dekor.»

«Dies führt dazu, die gewohnten Begrenztheiten des Menschen und seiner Fähigkeiten zu verwerfen und die Grenzen dessen, was man Realität nennt, bis ins Unendliche zu erweitern. Man muß an einen durch das Theater erneuerten Sinn des Lebens glauben, wo sich der Mensch unerschrocken dessen bemächtigt, was noch nicht ist, und es entstehen läßt.»

Vor allem für jene Theaterformen, die sich nicht am politisch-aufklärerischen Anspruch des Brechtschen Verfremdungsmodells orientieren, ist Artaud in dieser menschlichen und theatralen Radikalität starker Beziehungspunkt geblieben – so auch für das Theaterlaboratorium des Jerzy Grotowski (geb. 1933). Er macht «armes Theater», lehnt den gesamten technischen, hochgezüchteten Apparat des modernen Theaters ab. Der Urgrund des Theaterspielens soll wiedererweckt werden durch die Beschränkung auf das, «was aus dem Menschen selber kommt»: «Wir halten die personale und szenische Technik des Schauspielers für den Kern des Theaters.» Ihm soll die Möglichkeit gegeben werden, sich in einem theatralen Akt selbst zu erkennen, zu befreien, zu offenbaren und dadurch auch den Zuschauer existentiell herauszufordern. Kollektive Mythen haben ihre Gültigkeit verloren – allein das «Sensorium des menschlichen Organismus», seine «Entblößung bis zum äußersten Exzeß» kann nach Grotowski den Zugang zu universellen Wahrheiten eröffnen. Die Fähigkeiten dazu erwirbt der Darsteller durch die Überwindung von körperlichen Hindernissen, die einer direkten Umsetzung psychischer Impulse entgegenstehen. Grotowski entwickelte eine Reihe von Übungen, teilweise unter Rückgriff auf traditionelle europäische und asiatische Techniken, aus denen jeder Schauspieler sich die für ihn passenden aussucht. Vorgegebene Rollen ordnen und disziplinieren den schöpferischen Prozeß der Selbstfindung: die Stücke sind Rohmaterial, das im Lauf des Arbeitsprozesses umgebaut wird zu Aufführungsszenarien. Im Kontakt mit dem Zuschauer muß der Schauspieler seinen spontanen Ausdruck disziplinieren, es müssen Zeichen gefunden werden – die in den Inszenierungen Grotowskis oft geprägt waren von denen der christlichen Heilsgeschichte.

Diesem Ziel entsprach die durch ein hohes Ethos getragene kollektive Arbeitsform des Ensembles. So wird die Ausgangsfrage gegenstandslos: Der Konflikt zwischen Spieler und Rolle hat sich in einer neuen Einheit aufgelöst. Theater ist kein Arbeitsplatz oder Beruf, sondern eine Art zu leben, praktizierbar nur mit unerhörtem Ernst, Ehrlichkeit und Hingabe.

Mitte der 70er Jahre wandte sich Grotowski konsequenterweise vom Theater im Sinne einer Aufführung ab. Das Theaterlaboratorium veranstaltete seitdem sogenannte «Festtage» und «Special Projects», «posttheatralische Experimente», die in mehrtägigen Gruppenveranstaltungen die Teilnehmer unterschiedlichsten Situationen aussetzten. Das führte zur organisatorischen Aufsplitterung des Laboratoriums in verschiedene Sektionen; 1984 wurde es ganz aufgelöst, seine Mitglieder zerstreuten sich. Grotowski selber beschäftigte sich mit einem «Theater der Quellen» genannten Unternehmen, in dessen Rahmen rituelle und spirituelle Techniken in verschiedenen Kulturen erforscht wurden.

An den öffentlichen Schulen wird zur Hauptsache auf der Grundlage von Stanislawski und Brecht gelehrt. Jener wirkt durch seine Methodik zur Ausbildung schauspielerischer Fähigkeiten, dieser durch seine Forderung nach einem eigenem Standpunkt und nach seiner selbst bewußtem Handeln auch auf der Bühne. Die Art Theater, die sich auf Traditionen von Artaud bis Grotowski beruft, hat punktuellen Einfluß auf etablierte Institutionen; aber konsequent durchgeführt verlangt sie eine Radikalität des Lebens und Arbeitens, die nur außerhalb der großen öffentlichen Betriebe möglich ist.

Einen geschlossenen theoretischen Rahmen für Schauspielpädagogik gibt es nicht. Das Ausbildungsziel ist ein Mensch, der die bereitgestellten unterschiedlichen Darstellungsmittel für sein Spiel nutzen kann, nicht die Produktion des perfekten Schauspielers durch ein monolithisches System. Die angeführten Namen können Orientierungshilfen sein, aber jeder Schüler und jeder Lehrer muß sich seinen eigenen Weg suchen.

Der Musiker spielt ein Instrument, Maler, Bildhauer, Tischler und Schuster bearbeiten ein Material. Als Schauspieler bin ich selbst Instrument und Material.

Ich bin ich – einen anderen Menschen kann ich nur darstellen. Aber genau das ist der Punkt, der immer wieder Schwierigkeiten bringt. Dauernd gibt es Mißverständnisse. Was man dann von den Lehrern immer wieder zu hören bekommt: «Deine privaten Gefühle interessieren auf der Bühne nicht. Nicht Du sollst leiden, sondern Du sollst zeigen, daß die Figur leidet.»

Wenn ich jemanden spiele, der Selbstmord begeht, kann es nie meine Aufgabe sein, *mich* so weit zu bringen, bis es *mir* so schlecht geht, *ich* so stark leide, daß *ich* bereit wäre, *mich* umzubringen. Das macht krank, das bringt mich an den psychischen Ruin. So würde ich als Schauspielerin nicht lange leben. Ich beging – und begehe manchmal noch – den Fehler, mich zu sehr um GEFÜHLE zu kümmern; wo ist das GEFÜHL – wühl', wühl' –, ganz ehrlich sein, nur nichts tun, was nicht wirklich gefühlt ist. Das GEFÜHL erleben. Irgend etwas an meinen Vorbereitungen muß aber falsch gewesen sein, denn es ging mir dabei immer schlechter. Ich war von meinem Gefühl so besetzt, daß ich gar nicht mehr spielen konnte.

Theater ist nicht Realität. Ich muß glaubwürdig darstellen, aber nicht «sein». Ein Schuster hat schließlich auch nicht den Anspruch, ein guter Schuh zu sein, sondern gute Schuhe zu machen. Wenn ich eine Figur spiele, kann *ich* die tollsten Sachen innerlich spüren und fühlen. Wenn sie keinen Weg nach außen finden, bekommt niemand etwas davon mit. Ich muß also für die jeweilige Figur charakteristische Zeichen, Formen und Ausdrücke finden, die nach außen gehen. Die Zeichen müssen stärker gesetzt werden

Michaela Hanser

Der Text ist die Spitze des Eisbergs

Aus dem Berichtsheft einer Schauspielschülerin

als im Leben, damit sie auch in der letzten Zuschauerreihe noch erkennbar sind. Im privaten Leben mag vielleicht ein Augenaufschlag genügen und der andere versteht. Auf der Bühne reicht das nicht. Es ist für den Zuschauer als Zeichen nicht stark genug.

Zu meinem Repertoire gehört auch «Frau John». Bei einer Probe hatte ich einige Zuschauer und war aufgeregt und zitterte. An der Stelle, wo Frau John erfährt, daß jemand kommt, um nach dem Kind zu sehen, benutzte ich mein Zittern. Ich zitterte ja, weil ich aufgeregt war und wollte es unterdrücken. Aber dann dachte ich, was soll das, vielleicht solltest du noch mehr zittern, denn das könnte durchaus eine Form, ein Ausdruck für Frau Johns Erregung sein. Ich spürte, daß die Zuschauer sehr konzentriert waren und erschüttert über das Schicksal der Frau, das sich so offensichtlich durch das Zittern vermittelte. Na wunderbar, innerlich rieb ich mir die Hände. Bei den nächsten Proben werde ich versuchen, mich an das Erlebnis zu erinnern und zittern. Gelitten habe ich dabei nicht. Habe ich gelogen, das Publikum betrogen? Nein, es ist mir gelungen, etwas glaubhaft zu vermitteln. Denn wenn ich nicht lerne, Distanz zu meiner jeweiligen Rolle zu haben, klar zu unterscheiden zwischen mir und der Darstellung einer Figur, bekäme ich Identitätsprobleme.

Vor einiger Zeit habe ich auf der Messe in Hannover gearbeitet. Ich sollte eine Sekretärin spielen. Anfangs war es quälend, weil ich versuchte, sie ganz naturalistisch darzustellen. Also versuchte ich, mir vorzustellen, ich hätte eine riesengroße Mickymausschleife im Haar, ich verstellte meine Stimme, daß sie sich eher nach Daisy Duck anhörte und sprach den dämlichen Text ganz übertrieben. Jedes «Ach» zog ich besonders in die Länge, oder «Nein, ist das möglich, so billig» sprach ich völlig übertrieben aus. Jetzt war die Figur so überzogen dargestellt, daß niemand annehmen konnte, ich *sei* eine Sekretärin, aber das Typische einer bestimmten Art von Sekretärin, aber das Typische einer bestimmten Art von Sekretärin war hochpotenziert und damit sichtbar. Erst durch meine Distanz zu der Rolle konnte ich etwas darstellen.

Schwerer ist es, eine Rolle zu spielen, die dem eigenen Ich nahe kommt. Oder man macht es sich schwer, weil man denkt, man wäre dieser Figur nahe. Denn die Nähe der darzustellenden Figur verhindert leicht die Distanz, die man zur Rolle halten muß. Die Figur, mit der ich die größten Schwierigkeiten hatte, war die «Titania» im «Park».

Die Titania war mir sehr ans Herz gewachsen. Ich wollte mich mit ihr identifizieren. Ich hatte damals meine große Einsamkeitskrise. Ich haderte mit dem Schicksal, alle meine Gedanken kreisten um meine wunde Seele, ich war ja soo allein, keiner verstand mich, keiner mochte mich, keiner reichte mir die rettende Hand. Ich war auf dem besten Wege, Titanias Leid zu meinem eigenen zu machen.

Man kann zur Darstellung einer Rolle, die eine hohe emotionale Ebene verlangt, vergleichbare Situationen aus dem eigenen Leben benutzen. Sie müssen aber länger zurückliegen, damit man den nötigen Abstand hat. Man nennt diese Technik «emotionales Gedächtnis», das bedeutet, man erinnert sich an die gewünschte Situation, indem man sich in der Vorstellung die Umgebung wieder schafft, die Tageszeit, die Jahreszeit, die Kleidung, die man trug, physische Handlungen, die man ausführte. Mit Erschaffen dieser äußeren Umstände und Handlungen stellt sich die Emotion ein.

Gefährlich wird es, wenn man die momentane eigene Situation benutzt, und das tat ich. Zu sehen war also keine Schauspielerin, die die leidende Titania darstellt, sondern Michaela, die leidet.

Eine Szene allerdings hob sich von Anfang an für mich ab. Die, in der ich die alte Titania spiele. Über diese Szene wurde nie viel gesprochen, und das war gut so. Ich überlegte mir mit Kopf und Körper: was macht eine ältere Dame aus? Ich bewegte mich anders, steifer, sprach langsamer, änderte die Stimmlage, ich verwandelte mich. Ich hatte Spaß und litt in dieser Szene nicht, es war die beste Darstellung.

Der Text ist die Spitze des Eisberges. Bevor ich mit dem Text anfange, muß ich erst einmal die Situation klären. Zur Situation gehört auch, welche Vorgeschichte die Figur hat. Nehmen wir mal die «Johanna», das ist Schillers «Jungfrau von Orleans». Sie kommt aus einem kleinen Dorf in Frankreich. Die Engländer haben einen Teil Frankreichs bereits besetzt (es ist schon lange Krieg). Seit ihrer Kindheit hört sie die Leute immer wieder davon reden. Sie erlebt deren Unzufriedenheit, Empörung, Haß und ihre Ohnmacht, etwas dagegen zu tun. Da erscheint ihr Maria, die Gottesmutter. Johanna soll sich auf den Weg machen, das Vaterland befreien und den französischen König krönen lassen. Na, auf jeden Fall hat sie sich auf den Weg gemacht und steht nun vor dem Erzbischof, um ihm all das zu erzählen und die Erlaubnis zu bekommen, mit Schwert und Fahne das Heer anführen zu dürfen. Man beachte noch, daß sie erst etwa 15 Jahre alt ist. Das ist in kurzer Form die Vorgeschichte der Figur, bis zu der Situation, die ich spiele. Die Situation jetzt ist: Johanna tritt zum erstenmal in ihrem Leben vor einen Erzbischof und einen zukünftigen König mit allerlei Gefolge in einem großen Prunksaal. Bisher kannte sie nur ihr Dorf, wo sie die Schafe hütete. Sie hat einen weiten Weg hinter sich. Also völlig fremde Umgebung, hohe Respektspersonen, und sie will unbedingt etwas erzählen, damit sie die Mittel bekommt, um ihre – um im schauspielerischen Fachjargon zu sprechen – Überaufgabe (nämlich Frankreich zu befreien) erfüllen zu können. Ja, was mach ich jetzt mit meinem Wissen. Weil: Prunksaal, Erzbischof, König, Schafe hüten usw. sagt mir vielleicht gar nichts. Es reizt meine Phantasie nicht. Was mache ich? Ich kann sogenannte «Substitute» finden. Womit wäre die Situation der Johanna für mich heute vergleichbar? Der Weg, den sie zurückgelegt hat, das wäre für mich mindestens ein Flug nach New York, Erzbischof und König könnten für mich Francis Coppola sein. So etwas wie: Die kleine Schauspielschülerin Michaela fährt zu einem Vorsprechen zu Francis Coppola nach New York, um die Hauptrolle in seinem nächsten Kinofilm zu bekommen. Allerdings muß ich bei dem Gedanken erst einmal lachen; so haut das aber nicht hin. Ich muß es mir ernsthaft vorstellen können, sogar so weit, daß ich der vollen Überzeugung bin, ich allein sei die richtige Besetzung für die Rolle – davon muß ich Coppola überzeugen. Keine einfache Aufgabe. Jetzt habe ich mir also einen wunderbaren Vergleich geschaffen. Das heißt aber noch lange nicht, daß er funktioniert.

Das Auswendiglernen des Textes ist eine meiner einfachsten Übungen. Einfach auswendig lernen, möglichst ohne Betonung, aber mit Sinn, damit falsche Betonungen von Anfang an vermieden werden. Vor dem eigentlichen Text kommt aber noch der «Untertext». Das ist der Text, der zwischen den Zeilen liegt oder unter dem Text. Nach Stanislawski: «Es ist das nicht offensichtliche, aber innerlich spürbare, geistige Leben der Rolle, das beständig unter den Worten des Textes strömt und sie unablässig rechtfertigt und belebt.» Nehmen wir einmal den Johanna-Untertext. Sie wird jetzt endlich vorgelassen, wäre somit am Ziel. Dann könnte der Untertext beispielsweise so aussehen:

«So, jetzt kann ich also endlich sprechen. An wen soll ich mich denn wenden, es sind so viele. Welches ist denn der Erzbischof? – Der muß es sein. Womit fang ich denn an? Ach so, ja, ich muß mich erst mal vorstellen.»

Jetzt kommt zum erstenmal Text:

Ehrwürd'ger Herr, Johanna nennt man mich,
Ich bin nur eines Hirten niedre Tochter
Aus meines Königs Flecken Domremis,
Der in dem Kirchensprengel liegt von Toul,
Und hütete die Schafe meines Vaters
Von Kind auf –

Das kommt dem etwa gleich:

Sehr geehrter Herr, ich bin die Michaela,
Tochter eines Hotelfachmanns
Und komme aus der List,
Das ist ein Stadtteil von Hannover.
Ich studiere dort Schauspiel.

Jetzt gibt's da aber noch mehr unter dem Text oder zwischen den Zeilen. Zum Beispiel: «Ich bin *nur*...» Man könnte vielleicht annehmen, daß sie es bedauert, im Sinne von: «Ich bin (leider) nur eines Hirten niedre Tochter (und wäre lieber etwas anderes).»

Viel eher gibt sie ihre Herkunft an, nämlich, daß sie aus einfachen Verhältnissen kommt, also nicht adlig ist. Es kann also durchaus sein, daß sie damit auch auf ihre einfache Kleidung hinweist, da sie also aus einfachen Verhältnissen stammt, konnte sie nicht in einem schönen Kleid erscheinen.

Domremis ist ein kleines Nest. Nachdem sie das gesagt hat, fällt ihr vielleicht auf, daß es anscheinend niemand kennt; genauso als würde ich jemandem aus Amerika sagen, ich käme aus der List. Damit könnte er schlecht was anfangen. Also: (kennen sie nicht) – «der in dem Kirchensprengel liegt...» oder «das ist ein Stadtteil...» Vielleicht reicht das noch nicht, «das liegt 150 km südlich von Hamburg». Das treibt man immer so weiter. Ganz oft passiert es, daß der Text illustriert wird. Im Johanna-Text heißt es z. B.: «Da rief ich flehend Gottes Mutter an...»

Das heißt nicht, daß ich meine Hände gen Himmel schmeiße und flehend diesen Satz sage. Mein Untertext hierzu ist: Da mußte was getan werden, es mußte doch einer etwas unternehmen. Da hab ich mich gleich an die höchste Instanz gewandt.

Klarer wird es vielleicht an einem anderen Beispiel. «Du Arschloch» kann ich in verschiedenen Variationen sagen. Wenn darunter liegt «Ich hasse dich», hört es sich mit Sicherheit anders an, als wenn darunter liegt «Ich liebe dich». Es gibt unzählige Beispiele. Schauspieler, die sofort den traurigen Ton in der Stimme haben, wenn das Wort «traurig» im Text auftaucht, werden als Adjektivschauspieler bezeichnet. Gerade wenn ich keinen Text habe, ist der Untertext besonders wichtig. Jeder Mensch denkt doch, auch wenn er nicht permanent quasselt. Es passiert mir oft, daß ich, wenn ich nichts zu sagen habe, einfach Pause mache und erst kurz vorm Textanfang wieder einen neuen Ansatz mache. So passiert es dann, daß man als Zuschauer nicht kapiert, wieso die das jetzt sagt, weil es wie aus der Luft gegriffen erscheint und sich nicht aus einem Gedanken entwickelt hat.

Um eine bestimmte Körperlichkeit zu vermitteln, kann ich auch etwas Sensorisches zu Hilfe nehmen. Um eine gewisse Leichtigkeit zu erreichen, stelle ich mir vor, es weht ein leichter Wind, der mich bewegt wie eine Ähre. Oder vielleicht schwebe ich auf einer Wolke.

Wenn sich eine Figur in einer Situation befindet, in der sie sich sehr unwohl fühlt und eigentlich lieber weg will, aber nicht kann oder darf, kann ich mir vorstellen, es kriechen nette kleine Tierchen an mir rum, die ich nicht entfernen darf.

Fühlt sich die Figur sehr wohl an einem Ort oder mit einem Menschen, erschaffe mit einer sinnlichen Hilfe wie Sonnenbaden, mit Öl eingerieben werden, in Sekt baden, was weiß ich, eine Körperlichkeit, die starkes Wohlbefinden ausdrückt.

Der Phantasie sind hier keine Grenzen gesetzt. Eigentlich ist alles erlaubt, was hilft. Es gibt keine Schranken. Wenn ich feststellen sollte, ich kann am besten spielen, wenn ich mich vorher eine halbe Stunde aus dem Fenster hänge – na, wunderbar, wenn ich das rausgefunden habe. Nur, wie finde ich es raus? Jeder muß da seinen eigenen Weg finden und das ist verdammt hart. Da helfen auch nicht strenge Methoden, Modelle, Systeme. Auf jeden Fall handeln und nicht nur grübeln.

Für ein Seminar habe ich vor einigen Jahren einmal fast fünfzig Bände mit Schauspieler-Memoiren aus den siebziger Jahren studieren müssen. Nie wieder! Kein Pferd hält das aus. Sicherlich, Klatsch ist bisweilen notwendig und amüsant. Aber daß Menschen ein Bühnenleben lang auf den weltbedeutenden Brettern stehen und dann über den Schöpfungsvorgang von Inszenierung, Rollenerarbeitung und Aufführung nichts als anekdotische Platitüden und narzißtische Trivialitäten abzusondern wissen, erschüttert selbst den vom persönlichen Umgang mit manchem Mimen schon abgebrühten Zeitgenossen: von Elisabeth Bergner bis Will Quadflieg – alles geborene Genies, von Klaus Kinski bis Lilli Palmer – nur tolle Hechte, von Tilla Durieux bis Paul Hörbiger – hoppla, jetzt komm ich!

Wenn für den seine Spielmittel reflektierenden Akteur eigens der Begriff des «denkenden Schauspielers» in die Theaterliteratur eingeführt worden ist, dann verweist das schon auf eine allerdings perverse Alltags-Norm: spiele, Schauspieler – denke nicht! Oder frei nach Descartes: ich weiß nicht, was ich tue – also bin ich Künstler. In der Oper ist die Dummheit der Tenöre sprichwörtlich – vom dummen Schauspieler schweigt des Sängers Höflichkeit. Kaum ein Künstler jener Generation von Memoiren-Schreibern hat gelernt, sein Metier zu durchdenken – nicht einer ist, gegen Ende einer Karriere, zur kritischen Einschätzung seiner großen Jahre in der Lage: nicht zur skeptischen Würdigung von Tendenzen der zeitgenössischen Regie und nicht zu Einsichten in die Entwicklung des modernen Dramas, zur Analyse der Verflechtung von Theater und Gesellschaft kaum – und zur streitbaren Bloßlegung jenes ein Leben lang erlittenen Stadttheater-Betriebs schon gleich gar nicht.

Jürgen Hofmann

Theaterwissenschaft für Schauspieler: Jein wie Janus

Wer dem in diesem Sinn dummen Schauspieler nachhaltig begegnet ist – sei's im Buch, auf der Bühne oder privat – der kann dem Akteur der Zukunft überhaupt nichts dringlicher wünschen als eine (dies erst einmal allgemein, nicht institutionell verstanden) theaterwissenschaftliche Bildung und Ausbildung: möge jeder angehende Schauspieler zumindest die Chance eröffnet bekommen, alles das wahrzunehmen und zu studieren, was Theater genauer zu erklären vermag – historisch und soziologisch, ästhetisch oder politisch-ökonomisch.

Es versteht sich am Rande, daß eine solche systematische Aneignung von Wissen weit über das hinausgehen muß, was in den Schauspielschulen an theoretischer Begleitung geboten wird, was dort Rollenerarbeitung, szenische Praxis, Sprecherziehung, Körpertraining, Improvisation und Bühnenfechten nur mehr oder minder ornamental umspielt. Solange die zur Bühnenpraxis ausbildenden Stellen ihm das für seinen Beruf unentbehrliche Wissen weitgehend vorenthalten, muß der werdende Schauspieler, der sich nicht zum Fachidioten ausbilden lassen will, sich seine eigene Synthese von Praxis und Theorie zu organisieren versuchen.

Braucht ein Schauspieler solches Wissen überhaupt? Ehrlicherweise kann man darauf nur zwiespältig antworten: die ausgeleierte Stadttheater-Praxis bietet beiden reichlich Platz – dem «dummen» Schauspieler wie dem klügeren. Aber für eine lebendige Gattung Theater, die beide wollen müssen, ist der kluge Schauspieler unverzichtbar. Leider kann man gerade das dem Anfänger kaum klarmachen. Zu eindeutig bilden der Hang zur Illusion, die Fähigkeit sich und anderen etwas vorzumachen, fundamentale Persönlichkeits-Voraussetzungen für die Wahl dieses Berufs in der unbeirrbaren Gewißheit: ich werde es schon schaffen! Mögen Tausende zum Gewusel auf der Bühne gehören, lebenslang Wurzen spielen, in Winsen an der Luhe den siebten Zwerg geben – ich sehe mich an den ersten Häusern, im gleißenden Rampenlicht, von Angeboten überschüttet.

Die Wirklichkeit spricht eine andere Sprache. Der Alltag des Schauspielers am Stadttheater wird bestimmt durch seine umfassende Abhängigkeit von unbekannten und unerkannten, ungewußten und unbewußten Größen: Abhängigkeit vom Funktionieren des betrieblichen Alltags, Abhängigkeit von Rollenzuweisungen durch die Hierarchie der Intendanten, Regisseure und Dramaturgen – Abhängigkeit von Stücken, deren Interpretation er machtlos gegenübersteht, Abhängigkeit von stücküberschauenden Regisseuren, während er selbst nur seine eigenen Rollenpassagen mit dem Buntstift zu markieren gelernt hat.

Zu erfahren, nach welchen Regeln ein Lessing oder Ibsen ihre Stücke konzipiert haben, was naturalistisch sei an Hauptmann oder expressionistisch am frühen Brecht, zu untersuchen, wie Piscator montierte und Karl Valentin pointierte, welche Zeichen Ariane Mnouchkine dem Kabuki wie entlehnte und was den unbeschreiblichen Kunstleistungen der Berliner Schaubühne an nüchternen Arbeitsstrukturen zugrundeliegt, zu diskutieren, wie Gründgens unter den Nazis eine Staatsbühne leitete, warum die Großbetriebe des Stadttheaters unlenkbar werden und wie Freie Gruppen arbeiten – all das bereichert die künstlerische Praxis, indem es sie auf eine notwendige höhere Erkenntnisstufe hebt.

Die Erfahrung der künstlerischen Praxis als solcher, das Erlernen des verfänglicherweise gern so genannten schauspielerischen «Handwerks» – ist allerdings auch durch nichts zu ersetzen. Die akademische Disziplin Theaterwissenschaft – dies gilt für alle fünf Hauptfach-Institute im westlichen deutschsprachigen Raum (Berlin, Köln, München, Erlangen und Wien) – bietet keine Grundlagen zur Erlernung von Schauspielerei, Regie oder Filmemachen. Schauspielunterricht kann die Universität schlechthin nicht erteilen. Die dennoch im Lehrangebot stets enthaltenen einschlägigen Kurse oder die Übungen an den dem Fach angegliederten Studiobühnen müssen so absolut dilettantisch im besten Sinne des Worts sein. Das einzige Universitäts-Institut, das nach US-amerikanischem Vorbild Schauspielunterricht und eine von Rechts- und Wirtschaftswissenschaften bis zu Literaturgeschichte breitgefächerte Theorie verknüpft – das an der Universität Gießen –, ist erst wenige Jahre alt und für die übrige Theaterwissenschaft absolut untypisch. Übrigens muß es natürlich auch mit seinen Aufnahmequoten wie eine Schauspielschule operieren.

Theaterpraxis kommt in der traditionellen Theaterwissenschaft wenn überhaupt, dann fast nur als Gegenstand analytischer Betrachtung vor. Dazu gehört vor allem die Rekonstruktion Geschichte gewordener Aufführungen oder Rolleninterpretationen an Hand von Regiebüchern, Rezensionen und ähnlichen Quellen. Das nicht unproblematische Behelfsinstrument der Video-Aufzeichnung wird in den Seminaren zur Aufführungsanalyse seit einigen Jahren als selbstverständliches Mittel gehandhabt. Dazu treten gelegentlich Kurse – bezeichnenderweise ausschließlich in der Ergänzungsform des «Lehrauftrags» – in denen dem Studenten, etwa durch Regieübungen oder Rollenspiele, wenigstens eine bloße Ahnung von der Praxis vermittelt werden soll. Die Praxisferne der herkömmlichen Art von Beschäftigung mit Theater in diesem Fach wird von seinen Studenten, z. T. auch seinen Lehrern, seit Jahren immer aufs neue beklagt. Die Studienabbruchquote liegt, vermutlich nicht zuletzt deswegen, in beträchtlicher Höhe.

Mag die Entfernung der Theaterwissenschaft vom lebendigen Theater an den Bühnen bespöttelt werden, man lasse sich durch diesen Ruf nicht täuschen. Der praxisfern ausgebildete Dramaturg ist dem Theaterbetrieb ebenso hilflos ausgeliefert wie der theorielos gezüchtete Schauspieler.

Niemand wird behaupten, der wissende Schauspieler sei auch schon der freie, gar der «auf der Bühne» gute. Aber jedenfalls ist der Schauspieler um so abhängiger, je dümmer er ist, im Sinne einer fehlenden Ausbildung. Und bestimmte Seiten des Theaters kann man, allen gegenteiligen Rechtfertigungen des «instinktiven» Schauspielers zutrotz, weder durch bloße Erfahrung noch durch Gespür oder Ahnung durchschauen – sondern sich allein durch systematisches Studium aneignen. Die Ausbildung ist für dieses Studium die entscheidende Station. «Gleichgültig nämlich, was du dort anstellen willst», rät Brecht dem werdenden Profi im Hinblick auf die ihn erwartende Institution, «du mußt wissen, was dort mit dir angestellt werden wird.»

**Die ganze Welt
ist eine Bühne ...**

Karl Hermann

Karriere oder Karteileiche

Vermittlungen und
Agenturen

«Da beschäftigt man sich vier Jahre mit Theater, sieht Theater, spielt Theater, und dann ist es so, als ob man noch einmal von vorne anfängt.»

Jakob ist Schauspielschüler im 9. Semester an der Hochschule der Künste Berlin und hat die «Ochsentour» hinter sich. Kreuz und quer ist er durch die bundesdeutsche Theaterprovinz gereist, hat mal bei einer Landesbühne, dann wieder bei einem Stadttheater vorgesprochen. Er kennt den Kloß im Hals und hat die langen Gesichter von Intendanten, Regisseuren und Dramaturgen gesehen, wenn sie dem reisenden Nachwuchs klarmachen, daß sie sich bei der Neubesetzung der vakanten Stelle doch jemand anderen vorgestellt haben.

Seine Erfahrungen und die seiner Kommilitonen hat Jakob in einer Diplomarbeit gesammelt und dabei, wie er feststellt, «an einen wunden Punkt gerührt»: die Schauspielervermittlung durch die Agenturen. Sie sind der Flaschenhals, durch den die Schauspielerschwemme der letzten Jahre hindurch muß. Eigentlich ist es nur eine Agentur: die Zentrale Bühnen- und Fernsehvermittlung, kurz ZBF. Die Bundesanstalt für Arbeit beansprucht seit dem Beitritt der Bundesrepublik zur «International Labour Organization» (ILO) auch im künstlerischen Bereich das Vermittlungsmonopol, an dem allerdings nach Paragraph 23 des Arbeitsförderungsgesetzes bestimmte private, «auf Gewinn gerichtete» Agenturen durch Auftrag teilnehmen können.

So haben sich neben der Generalagentur der ZBF mit Sitz in Frankfurt und ihren drei Filialen in Hamburg, Berlin und München auch eine Reihe von Privatagenturen etabliert, von denen allerdings nur eine die Lizenz besitzt, Schauspieler an Bühnen zu vermitteln: die Agentur Hannelore Dietrich in

München. Lediglich die Privattheater und Tourneebühnen greifen hin und wieder auf kommerzielle Film- und Fernsehvermittler zurück, um beispielsweise einen bestimmten Star zu verpflichten. Die Schweiz und Österreich werden von den bundesdeutschen Agenturen mitversorgt, oft in Zusammenarbeit mit ansässigen Agenturen, wie etwa der Österreichisch-internationalen Künstleragentur (ÖIK), einer halbstaatlichen Einrichtung.

Berlin, Kurfürstendamm 206. Eine noble Adresse im kühlen Ku'damm-Karree. Mir gegenüber sitzt Lilli Pesch, Chefvermittlerin der ZBF, zuständig für den Bereich Theater in Berlin. «Unsere Kollegen aus den anderen Abteilungen des Arbeitsamtes glauben, wir hätten hier einen Traumjob. Abends in der Theaterpremiere, morgens im Filmstudio.»

Sie selbst sieht das ganz anders. 800 Berliner Schauspieler hat Lilli Pesch in ihrer Kartei. Jeder erwartet, daß man sich um ihn persönlich kümmert. Wer drei Jahre lang als Karteileiche im ZBF-Ordner begraben war, kann am Telefon schon mal zu einem hysterischen Anfall neigen. Da gilt es, Übersicht und Nervenstärke zu beweisen. Lilli Pesch kommt aus demselben Stall wie ihre «Schäfchen». Jahrelang war sie Schauspielerin, hat «irgendwie schon alles mal erlebt». Berufsmüde, doch immer noch mit der Bühne verwachsen, begann sie bei der ZBF. Heute spielt sie eine Hauptrolle im Theaterbetrieb. Mit den künstlerischen Leitern der Berliner Bühnen bespricht sie Spielpläne und macht Besetzungsvorschläge. Mindestens einmal vierteljährlich klappern Lilli Pesch und die anderen Vermittler die Häuser ihres Bezirks ab und bewerten die Leistungen der von ihnen betreuten Schauspieler. Oft genug müssen sie dabei zwischen Darsteller und Intendanz schlichten. Mal ist ein Schauspieler mit seiner Rolle unzufrieden und möchte das Haus wechseln, dann wieder kann ein Regisseur einen bestimmten Darsteller nicht riechen. In den ZBF-Sprechstunden, davon weiß Lilli Pesch ein Lied zu singen, kommt es mitunter zu jenen temperamentvollen Auftritten, die das Publikum während der Spielzeit vermißt.

Nicht immer bringt ein Schauspieler, der für eine bestimmte Besetzung ideal zu sein scheint, auch wirklich alle Voraussetzungen mit. Extreme Talente wie etwa Richy Müller geben zwar einer Neuenfels-Inszenierung erst die richtige Würze, würden jedoch das seit Jahren wohlgeführte Ensemble der Badischen Landesbühne zum Zusammenbruch bringen. «So jemand gehört an ein exzentrisches Haus», wird dann bei der ZBF entschieden. Wie aber kommt man in die ZBF-Kartei? Als formale Kriterien gelten: Mindestens drei Jahre Ausbildung an einer staatlichen Schauspielschule; wer auf einer Privatschule war, sollte den Abschluß vor der Paritätischen Prüfungskommission der Bühnengenossenschaft und des Bühnenvereins vorweisen können. Ausnahmen werden nur gemacht, wenn der oder die Betreffende ohne Ausbildung schon für längere Zeit im festen Engagement war – was am Theater sehr selten vorkommt. Einmal im Jahr, in den Monaten September, Oktober und November, besucht die ZBF die staatlichen Schauspielschulen und läßt sich vorsprechen. Von etwa zehn bis zwölf Schülern des 4. Jahrgangs, die sich auf den Abschluß vorbereiten, werden in der Regel ein oder zwei «zurückgestellt», das heißt, sie gelten bei der ZBF als noch nicht vermittlungsreif. Eine Rechtsgrundlage für diese «Zurückstellung» gibt es nicht. Das Vermittlungsmonopol des Arbeitsamtes beinhaltet auch eine Vermittlungspflicht für ausgebildete Schauspieler.

Kaum Aussicht auf Vermittlung hat derjenige, der sein Geld bei einem obskuren Einzel-Ausbilder ausgegeben hat oder lediglich ein Workshop-Zertifikat von einem College-Aufenthalt in Kalifornien vorweisen kann: «Talent ist nicht alles – und gute Technik garantieren heute fast nur die staatlichen Schulen», so Lilli Pesch von der ZBF.

Wer die erwähnten Voraussetzungen mitbringt, aber beim ersten Termin vor Lilli Peschs Augen und Ohren keine Gnade fand, darf noch zwei weitere Male vorsprechen – im ZBF-eigenen Studio. Ein nüchterner Raum, der in Ausstattung und Atmosphäre eher an das Besprechungszimmer einer Stadtsparkasse erinnert.

Wer durchkommt, landet mit Bild – hergestellt auf ZBF-Kosten bei einem Profi-Fotografen – und ausführlicher Beschreibung in der Kartei. Lilli Pesch kritzelt ein paar Erinnerungshilfen: Rechts oben auf die Klappkarte «Rassige Schwarzhaarige, sexy, gutaussehend» oder «Gutgebauter Typ, rustikale Erscheinung».

Bei einer vakanten Stelle, ob Festengagement oder Stückvertrag, prüft der Vermittler, wer in Frage kommt, und schickt dann bis zu drei Bewerber auf die von der ZBF finanzierte Reise. Sie führt nur selten an die großen Häuser – eher schon nach Gießen, Memmingen oder Coburg. Für Absolventen der renommierten Schauspielschulen, sagt Lilli Pesch, sei das oft eine «Zumutung»: «Die warten dann so lange, bis der Knochen abgenagt ist und der Vakanzenspiegel nichts mehr hergibt – die Chance für Privatschüler.»

Die bittere Pflicht der behördlichen Vermittler: Alle vier Jahre müssen sie die Vermittelbarkeit ihrer Schützlinge überprüfen. Da kommt es vor, daß der Weg nicht zur Bühne, sondern zum Sozialamt führt. «Schauspielerei ist eben eine Leidenschaft, die Leiden schafft», so Lilli Pesch lakonisch.

Szenenwechsel: Eine Privatagentur. In einem verplüschten Wohnzimmer werden mir zerknitterte Zeitungsausschnitte gereicht, Einblicke gewährt in vergilbte Fotoalben. Vermittlerin Gerda Runde-Profé erzählt von ihrem beruflichen Einstieg, der für die Branche typisch ist:

Als unmittelbar nach dem Krieg in den ausgebombten Städten das Amüsierfieber grassierte, Kellertheater und Kabaretts wie Pilze aus dem Boden schossen, waren Künstler Mangelware. Frau Runde-Profé, ehemalige Sekretärin eines UFA-Bosses, sammelte die ihr bekannten und inzwischen in alle Richtungen versprengten Schauspieler wieder ein und führte sie in neue Engagements. Wie Frau Runde-Profé arbeiten heute im deutschsprachigen Raum eine ganze Reihe weiterer Vermittler – meist Damen, die, Alter und Herkunft nach zu urteilen, noch die Zeit des Wiener Hoftheaters miterlebt haben dürften. Auf schrullig-liebevolle Weise pflegen sie den immer lichter werdenden Bestand ihrer wenigen Vertragsschauspieler, von dem sich offensichtlich doch ganz gut leben läßt. Viele Altstars sind darunter: Martin Held, Georg Thomalla (Agentur Toni Mackeben), Brigitte Mira (Traute Bengen), Will Quadflieg (de la Berg), Ruth Maria Kubitschek (Alexander). Nachwuchsförderung sollte man hier allerdings nicht erwarten; und wer für Film und Fernsehen nicht die richtige Nase mitbringt, hat ohnehin keine Chance.

Eine Ausnahme ist die Privatagentur Hannelore Dietrich in München, für den Vermittlungsbereich Theater die Top-Adresse unter den «Privaten». 250 bis 300 Schauspieler hat Hannelore Dietrich in ihrer Kartei, beileibe nicht nur Prominente. Die ehemalige ZBF-Agentin läßt sich von ihrer persönlichen Einschätzung leiten. Ausstrahlung, Sensibilität und vor allem «Erotik im weitesten Sinne» gibt sie als Auswahlkriterien an. Ihren Nachwuchs rekrutiert die Vermittlerin unter den talentiertesten Abgängern der großen Schulen. Doch Klasse hat ihren Preis: Für eine Vermittlung zahlen Schauspieler und Theater jeweils 3 % der Engagements-Gage. Dafür geht Hannelore Dietrich nach eigener Aussage auch für noch unbekannte «Ausnahmebegabungen» Klinken putzen.

«Das Geschäft ist beinhart geworden», faßt Schauspielstudent Jakob aus Berlin seine Erfahrungen beim «Klinkenputzen» zusammen. Etwa 40 Bewerber kommen laut ZBF heute auf eine freie Vakanz. Aber nur eine Handvoll Vermittler entscheiden, wer aus dem großen Pool zum Vorsprechen eingeladen wird. Ist die Schauspiel-Vermittlung das «missing link» in der Branche?

«Natürlich kannst du dich auch selbst auf den Weg machen und deinen Marktwert testen», meint Jakob. «Eine Jahreskarte der Bundesbahn (Preis 6170,– DM, der Verf.) und ein dickes Fell brauchst du dann allerdings schon. Wenn du nicht eingeladen bist, kriegst du meist nur den Regie-Assistenten zu fassen. Spätestens auf dem Bahnhof irgendeiner Provinzstadt fragst du dich dann irgendwann, was du da eigentlich willst.»

Dabei würde Jakob auch in die Provinz gehen. In Oldenburg, Ingolstadt und Wilhelmshaven hat er auf ZBF-Vermittlung schon vorgesprochen. «Bei den großen Häusern bekommt die ZBF ja doch kein Bein in die Tür», meint Jakob, «die spielen wie Bayern München mit langfristig durchkomponierten Mannschaften.»

Der Nachwuchsschauspieler hat auch in anderer Hinsicht ein neues Bewußtsein bei den Bühnen ausgemacht: «Der sogenannte konzeptionelle Schauspieler, der die Inszenierungen noch durch Diskussionen mitgestaltete, ist erledigt. Die wollen jemand mit einem klaren, soliden Profil.»

Prof. Moritz Milar, Schauspiellehrer an der HdK Berlin, sähe daher auch gern eine engere Vernetzung der Schulen mit den Bühnen. Jedes Jahr gestaltet er gemeinsam mit dem Abschlußjahrgang eine «Präsentations-Revue», wie er ironisch den obligatorischen Vorsprechabend nennt. Eingeladen sind dann nicht nur die ZBF-Agenten und die Privatvermittler, sondern auch die künstlerischen Leiter der Theater. Doch die Resonanz ist dürftig. «Die Bühnen sind mehr mit ihrer komplizierten Innenschau beschäftigt, als mit der Nachwuchspflege», meint Moritz Milar.

Der Nachwuchs muß so oft genug selbst sehen, wo er bleibt – wie der junge Schauspieler, der unverhofft auf ZBF-Vermittlung bei einer großen Bühne vorsprechen sollte. Längst hatte er den Beruf an den Nagel gehängt und eine andere Arbeit angenommen, bis er durch die Einladung von seiner Karteikarten-Existenz bei der ZBF erfuhr. «Nur so aus Spaß», fuhr er noch einmal hin.

Eine geschlagene Stunde beschäftigte der Kandidat die Techniker, indem er umständlich eine Tür auf die Probebühne nageln ließ. Dann trat er dahinter und klopfte dreimal. Die versammelten Herren blickten erwartungsvoll. Doch nichts geschah. Schließlich erbarmte sich einer und rief «Herein». Da trat der Bewerber wider Willen durch die Tür und spielte aus Shakespeares berühmtem Rührstück die Rolle der «Julia». Er wurde unter Vertrag genommen.

Also: heute 15 Uhr Vorsprechen. Fast alle Regisseure, Assistenten, Dramaturgen, auch die beiden Ensemblevertreter, sind dabei. Es muß schon erschreckend für einen jungen Schauspieler sein, der eines seiner ersten Vorsprechen absolviert, vor zehn bis zwölf Menschen zu stehen und nun plötzlich Farbe bekennen zu müssen. Die meisten von uns haben selbst schon manche schlimme Erfahrung mit eigenen Vorsprechen gemacht. Es gibt immer noch Theater, die zehn bis zwanzig Leute auf einmal bestellen. Dann stundenlanges Warten, auf der Bühne nur ein «Was haben Sie zum Vorsprechen anzubieten» – und danach, aus dem dunklen Saal heraus: «Sie hören von uns.» Gott sei Dank wird ein so demütigendes Abspulen von Vorsprechen seltener. Doch es hat sich in immer stärkerem Maße durchgesetzt, daß ein solches Vorsprechen auch, zumindest andeutungsweise, mit einer kürzeren oder ausgiebigeren Arbeit mit dem Kandidaten verbunden ist. Diese Form ist natürlich wesentlich zeitaufwendiger, wird daher auch nicht überall praktiziert, noch zu wenig betrieben.

Wir haben drei junge Männer eingeladen, als viertes eine junge Frau, Petra, die schon zum zweitenmal vorspricht. Praktisch zur Bestätigung unseres ersten positiven Eindrucks von ihr.

Insgesamt mußten wir für die kommende Spielzeit vier junge Männer und zwei junge Frauen neu engagieren, um unser Ensemble aufzufüllen. Der Wechsel bei den jungen Ensemblemitgliedern ist am Stadttheater Würzburg, wie auch an jeder anderen Bühne, immer wesentlich größer, als bei den älteren. Es ist auch ganz natürlich, daß die Jungen sich rascher verändern wollen, als die Kollegen, die sich in Würzburg, womöglich mit Familie, fest etabliert haben.

Für unsere sechs Vakanzen brauchten wir

Achim Thorwald

Montag, 15 Uhr, Probebühne I: Vorsprechen

Ein Intendant auf Nachwuchssuche

möglichst unterschiedliche Typen, die auch in ihrer Altersabstufung zwischen zwanzig und etwa siebenundzwanzig Jahren Besetzungsmöglichkeiten von der jugendlichen Liebhaberin über den Naturburschen bis hin zum Charakterspieler abdeckten. Drei junge Männer und eine junge Frau haben wir bereits engagiert. Inzwischen aber ist der Spielplan schon soweit fertig, daß für die letzten beiden Anfänger-Vakanzen die Rollen in der kommenden Spielzeit praktisch feststehen. Auf diese Rollenkonstellation hin müssen wir jetzt engagieren.

Die Abfolge des Vorsprechens heute nachmittag ergab sich aus den Ankunftszeiten der Zugverbindungen aller Beteiligten. Die drei jungen Männer kommen aus Wien, Berlin, Memmingen. Petra kommt aus München. Zufällig sind erst die drei jungen Männer an der Reihe. Wir haben sie im Abstand von einer Stunde bestellt. Der erste ist schon da, sitzt betont lässig im Konversationszimmer zur Probebühne, raucht. Wir setzen uns erst einmal mit ihm zusammen und unterhalten uns. Einerseits wollen wir wenigstens versuchen, den Stress des Vorsprechens etwas abzubauen, eine gewisse Vertrauensbasis herzustellen. Andererseits wollen wir natürlich auch etwas über den Menschen herausfinden. Man plaudert. Die Kollegen fragen. Dominik, unser Schauspieloberspielleiter, erzählt ein bißchen über unsere Theaterintentionen. Ich persönlich höre lieber zu und beobachte. Der erste Eindruck ist durchaus positiv. Ein sympathischer, offener junger Mann, nicht ungeschickt in seinen Antworten. Wir gehen wirklich positiv gestimmt hinüber auf die Probebühne. Also dann die erste Vorsprechszene. Er hat sich den Monolog des Orest von Sophokles ausgesucht. Eine schwierige Szene. Wir sind alle gespannt. Er beginnt – und verliert im Laufe der Szene immer mehr von der Ausstrahlung, die im Vorgespräch einen so guten Eindruck gemacht hat. Ein Mensch verschwindet hinter Klischees und Krampf. Dominik will nach dem Orest erst einmal etwas anderes sehen. Vielleicht eine Szene aus einem Stück von Tschechow, die der junge Mann uns angeboten hatte. Auch hier sind wir enttäuscht. Dominik geht noch einmal auf den Orest zurück. Der Junge beginnt wieder mit der offensichtlich exakt einstudierten Szene. Dominik unterbricht und beginnt zu arbeiten, bohrt, setzt nach in Momenten, in denen er einen neuen Ansatz zu spüren glaubt. Der Junge hat es unheimlich schwer, vom erarbeiteten Ergebnis wegzukommen. Es verändert sich kaum etwas. Offensichtlich kann er sich nur an einer einstudierten Form festhalten. Wir sind alle unbefriedigt. Dann setzen wir uns wieder gemeinsam ins Konversationszimmer, sprechen über das Gesehene. Wir haben uns angewöhnt, diese Gespräche offen, zusammen mit dem Kandidaten zu führen. Er soll unsere ungefilterte Meinung kennenlernen, selbst wenn sie kontrovers sein sollte. Diesmal ist sie es allerdings nicht. Wir sind alle enttäuscht, daß sich der erste gute persönliche Eindruck auf der Bühne nicht bestätigt hat. Hier scheint der elementare Fehler zu liegen: Die Rollengestaltung bleibt im Äußerlichen hängen. Die Eigenpersönlichkeit des jungen Mannes dringt nicht durch bis zur dargestellten Figur. Schade.

Natürlich geht dem Vorsprechen immer eine ganze Reihe von Gesprächen innerhalb des Leitungsteams der Regisseure, Dramaturgen und Assistenten voraus, über die Anforderungen, die die Kandidaten und Kandidatinnen erfüllen sollen. Ausstrahlung müssen sie haben, Persönlichkeit, Phantasie und Temperament – inneres Temperament, nicht äußere Hektik – und die Fähigkeit, sich und ihre jeweilige Eigenart in die Rollengestaltung einzubringen. Und natürlich die handwerklichen Voraussetzungen wie gute Stimmausbildung, Sprechtechnik, dazu eine Körperlichkeit und Beweglichkeit, die die Rollengestaltung mit prägen kann, außerdem möglichst sportliche Fitness und Fähigkeiten wie Singen, Tanzen und Fechten. In früheren Jahren stießen wir immer wieder an die Grenzen der Spielplangestaltung, wenn diese genannten Fähigkeiten bei unseren neuen Ensemblemitgliedern einfach nicht vorhanden waren. So konnten wir vor wenigen Jahren junge Schauspielerinnen und Schauspieler noch nicht einmal in kleinen Rollen beim Musical einsetzen. Und einmal waren wir gezwungen, die berühmte Fechtszene in «Romeo und Julia» krampfhaft in eine mehr oder weniger belanglose Messerstecherei umzuarbeiten, weil weder Romeo, noch Mercutio und Benvolio fechten konnten. Also mußten wir von unseren Bewerbern doch wieder diese geradezu klassischen schauspielerischen Ausbildungsgrundlagen fordern.

Erfahrungsgemäß kommen bei der Beurteilung dieser, nennen wir es einmal handwerklichen, Fähigkeiten, die Absolventen staatlicher Schulen erheblich besser weg. Obwohl es auch dort große Unterschiede gibt. Im Bereich der Privatschulen sind es leider nur eine Handvoll Institute, die ein entsprechendes Ausbildungsangebot offerieren und die sich tatsächlich daran halten. Die größte Zahl unserer Bewerber kommt in der Regel von Privatlehrern, wobei sie dann meistens nur Rollenunterricht und vielleicht noch ein Mindestmaß an Stimm- und Sprechtechnik vorzuweisen haben. Hier fehlt es oftmals am Grundsätzlichen. Selbstverständlich gibt es auch da positive Ausnahmen, meistens dann, wenn die Ausbildung bei einem Privatlehrer noch verbunden wird mit zusätzlichem Unterricht in den Handwerks-Fächern.

Von den bisherigen vier Engagements kam ein junges Mädchen von einem Privatlehrer, zwei junge Männer von staatlichen Schauspielschulen und einer von einer Privatschule. Die Vorauswahl kam auf verschiedene Weise zustande: Sichtung der persönlichen Bewerbungen, eine Reihe von Empfehlungen durch die Zentrale Bühnenvermittlung, einige wenige Kandidaten wurden von den künstlerischen Vorständen unseres Theaters direkt empfohlen. Andere schließlich waren uns bei den verschiedenen Abschlußvorsprechen der staatlichen Schauspielschulen aufgefallen. Manche Theater arbeiten natürlich mit Privatagenten. Für kleinere Bühnen, die mit jungen Kräften arbeiten wollen und müssen, sind das selten die richtigen Gesprächspartner, weil sie meist nur Schauspieler aufnehmen, die schon einen gewissen Namen haben.

Der nächste: Christian stellt sich vor. Er ist wahnsinnig nervös, vibriert, hat einen dicken Seesack mit Requisiten und Kostümteilen aus seinem privaten Kleiderschrank mit dabei. Wir haben schon viele erlebt, die bereits vorher eine Show versucht haben, cool, lässig, souverän – Unsinn! Christian versucht es erst gar nicht, gibt seine Unsicherheit zu. Das macht ihn sympathisch. Schließlich wollen wir ja den Menschen kennenlernen, u. U. auch den künftigen Kollegen. Christian möchte erst eine Telefonszene aus einer amerikanischen Komödie vorsprechen. Er hat alles dabei – und er braucht es auch. Er ist wahnsinnig komisch, ein richtig verzweifelter Woody Allen-Typ – nicht auf Komik bedacht. Aber gerade deshalb richtig gut. Unsere Reaktionen machen ihm offensichtlich Mut. Wechsel zu einer Szene aus «Leonce und Lena». Da muß es sich zeigen, ob der erste Erfolg nicht mehr oder weniger Zufall war. Als Leonce ist er völlig verändert. Aus dem nervösen, unsicheren, zappeligen Kerlchen wird ein nachdenklicher, nerviger junger Mann. Plötzlich wird auch die triste Probebühne belebt. Christian nutzt den Raum, nimmt die Bühne in Besitz. Dominik ist animiert, beginnt zu arbeiten, geht probeweise einmal genau ins Gegenteil dessen, was Christian angeboten hat. Christian will wissen, «warum jetzt so?», er kann nicht einfach «machen». Gut! Wir merken, wie seine Gedanken über das von Dominik Gesagte die neue, improvisierte Leonce-Version bestimmen. Seine Haltung, sein ganzer Ausdruck verändert sich. Natürlich ist das alles noch nicht perfekt – aber er zeigt den für uns entscheidenden Ansatz: Die Übereinstimmung von geforderter Situation mit Kopf, Herz und Spiel. Wir sind sehr angetan. Im anschließenden Gespräch zeigt sich Christian offen und ehrlich. Auch in seinen Selbstzweifeln. Gerade die dürften die beste Voraussetzung dafür sein, daß er sich selbst noch nicht als fertig empfindet. «Wer glaubt etwas zu sein, hat aufgehört etwas zu werden», sagt er. Dieses andauernde Weiterarbeiten und sich weiter Fordern ist eine Grundvoraussetzung dafür, als Schauspieler bestehen zu können. Wir bitten ihn, zu warten.

Dann der Auftritt des dritten Kandidaten, souverän, glatt, lässig – eine perfekte Selbstdarstellung beim Gespräch wie auch bei seinen Vorsprechrollen. Er hat sein Handwerk offensichtlich schon gut gelernt, aber nichts geht unter die Haut. Die Arbeitsangebote von Dominik werden von ihm sofort umgesetzt, doch allzu perfekt. Wir versuchen ihm das klarzumachen. Ihn läßt es ziemlich ungerührt, er ist sehr von sich überzeugt. Wenn wir ihn nicht wollen, dann haben wir eben «Pech gehabt». Alle sind ziemlich baff. Vielleicht macht dieser junge Mann auf diese Weise sogar seinen Weg – aber sicher nicht bei uns!

Natürlich ist jede Meinung über eine Begabung oder künstlerische Leistung subjektiv. Wen ich vielleicht nie engagieren würde, den nimmt unter Umständen ein anderer Intendant, der andere künstlerische Ansichten vertritt. Es gibt keine Normen! Theater lebt nun einmal von, im besten Sinne, «eigenartigen» Menschen.

Petra ist inzwischen angekommen. Sie ist noch ziemlich aufgeregt und erschöpft. Es gab wieder mal lange Staus auf der Autobahn. Während die Kollegen noch ein bißchen mit ihr plaudern, verhandle ich mit Christian. Er strahlt über das Angebot, bei uns engagiert zu werden. Wir sprechen kurz über die Rollen, die voraussichtlich auf ihn zukommen werden. Für einen Anfänger bietet ja gerade eine Bühne kleineren oder mittleren Zuschnitts die große Chance, mehr und größere Rollen eher spielen zu können, als an einem großen Haus. Dann reden wir über die Gage. Zweitausend Mark im ersten Jahr, zweitausendzweihundert im zweiten Jahr. Das entspricht in etwa der durchschnittlichen Anfängergage an bundesdeutschen Theatern. Er ist zufrieden, obwohl wir beide wissen, daß die Gage nicht gerade üppig ist.

Wieder auf die Probebühne: Petra hat auf Bitten von Dominik eine kurze Textpassage aus dem Schlußmonolog der Katarina aus Shakespeares «Der Widerspenstigen Zähmung» zwar gelernt, aber bewußt nicht gearbeitet. Das macht jetzt Dominik mit ihr. Sie setzt alles erst langsam und zögernd, wie in sich hineinhorchend, um. Aber die Szene entwickelt sich. Sie spielt ehrlich, versucht nicht, mit Angelerntem zu bluffen. Sie hinterfragt. Es dauert, aber Dominik hat Geduld, und wir anderen sehen, wie sich eine Figur und eine Situation entwickelt. Petra und Katarina finden langsam zueinander. Das anschließende Gespräch zeigt, daß alle künstlerischen Vorstände an die Einsatz- und Entwicklungsfähigkeit von Petra glauben. Also zwei Engagements an einem Nachmittag, das kommt selten vor. Dafür waren aber auch schon viele Vorsprechen vorausgegangen mit Enttäuschungen, Frustrationen, Aggressionen.

Helmut Qualtinger

Der Menschheit Würde ist in Eure Hand gegeben

Zwei alte Mimen sitzen mit dem Gesicht zum Publikum an einem Garderobentisch und schminken sich nachdenklich ab.

ERSTER MIME *nach längerer Pause* Wann warst du in Mährisch-Ostrau?

ZWEITER MIME Neunzehnhundertsechsundzwanzig...

ERSTER MIME Das war eine schlechte Saison...

ZWEITER MIME Wie kannst du das behaupten? Kein anderes Theater im Sudetenland konnte «Pension Schöller» so hinreißend besetzen...

ERSTER MIME Du hättest das Stück in Aussig sehen sollen... Ein Fest, ein wahres Fest.

ZWEITER MIME Du warst damals in Aussig?

ERSTER MIME Nur als Gast... Ich war in Tetschen-Bodenbach engagiert...

ZWEITER MIME Da kannte ich eine Ballettelevin... Rikki hieß sie...

ERSTER MIME Das ist ausgeschlossen. Wir hatten gar keine Elevinnen. Nur Eleven... Der Intendant... Du weißt ja...

ZWEITER MIME Richtig... der war dann später Verwaltungsdirektor im Hamburger Schauspielhaus...

ERSTER MIME Ganz recht... Eine Chordame Rikki Sowieso war mit mir im 34 in Dux-Büx-Komotau.

ZWEITER MIME 34 kannst du nicht in Dux-Büx-Komotau gewesen sein...

ERSTER MIME Wieso?

ZWEITER MIME Weil dein Fach schon belegt war...

ERSTER MIME Ich hatte damals noch ein anderes Fach... ich spielte im «Zigeunerbaron» den Conte Carnero...

ZWEITER MIME Mit dem hätte ich dich nie besetzt.

ERSTER MIME Ich war der erste, der in dieser Rolle gehölzelt hat... die Leute haben getobt...

ZWEITER MIME Daß man dir den Conte Carnero gibt... Na, ich war ja nicht Intendant...

ERSTER MIME Na, mit wem hättest du den Conte Carnero denn besetzt?

ZWEITER MIME Schau, ich kenn ja nicht den Stil der Inszenierung... den hinreißendsten «Zigeunerbaron» sah ich 37 in Bunzlau...

ERSTER MIME Das ist ein Witz... Bunzlau war immer tiefste Provinz...

ZWEITER MIME Wie kannst du das behaupten?

ERSTER MIME Ich habe 39 dort gastiert...

ZWEITER MIME Die haben damals prinzipiell keine Gastspielverträge ausgestellt...

ERSTER MIME Ich hatte einen Externistenvertrag für Sprechrollen in Operetten...

ZWEITER MIME Vielleicht in Bielitz... aber nicht in Bunzlau...

ERSTER MIME Bielitz hatte damals überhaupt keine Operette... *Kurzes Schweigen.*

ZWEITER MIME Morgen habe ich einen Funk... Kinderstunde... «Schneewittchen»... Ich spiele einen Zwerg...

ERSTER MIME Welchen?

ZWEITER MIME Den vierten...

ERSTER MIME Wie legst du ihn an?

ZWEITER MIME Hintergründig...

ERSTER MIME Ich habe einmal den siebenten gespielt. In Chemnitz. Der ist eine viel bessere Rolle...

ZWEITER MIME In dieser Bearbeitung nicht... *Kurzes Schweigen.*

ZWEITER MIME Wie kannst du behaupten, daß Bielitz keine Operette hatte? Ich selbst habe dort «Wo die Lerche singt» gespielt... *Singt* Zorika, Zorika, kehre zurück, es ist dir alles vergeben...

ERSTER MIME Das ist aus «Zigeunerliebe»... *Schweigen.*

ERSTER MIME Der Conte Carnero war einer meiner größten Erfolge... Premiere war am 12. Februar 1934...

ZWEITER MIME *unterbricht ihn* Woher weißt du das so genau?

ERSTER MIME Ich habe alle meine wesentlichsten Premieren im Kopf... 12. März 1938: Njegus in der «Lustigen Witwe», Reichenberg... 20. Juli 1944: Ollendorf im «Bettelstudent», Teplitz-Schönau...

ZWEITER MIME Ich bewundere dich... wie du dir alles merkst...

ERSTER MIME Regisseur bei der «Lustigen Witwe» war Küntz-Sanfthenckel...

ZWEITER MIME *entzückt* Küntz-Sanfthenckel! Entfalten konnte der sich aber erst in Leitmeritz... Hast du seine Freilichtaufführung vom «Sommernachtstraum» gesehen? Mit einem echten Esel...

ERSTER MIME «Sommernachtstraum»... Reinhardt wollte mich mal nach Berlin holen...

ZWEITER MIME Warum ist nichts daraus geworden?

ERSTER MIME Kortner hat gegen mich intrigiert...

ZWEITER MIME Ach, Kortner...

ERSTER MIME Außerdem, was hätte ich heute in Berlin... es ist doch eine sehr unsichere Lage... mit den Russen...

ZWEITER MIME Ja, ja, Stanislawski... *Schweigen.*

ZWEITER MIME Wer hat eigentlich den Iffland-Ring bekommen?

ERSTER MIME Irgendein Burgschauspieler...

ZWEITER MIME Typisch... einer schiebt ihn dem anderen zu...

ERSTER MIME Unsereins kommt nie dran...

ZWEITER MIME Hast du einen guten Agenten?

ERSTER MIME Du weißt ja, wie das heute ist. Wenn du nicht prominent bist, hast du gar keine Chancen...

ZWEITER MIME Einen Filmnamen müßte man haben...

ERSTER MIME Harry Piel, Gustav Fröhlich... *Schweigen.*

ERSTER MIME Erinnerst du dich noch an den Nordenthal?

ZWEITER MIME Shakespeare-Zyklus Troppau – jugendlicher Held...

ERSTER MIME Nein, der war eigentlich mehr Zwischenfach... Für einen Liebhaber war er zu klein. Weißt du, er hatte keine romantische Erscheinung...

ZWEITER MIME Woher weißt du das?

ERSTER MIME Ich mußte einmal für ihn einspringen... und für einen Helden hatte er nicht genug Stimme.

ZWEITER MIME Aber er hat doch auch gesungen...

ERSTER MIME Eben. Da hat man es bemerkt. Aber er hat trotzdem eine große Karriere gemacht.

ZWEITER MIME Auf dem Theater?

ERSTER MIME Nein, bei der Gewerkschaft. Er ist Generalsekretär.

ZWEITER MIME Der heißt doch Polatschek.

ERSTER MIME Na, das ist der Nordenthal... *Schweigen.*

ZWEITER MIME Hast du Girardi noch gesehen?

ERSTER MIME Ausgesprochen überschätzt...

ZWEITER MIME Er hatte gute Beziehungen zur Presse...

ERSTER MIME Nur so kommt man nach Wien...

ZWEITER MIME Wien... Josefstadt... Volkstheater...

ERSTER MIME *nachdenklich* Mährisch-Ostrau war besser als Teplitz-Schönau.

ZWEITER MIME Vom neuen «Jedermann» habe ich furchtbare Verrisse gelesen...

ERSTER MIME Ich habe immer gesagt, das Stück paßt nicht zu Salzburg...

ZWEITER MIME Vielleicht zu Linz... In Linz müßte man sein... *Schweigen.*

ERSTER MIME Vielleicht hatten wir in Tetschen-Bodenbach doch eine Elevin namens Rikki...

ZWEITER MIME Es war doch eine schöne Zeit...

ERSTER MIME Das ist endgültig vorbei...

ZWEITER MIME Die jungen Leute, die heute zum Theater gehen, sind arm...

ERSTER MIME Es fehlt ihnen die Provinz...

Sie schminken sich weiter ab. Langsam dunkel.

Konrad Kuhnt

Herr Graf, die Pferde sind gesattelt oder Wilhelmshaven ist nicht Leitmeritz

Anfängerjahre einer Schauspielerin

Um halb elf fällt der letzte Vorhang. Das Publikum war nicht sonderlich klatschfreudig. Aurich eben. Aber die Vorstellung war auch nur lala. Wenigstens ist heute nichts passiert. Die Bühne im kombinierten Auricher Einkaufs-, Kneipen- und Kulturzentrum ist glatt. Abschminken, Umziehen. Eine halbe Stunde später sitzen alle im Bus. Klaus läßt den Motor an, meistens ist es Klaus. Zwei der drei Busfahrer heißen so. Sie lümmelt sich auf die Rückbank. Das ist ihr Stammplatz, den hat sie sich erkämpft, ersessen oder besser erschlafen. Sie schläft immer im Bus, vor der Vorstellung und meistens auch hinterher. Und weil sie ziemlich lang ist, braucht sie eben die Rückbank. Was sie am Theater wolle, hat sie mal jemand gefragt, bei ihrer Größe hätte sie Mannequin werden sollen. Das ist zwar schmeichelhaft, aber sie wollte nun mal Schauspielerin werden. Und außerdem braucht man am Theater lange Dünne genauso wie kleine Dicke. Der Stammplatz ist heilig. Jeder hat seinen Stammplatz im Bus, sein Revier, sein Refugium. Es wird wenig geredet, worüber auch, man kennt sich. Nur die Zocker-Runde drischt wieder Skat. Schauspieler sind richtige Menschen. Manchmal spielen sie auch Mau Mau, aber immer um Geld. Die Erste Dame des Hauses steht heute nicht auf. Also bleibt die Rückfahrt trocken. Wenn sie aufsteht und mit großer Geste «Ihr Lieben» sagt, wissen alle, jemand hat eine Flasche ausgegeben. Dann ruft die Erste Dame: «Dem edlen Spender ein dreifaches Litera», und der ganze Bus brüllt: «K». – Litera – K! – Litera – K! Was Litera K ist, weiß eigentlich keiner so genau. Man munkelt, es sei eine Schminke gewesen, die eigens für den großen Mimen Joseph Kainz hergestellt wurde. Und während die Flasche herumgereicht wird, schwebt ein Hauch von Joseph Kainz über dem ganzen Ensemble. Um Mitternacht ist der Bus in Wilhelmshaven. Noch in die Kneipe ist nicht die Frage. Die Bürgersteige sind sowieso längst hochgeklappt. Außerdem ist morgen früh Probe. Früh ist immer Probe. Fast immer. Eine Schauspiellehrerin hat ihr gesagt, Schauspielerei, das sei erfahrenes Leben. Die zahllosen Kilometer im Bus waren damit nicht gemeint.

Daß sie ihren Beruf einmal an der Landesbühne Wilhelmshaven ausüben würde, war nicht unbedingt ihr Traum. Natürlich wäre sie lieber in einer der «Metropolen des deutschen Theaters» gelandet, aber genausogut wäre sie für ein Engagement «zum Nordpol gegangen». Daß es schließlich die Landesbühne Wilhelmshaven war, findet sie ganz schlicht «in Ordnung». Nichts gegen Landesbühnen, die Legenden um die Provinzklitschen einer längst vergangenen deutschen Theaterlandschaft sind genauso abgestanden wie Ostfriesenwitze. Wilhelmshaven ist nicht Leitmeritz. Anfänger-Engagements liegen nun mal nicht auf der Straße. Am Theater ist es wie im richtigen Leben. Man geht zum Fotografen, läßt Fotos machen, viele Fotos «und vor allem gute Fotos». Und dann schrieb sie Bewerbungen: «Hundert waren es bestimmt, alle mit der Hand und sehr persönlich gehalten, damit sie nicht gleich vom Schreibtisch fliegen: ‹Sehr geehrter Herr Intendant, ich heiße Hildegard Hötte, habe gerade die Schauspielschule in Saarbrücken absolviert und glaube mich nun an Ihrem Haus künstlerisch weiterentwickeln zu können...›» Gewöhnlich dauert es dann einige Zeit, bevor es zwei Möglichkeiten gibt. Großer Umschlag im Briefkasten heißt Fotos zurück – nein danke. Kleiner Umschlag heißt: Wir haben Interesse, bitten Sie aber um etwas Geduld. Sie hören von uns. Der nächste kleine Umschlag beinhaltet die Einladung zum Vorsprechen.

Das Vorsprechen, die Vorsprechmühle, Begleiterscheinung eines Berufsstandes, «die dich ein ganzes Bühnenleben nicht verläßt». Davon kann Hildegard Geschichten erzählen, viele Geschichten, schöne Geschichten. Von den Herren um die Fünfzig – Intendantinnen gibt es kaum – grau, nicht nur was die Anzüge angeht. Da soll es einen Theaterfürsten hoch oben im Norden der Republik gegeben haben, der für eine einzige Vakanz alles, was im deutschsprachigen Theaterraum noch halbwegs auf eine Bühne krauchen konnte, anreisen ließ. Das Arbeitsamt bezahlt solche Fahrten. 200 sollen es gewesen sein, 50 waren es bestimmt. Der eine hatte die Wahl und die anderen die Qual. «Meistens ist es so: sie stellen dir drei Fragen, zur Auflockerung der Kandidaten, dann gehst du rauf auf die Bühne, spielst, was du zu spielen hast, und anschließend heißt es fast immer ‹Sie hören von uns›. Es ist ganz selten, daß auch mal mit dir gearbeitet wird an so einer Vorsprechrolle.» Die schönste Geschichte aber ist die von dem Herren um die Fünfzig mit leichtem Bauchansatz, der nicht zu erwähnen vergaß, daß er CDU-Mitglied sei, und deshalb messerscharf von ihrer Darstellung auf der Bühne auf ihre politische Gesinnung schloß. «Der sagte hinterher zu mir: ‹So wie sie gespielt haben, dachte ich, da oben steht eine Grüne.›» Aus dem Engagement wurde im gegenseitigen Einvernehmen nichts. Und das ist der weniger komische Teil der Geschichte: «Im Grunde bist du nackt. Es ist mein Leben, über das da entschieden wird. Bist du arbeitslos oder nicht, kommst du in eine große Stadt oder in eine kleine?»

Hildegard kam nach Wilhelmshaven. Wilhelmshaven hat einen Kriegshafen. Der stammt noch aus einer Zeit, als die Marine des Kaisers und Stadtgründers liebstes Kind war. Wilhelmshaven hat den größten deutschen Ölhafen. Der ist etwas zu groß geraten, es kommt nur einmal die Woche ein Tanker. Wilhelmshaven hat eine Schreibmaschinenfabrik. Die stand schon mal kurz vor der Pleite. Jetzt bauen sie Computer. Wilhelmshaven hatte eine Marine-Intendantur, und die hatte einen Innenhof. Nach dem Krieg bauten sie ein Dach über den Hof. Und damit hatte Wilhelmshaven sein Theater. «Ein schönes Theater», findet Hildegard.

Wilhelmshaven, «das roch nach gutem Betriebsklima. Da gab es plötzlich auch ältere Kollegen, und vor allem, Wilhelmshaven roch nach Arbeit.» Nicht so wie unter der Käseglocke der Schauspielschule. «Da probten wir immer ‹Hamlet› und die ganzen Riesen-Stücke mit den Super-Rollen.» Daß im Theater nur einer die Hauptrolle spielen kann, weiß Hildegard seit der ersten Inszenierung ihrer Schultheater-AG im heimischen Bergisch-Gladbach. Alle wollten eine kleine Therese Giehse sein, in Dürrenmatts «Physikern» Fräulein Doktor Mathilde von Zahnd spielen. Sie spielte zum Schluß Schwester Monika. «In Wilhelmshaven mußt du auch über die Bühne gehen und sagen ‹Herr Graf, die Pferde sind gesattelt›.» Mit diesem stücktragenden Satz ist es wie mit Kainzens Schminke. Alle wissen, was gemeint ist. «Herr Graf, die Pferde sind gesattelt» heißt, daß man im ganzen Stück nur einen einzigen winzigen Auftritt hat. In Brechts «Dreigroschenoper» spielte sie eine Nutte. Es gibt viele Nutten in der «Dreigroschenoper». Sie durfte immerhin verzückt «Mack» ausrufen, nach einem Sprint über die halbe Bühne selbigem hingebungsvoll in die Arme sinken und auch sonst noch ein paar Sätze sagen. Es gab auch Nutten, die hatten keinen Satz. Aber eine Inszenierung schließt sich nahtlos an die andere an. «Es gibt praktisch kein Stück, wo du frei bist.» Und beim nächstenmal ist es dann die Irma in «Das alte Land» von Klaus Pohl, eine Rolle, für die sie sich «eine Glatze hätte schneiden lassen», wenn es nötig gewesen wäre. Einmal spielte sie auch Warten auf das Stück. Das fiel in die Sparte «Kinder- und Jugendtheater». «Wir saßen zu dritt auf der Treppe des Theaters, weil es keinen Probenraum mehr gab. Wir kannten den Premierentermin, aber wir hatten kein Stück.» Daß sie das Stück selber schreiben sollten, hatte man ihnen erst kurz vor Probenbeginn gesagt.

«Im Grunde bin ich nie frei von meinem Beruf», sagt sie. Alles weitere regeln Proben- und Vorstellungsplan. Vormittags ist auf jeden Fall Probe, abends entweder Probe oder Vorstellung. Tarifrechtlich garantiert sind zehn Stunden Nachtruhe und vier Stunden Nachmittagsruhe. «Das hört sich toll an, der Nachmittag frei, aber diese Pause brauchst du auch.» Und der spontane Kurzurlaub funktioniert auch nicht. «Wenn mich mein Vater anruft und fragt, ob ich zu seinem Geburtstag komme, kann ich ihm das erst zwei Tage vorher sagen, wenn ich weiß, ob ich Probe habe oder nicht.» Wenn Vorstellung ist, fällt Vaters Geburtstag auf jeden Fall aus. Theoretisch wäre sie die ganze Woche lang jeden Tag zehn Stunden im Theater einsetzbar, außer am Sonntag, da laufen normalerweise nur Vorstellungen. Sonntagsproben sind selten, sie müssen extra bezahlt werden. Einen garantierten freien Tag, das ist noch ein Feld für die Bühnengenossenschaft, gibt es nicht. «Wenn ich in der Bank meine Kundenberaterin an ihrem Computer sehe, dann weiß ich, die hat um fünf Feierabend, die hat ein Wochenende.» Hildegard hat am Wochenende Vorstellung. Und was die Kundenberaterin am Monatsende dem Gehaltskonto Hötte zuschreibt, «ist im Grunde miserabel». Anfängergage im ersten Jahr 1700 Mark, im zweiten Jahr 1800. «Netto kommt dabei irgendwas um 1000 raus, und das ist für eine kleine Bühne schon sehr viel.» Aber das wußte sie alles, bevor sie den Vertrag unterschrieb, von ihren Auftritten während der Ausbildung am Saarbrücker Staatstheater. Der berüchtigte Praxisschock blieb ihr erspart: «Es geht manchmal erschreckend wenig um Kunst, sondern um ein Produkt, um ein Produzieren.» Rund 15mal im Jahr produziert die Landesbühne Wilhelmshaven Kunst mit dem Abonnentenring im Nacken. 15 Inszenierungen, 15 Premierentermine, die vor der ersten Probe feststehen. Das sind die berühmten Sachzwänge, über die läßt sich lästern, sie bleiben trotzdem. Früher gab es in Wilhelmshaven alle drei Wochen eine Premiere, das reichte gerade mal für die Stellproben, dann hatte der jetzige Intendant eine gute Idee. Er läßt immer zwei Stücke parallel probieren. Nun gibt es alle sechs Wochen zwei Premieren. Sechs Wochen Probenzeit, manchmal auch ein bißchen länger, das ist nicht üppig, aber damit läßt sich arbeiten. Die Betonung liegt auf Arbeit. Und oft genug kommt wirklich Kunst raus. Aber einige Vorstellungen von Theater bleiben auf der Strecke. Theater sind keine Spielwiesen. «Ein bißchen rumspielen läuft nicht. Theater hat nur ganz selten etwas mit Rollenspiel, Selbstfindung und solchem Psychokram zu tun. Viele glauben immer, Theater wäre so ein Freiraum der Gesellschaft, wo eine labile Psyche gut aufgehoben wäre. Aber genau so ist es nicht», doziert die Diplomschauspielerin Hildegard Hötte. «Diplomschauspielerin», dabei muß sie selbst lachen. Der Titel verleiht diesem scheinbar so freien, kunstträchtigen Beruf etwas solides. Aber vier Jahre Ausbildung sind wirklich ein Fundament. Sie kennt Kollegen, die auf keiner richtigen Schule waren. «Die sind allen Strömungen hilflos ausgeliefert. Da kommt ein Gastregisseur, sieht den Schauspieler und benutzt dessen Eigenarten für seine Inszenierung. Dann kommt der nächste und macht es genauso. So werden aus Eigenarten Macken, und der Schauspieler kann dem nichts entgegensetzen.»

Gastregisseure kommen häufig nach Wilhelmshaven. Einmal wollte einer unbedingt Shakespeares «Wie es euch gefällt» als Comicstrip inszenieren, und sie mußte die Phöbe in knallengem Mini und bonbonfarbenem Micky-Maus-T-Shirt spielen. Da sagte sie sich: wenn schon, dann richtig, und überdrehte die Rolle völlig. «Das hat dann auch wieder Spaß gemacht.» Dieser Inszenierung verdankt sie auch drei Pakete mit Fotos: Hildegard Hötte als Phöbe im Mini, ganz knackig, ganz sexy. Einem genialen Regieeinfall zufolge sollten diese Fotos im Publikum verteilt werden. Also wurden ein paar Tausend gedruckt. Später kam man drauf, daß Corinnus, der alte Schäfer im Stück, die Fotos auch wieder einsammeln könnte. Zahllose Zuschauer wurden um Hildegard Hötte im Mini betrogen, in Wilhelmshaven und ganz Ostfriesland.

Die Landesbühne Wilhelmshaven hat nämlich einen kulturellen Auftrag: die Versorgung der gesamten Region mit Theaterkunst. Die Ausstattung jeder Inszenierung ist von vornherein so berechnet, daß sie in einen Sattelzug paßt und sich in Aurich, Emden, Stade oder Papenburg problemlos in der Stadthalle, in einer Schulaula, oder was immer als Theatersaal dienen mag, aufbauen läßt. Die Landesbühne fährt Abstecher. Das verleiht dem Beruf eine zusätzliche Note: «Manchmal ist es halt sehr mühsam, nachmittags um vier loszufahren und nachts um eins wiederzukommen.» Wenn der Abstecher nach Norderney geht, dauert es noch länger. Da muß eine Extra-Fähre bestellt werden, die die Mimen nach getaner Arbeit zurück aufs sichere Festland bringt.

Aber zuerst kommt immer der knallrote Sattelzug. «Die Landesbühne» ist ganz dick draufgemalt. Komödianten sind in der Stadt. Die Technik baut auf, richtet ein. Eine Stunde vor Beginn der Vorstellung bringt der Bus die Künstler. Und manchmal wird es knapp. «Dann sitzt jeder Handgriff, Lockenwickler rein, Schminke auf die Fresse und los geht's. Gerade wenn man Stücke en suite, also jeden Abend spielt, kommt oft so eine Automatik rein.» Aber Profi kommt eben von Provinz, da spielt sich vieles weg. «Aber manchmal könnte ich den Bühnenboden aufhacken und mich drin verstecken vor Scham.» Schließlich sitzt da unten auch ein Publikum, das nicht dafür bezahlt hat, daß eine Schauspielerin den Bühnenboden der örtlichen Stadthalle aufhackt, obwohl auch das einen künstlerischen Reiz haben könnte. Und der Satz «Ich bin immer nur so gut, wie meine Kollegen, darum bin ich auch so schlecht» trifft auch nicht immer. Denn es gibt auch Inszenierungen, da funktionieren diese schwer beschreiblichen Mysterien des Theaters. Da läuft es auf der Bühne mit den Kollegen, da kommt was über die Rampe. «Und wenn dann die warme Welle aus dem Zuschauerraum hochschwappt, das trägt einen in Sphären.» Zwei Seiten eines Berufes zwischen «traumhaft» und «alptraumhaft». Und eine halbe Stunde nach dem letzten Vorhang wirft einer der beiden Kläuse den Motor an. Sie lümmelt sich auf die Rückbank. Morgen früh ist Probe.

Claudia Roth

Nichts muß bleiben wie es ist – oder was meinst du dazu, Gretchen?

Frauen am Theater

Theater ist ganz wundervoll!

Glimmer Glitter Rampenlicht. Gefühle total. Lachen und Weinen. Unendliches Glück – erschütternde Tragödien. Bunt schrill exotisch – nicht der Alltagstrott, unter dem so viele Menschen leiden.

Keine theaterwissenschaftliche Abhandlung über das Phänomen «Frau auf der Bühne» möchte ich schreiben, sondern ein paar Beispiele, Bilder, Geschichten schildern, die euch in diesem Traumberuf *auch* passieren können. Ihr werdet lernen und erfahren müssen, wieviel Arbeit hinter diesem Traum steckt, wie die Schminke verschmiert von den Tränen, die so manches Mal fließen, die Perücke zerzaust ist, wenn ihr euch die Haare rauft... *aber halt, Mädels! Nicht aufsteclen! Nehmt euren ganzen Mut, eure ganze Kraft zusammen und eure Wut, die ihr brauchen werdet, um euch als Frau im ‹Betrieb› Theater durchzusetzen!*

1. Akt. Das Stadt-/Staats-/ Landes-/...Theater

Theater werden in Deutschland immer noch fast ausschließlich von Männern geleitet. Bei den unteren «Postenvergaben» sind Frauen eher anzutreffen, als Dramaturginnen, in der Öffentlichkeitsarbeit, zuweilen als Bühnen- und häufig als Kostümbildnerinnen, in der Verwaltung, natürlich für Maske, Garderobe, vor allem aber als Souffleusen. Unsere Bühnen sind in der Tat in den Händen der «bürgerlichen Herren». Das Theater ist heute in seinen Strukturen noch feudalistisch. Der oben hat alles zu sagen und zu bestimmen. Die Hierarchie ist streng, und sie läßt Frauen wenig Platz. Ein alltäglicher Zynismus, mit dem Frauen zu kämpfen haben, denn natürlich gibt es gerade hier den progressiven Anspruch des demokratischen Umgangs miteinander. Theater sollte und wollte meist gesellschaftsverändernd, revolutionär sein, Mißstände aufzeigen, sich gegen sie auflehnen und so zu ihrer Veränderung beitragen. Um so schwieriger, wenn es dann «innen» doch traditionell zugeht – von oben nach unten, Mann gegen Frau. «Nora» befreit sich zwar auf der Bühne aus ihrem Puppenheim, lehnt sich auf gegen die Männergesellschaft. Mit der hat gerade aber die Schauspielerin der «Nora» innerhalb der Theaterstruktur zu kämpfen. Ausnahmen bestätigen die Regel – sind aber nicht repräsentativ –, sie bleiben die Ausnahme. Außerdem müssen Frauen am Theater mit Hindernissen leben, mit Kniffen, mit Arroganz und Ablehnung ihrer männlichen Kollegen.

«DIE FRAU HAT NICHTS ZU SAGEN,
ABER SIE SAGT ES SO REIZEND»
– Oscar Wilde –

Sexismus gehört zum Alltag. Schön muß sie sein, die junge Schauspielerin, zart und verletzlich, Haut wie Samt und Seide, sensibel und und und. Die vorgeführten, gezeigten Frauenbilder sind zudem – wie sollten sie auch – meist nicht von anderem Format. Entweder ist die Frau die Unterdrückte, passiv Leidende, noch verhaftet in den von Männern und der Gesellschaft aufgezwungenen Rollenklischees. Andererseits spielt sie den Part derer, die sich teilweise aus der Abhängigkeit befreit haben, ihren Beruf ausüben, finanziell unabhängig sind, aber zu Hause, in der Familie immer noch alte Unterdrückungsmechanismen erleben, oder aber sie wird vorgeführt als eine Frau, die ihre private Freiheit mit sexueller Freiheit verwechselt und sich im Grunde ehemals männliche Privilegien aneignet. MÄNNERPHANTASIEN!

«FRAUEN, AUSTAUSCHBARE INSTRUMENTE
FÜR EIN STETS IDENTISCHES VERGNÜGEN!»
– Marcel Proust –

Damit aber nicht genug.

Es herrscht ein mörderischer Konkurrenzkampf um die paar «guten» Rollen unter den Frauen. Denn es gibt eben nur eine Julia, ein Gretchen, eine Desdemona, eine Mutter Courage. Demgegenüber stehen viele große, spannende Männerrollen. Die Dramaturgien haben ihre liebe Mühe, alle engagierten Schauspielerinnen wenigstens einmal pro Spielzeit «ausreichend» zu besetzen, und sind überglücklich über Stücke, in denen es sogar mehrere Frauenrollen gibt. Solche Stücke sind aber äußerst rar gesät und begegnen uns dann fast an jeder Bühne: «Lysistrata» also nicht nur wegen der «Message», sondern eben auch wegen der vielen Frauenrollen.

Es gehört leider immer noch viel Mut dazu, sich als feministisch zu bezeichnen, obwohl es – die Theater gehen mit der Zeit – die sogenannte «Frauennische» immer gibt.

Fortschrittlichkeit gehört in jedes Haus. Also darf eine Regisseurin ein Frauenstück mit weiblichen Ensemblemitgliedern entwickeln und gestalten. Freiraum für Frauen? Halt – Weihnachtsmärchen und Kindertheater werden da auch mitgerechnet. Mit dieser «Spielwiese» dürfen sich Frauen nicht zufriedengeben, dürfen nicht für einen Männerapparat zum Feigenblatt werden, der ansonsten funktioniert wie gehabt – unangetastet und unverändert in der Machtfrage.

Es gibt viel zu tun – all das soll nicht abschrecken, vielmehr ein Anstoß für euch sein, *erst recht* reinzugehen in diese Domäne des anderen Geschlechts. Und: erst wenn *alle* Sparten und Bereiche im Theater mindestens zur Hälfte mit Frauen besetzt sind, wird sich etwas ändern. Also: Werdet vielseitige Schauspielerinnen oder auch Autorinnen. Geht in die Verlage. Werdet Regisseurinnen und Dramaturginnen und laßt euch nicht erzählen, Frauen hätten keine Ahnung und Begabung für den technischen Betrieb.

Erst dann wird es mehr, bessere und schönere Rollen für Frauen in anderen Inszenierungen geben *können*.

Einfach wird dieser Kampf um die Hälfte des Theaterhimmels nicht, denn freiwillig geben die Männer ihre Plätze nicht auf, teilen ihre Macht nicht. Das ist im Theater überhaupt nicht anders als in der «Wirklichkeit». Und glaubt bitte nicht, linke Männer seien da anders. Gerade nicht. Das hat zum Beispiel Marieluise Fleisser beim – hochgeschätzten – Macho-Meister Bert Brecht zu spüren bekommen.

Nichts muß bleiben wie es ist – Subversion oder Aussteigen in den 2. Akt – Die Freie Gruppe

Viele Theatermacher/innen entscheiden sich, außerhalb des bürgerlichen Theaterbetriebs zu arbeiten, und gerade Frauen gehen in Freie Gruppen.

Ihre Probleme sind hier ganz andere als an den «etablierten» Bühnen. Frei von den einengenden Zwängen der «Institution», frei von der vermeintlichen Sicherheit, frei von jeder Art der «Zuarbeit» und vor allen Dingen frei von Subventionen, frei von Geld, gibt es jede Menge zu tun.

Ein Thema muß gefunden, daraus ein Stück entwickelt und theatralisch umgesetzt werden. Kostüme und Bühnenbild entstehen auch nicht von selbst. Viel Improvisationstalent ist gefragt. Kontakte müssen hergestellt und die Organisationsaufgaben bewältigt werden.

Niemand redet dir mehr rein, bestimmt über dich. Du bist beim gesamten Entstehungsprozeß (d)einer künstlerischen Produktion beteiligt. Kollektives Arbeiten, von dem du im Theater geredet und geträumt hast, wird plötzlich – manchmal – möglich. Viel Freiraum und die Freiheit, endlich kreativ sein zu können. Aber, aufgepaßt: auch hier machen sich wieder die männlichen Strukturen breit. Fast überall, wo Frauen mit Männern zusammenarbeiten, versuchen die «Kollegen» eine dominierende Rolle einzunehmen. Es gibt zwei Möglichkeiten, damit klarzukommen: Frauen arbeiten mit Frauen zusammen und vermeiden so den Streß mit den «Typen» von vornherein oder sie bestehen – in einer gemischten Gruppe – darauf, *ihre* Ausdrucksformen und *ihre* Arbeitsweise zu entwickeln. Also ein Theater möglich zu machen, mit dem sie sich als Frauen identifizieren können und das ihnen entspricht. Die Suche nach der «eigenen» Figur ist schwierig, mühevoll und oft frustrierend, und als Frau braucht man einen sehr langen «Atem».

Woran sollen wir uns auch orientieren? Wie soll man sich eine *positive* Frauenrolle überhaupt vorstellen? Im Theater gibt es die komischen Frauen, die meistens ziemlich dumm und blöde sind. Daneben auch die Exotischen, die Opfer oder die herrschsüchtigen Hyänen. Die großartige Schauspielerin Franca Rame, die mit ihrem Mann Dario Fo ein Theater entwickelt hat, das die Zuschauer/innen zum Lachen bringen will, setzt gewaltige Maßstäbe, wenn sie schreibt:

«...wir haben den Schlüssel der Groteske gewählt, weil wir der Überzeugung sind, daß es nichts hilft, sich zu beweinen, sich selbst zu bemitleiden. Sondern wir wollten ein Stück darüber, was es heißt Frau zu sein, in komisch-grotesker Weise präsentieren, das ist eine ganz bewußte Entscheidung... wir glauben, daß Klagen falsch ist. Du weinst, gehst traurig nach Hause, sagst: Wie hab ich schön geweint, und schläfst erleichtert ein. Nein, wir wollen euch zum Lachen bringen. Ein gewisser Molière hat gesagt, um lachen zu können, muß man intelligent, scharf, offen sein, eine witzige Stelle aufnehmen können. Es öffnet sich nicht nur der Mund beim Lachen, sondern das Gehirn. Und ins Gehirn können die Nägel der Vernunft eintreten. Ich hoffe, daß einige Leute mit Nägeln im Kopf heimgehen...» (Franca Rame, Dario Fo: Kinder Küche Kirche)

Da stehst du dann, findest genau so eine Form des Theaters richtig und denkst nach über Frauen und Komik. Und die Vorbilder, die dir einfallen, Chaplin, Keaton, die Marx Brothers und und und... sind – männlich. Bei den Clowns – keine Frauenfigur. Wie das in der Realität aussieht, habe ich bei einem Auftritt erlebt, wo Stegreiftheater gespielt wurde, die Zuschauer/innen per Zuruf die Rollen bestimmen konnten.

Was fiel dem hochgeschätzten Publikum ein? *Der* liebe Gott, *der* Teufel, *der* Erzengel, *der* Sektenführer, *der* Herr Mitscherlich, *der* Dionysos, *der* ausländische Arbeitnehmer, *der* Herr Präsidentherrpolitikerherrpfarrerherrherrherr. Und dann kommen doch noch zwei Vorschläge für Frauen: Lieschen Müller und Alice Schwarzer. Emanze oder Doofchen. Nichts dazwischen. Solche reduzierten Frauenbilder möchte ich nicht verkörpern müssen. Und wie ging es weiter? Klar, die Männerszenen waren unheimlich komisch – bei Lieschen und Alice wurde es den Anwesenden eher mulmig zumute.

Uki Johannson vom Mobilen Rhein Main Theater schreibt:

«Wenn Frauen Theater machen, wird immer wieder die Frage nach der Komik auftauchen. Nicht umsonst gibt es so wenig bekannte Komikerinnen. Wo ist z. B. das weibliche Pendant zu Chaplin oder Rival? Mir fällt erst mal nur Mae West ein. Diese Frau hat in vielen Filmen das Klischee eines Superweibes benutzt, um die Geilheit der Männer zu entlarven. Sie hat den Anspruch der Männer an Frauen ad absurdum geführt. Sie hat das Bild, unter dem sie leidet, als Macht gebraucht. Und darin liegt eine Art von Komik, die Frauen viel mehr benutzen müßten, nämlich das, was von Frauen verlangt wird, also Hausmütterchen sein, nur noch Körper sein, Mutter oder das unbeholfene, zu beschützende Wesen, das alles so weit auszureizen, bis genau das Gegenteil von dem passiert, was sich die Männergesellschaft bei der Aufgabenverteilung gedacht hat, und damit auch die Hintergründe für diese abstrusen Forderungen aufzudecken. Das ist jedenfalls ein Punkt, den frau mal genauer untersuchen müßte, ein Punkt unter vielen anderen. Es braucht sicher noch eine geraume Zeit bis wir Frauen neue

Formen und Ansätze gefunden haben. Jedenfalls sollten wir Frauen das Theater nicht nur den Männern überlassen, sondern es auch als Sprachrohr für unsere Probleme und als Unterstützung für unsere Aktivitäten benutzen.» (Frauentheater – Verlag 2000)

Dies könnte schon fast das Schlußwort sein. Ich hoffe, diese Beschreibungen schrecken euch Frauen nicht ab. Nein – bestimmt nicht. Wer wirklich diese Leidenschaft in sich spürt, läßt sich nicht abbringen von diesem holprigen Weg mit seinen vielen Schlägen und Löchern. Denn auf diesem Weg begegnet frau faszinierenden Menschen, lernt sie sich kennen und erlebt, daß Arbeit ihr und anderen Spaß und Sinn machen kann.

THEATER IST (EBEN) GANZ WUNDERVOLL!

Rosemarie Fendel

Neben-
berufungen

Schauspielerei oder
die Kunst, auch
kochen zu können

Seit meinem vierten Lebensjahr wollte ich Schauspielerin werden, aber schon damals gab es einen Nebenberuf. Ich nannte ihn «Köcherin».

Auf dem Gymnasium hatte ich meine eigene Theatergruppe, ich schrieb kleine Stücke, inszenierte sie selbst und spielte darin. Aus Böhmen vertrieben, im Allgäu gelandet, zu einer Zeit, als Bücher rar waren, Essen, Trinken, Kleider und Informationen auch, fiel mir ein Buch in die Hände: «Die Frau als Schauspielerin». Darin gab es viele schöne Fotos berühmter Schauspielerinnen: Käthe Dorsch, Elisabeth Bergner, Zarah Leander, Käthe Gold und viele andere mehr. Bei einer schlug mein Herz jedesmal höher. Immer wieder blieb ich beim Durchblättern des Buches an diesem faszinierenden Gesicht hängen, konnte mich gar nicht sattsehen und beschloß: Die oder keine wird meine Lehrerin. Es war Maria Koppenhöfer.

Eines Tages machte ich mich auf den Weg, um sie zu suchen. Sie lebte in München, stand in dem Buch, also fuhr ich dorthin, schaute mir die Theaterplakate an und entdeckte ihren Namen im Spielplan der Kammerspiele. Am Abend ging ich in die Vorstellung, «Der jüngste Tag» von Ödön von Horváth. Sie spielte die Frau des Eisenbahners, sah ganz anders aus, als auf den Bildern in meinem Buch, und am liebsten wäre ich zu ihr auf die Bühne gesprungen, um ihr zu sagen, wie gut ich sie fand. Es war das erste Mal, daß ich in einem richtigen Theater ein richtiges Theaterstück sah.

Mir war zumute, als hätte ich Sekt getrunken. Ich war so durcheinander, daß ich es nicht fertigbrachte, nach der Vorstellung auf sie zu warten, um mit ihr zu sprechen. Ich rannte zum Bühnenpförtner, um ihre Adresse zu bekommen, aber der wollte sie mir nicht sagen. Als ich ihm unter Tränen klarmachte, daß ich beschlossen habe, die Schauspielerei zu erlernen, und zwar nur bei Maria Koppenhöfer und niemand anderem, er könne sich dem doch nicht einfach verschließen, er würde sich ja versündigen, und noch etliche dramatisch vorgetragene Aussprüche mehr – da gab er mir endlich die Adresse.

Für fünf Reichsmark konnte man in einem ehemaligen Bunker übernachten, in einer 10-Bett-Unterkunft. Diese Adresse hatte ich auch vom Pförtner.

Es war das Jahr 1946, mein Mantel war aus einer alten Militärdecke selbst geschneidert, aber «oben muß immer was Weißes herausschauen, dann sieht man trotzdem frisch aus», hatte meine Mutter gesagt; also zupfte ich mein weißes Krägelchen aus dem Mantel und die Haare unter dem Hut hervor, den mir die Mutter geliehen hatte, damit ich «ein bißchen vornehmer» aussähe, und machte mich auf den langen Weg nach Bogenhausen.

Eine junge Frau öffnete. Ob hier Maria Koppenhöfer wohne, fragte ich, und ob sie... Die Frau unterbrach mich sofort mit barscher Stimme: «Ja, aber sie gibt keinen Unterricht», und wollte mir die Tür vor der Nase zumachen. Ich stellte meinen Fuß zwischen die Tür und starrte sie an. «Ich muß sie hypnotisieren», dachte ich und fixierte sie, bis mir fast die Augen aus dem Kopf fielen, dabei drängelte ich mich langsam an ihr vorbei, sie dabei nicht aus den Augen lassend, stumm. Schwups, drin war ich. «Also, dann warte eben, wirst schon sehen, was du davon hast», sagte die junge Frau, «sie kommt sicher spät, heute gibt's Weißkohl in Schwabing, da muß sie bestimmt drei, vier Stunden anstehen.» Die junge Frau war die Tochter der Wohnungsinhaberin. Wie sich später herausstellte, hatte die Koppenhöfer nur ein winziges möbliertes Zimmer dort zur Miete. Nach zwei Stunden kam Maria Koppenhöfer, erschöpft, aber fröhlich, die Einkaufstaschen voller Krautköpfe. Ich erbot mich sofort, ihr bei der Kohlzubereitung zu helfen, ich könne wunderbar kochen, Krautsalat sei meine Spezialität. Als «Köcherin» machte ich Eindruck auf sie, und so standen wir bald darauf in der Küche und schnipselten Kohl. Dabei sang ich aus voller Kehle, vom tiefen F bis zum hohen C – damals war meine Stimme noch ungebrochen –, erzählte Schnacken und Schnurren, mein Repertoire an lustigen Geschichten war groß, und sie lachte von Herzen. Die Freundschaft war geschlossen. Die Frage nach dem Unterricht brauchte ich gar nicht zu stellen. «In ein paar Wochen soll ich eine eigene Wohnung bekommen. Wenn du mir ab und zu ein Ei in die Pfanne schlägst und dich damit abfindest, daß ich wenig Zeit habe, wir den Unterricht vielleicht auch mal zu Nachtzeiten abhalten müssen, kannst du zu mir ziehen», sagte meine Wahllehrerin.

Anderthalb Jahre wohnte ich bei ihr, bekam sogar noch 50 Mark Taschengeld. Alle Rollen, die in ihrer Jugend an ihr vorbeigegangen waren, durfte ich einstudieren. Ihre Lieblingsrolle wäre die «Heilige Johanna» von Schiller gewesen, aber sie sei, behauptete sie, nie «so ein richtig junges Mädchen» gewesen, darum mußte sie mit 20 Jahren die Rolle der «Isabeau» spielen. Jetzt holte sie die «Jungfrau» mit mir nach. Diese meist nächtlichen Unterrichtsstunden! Manchmal bissen wir uns an einem Satz, an einer Szene fest, merkten gar nicht, daß der Morgen dämmerte. Die «Viola» und das «Gretchen» folgten, und dann wurde mein Vorsprechprogramm zusammengestellt. «Da muß man ein biß-chen vorgehen wie beim Showbusiness», sagte sie, «Vorsprechen ist eine schreckliche Angelegenheit, also muß man ein Programm haben, das die oft theaterfremden Intendanten überrascht. Engagieren wird dich nämlich der Intendant. Die Regisseure, die nachher mit dir arbei-ten, sind meistens nicht dabei.» Zur Stimmbildung ging ich in die Fal-ckenbergschule. Fechten lernte ich dort auch, aber meistens saß ich auf den Proben in den Kammerspielen, ganz hinten im Zuschauerraum, und machte mir beim Licht einer Taschenlampe Notizen zu ihrer neuen Rolle als «Arkadina» in der «Möwe» von Tschechow. Sie hörte sich meine Kritik und mein Lob an, nahm beides ganz ernst und meinte: «Eines Tages wird aus dir noch ein Regisseur.»

Die Zeit bei der «Koppi», wie sie liebevoll von den Kollegen ge-nannt wurde, gehört zu meinen schönsten Theatererinnerungen. Als sie die «Irre von Chaillot» von Girodoux spielte, ihre letzte Rolle, durfte ich mitspielen. Das Blumenmädchen, mit zwei, drei Sätzen nur, aber immer an ihrer Seite. Die geliebte Lehrerin starb viel zu früh, im Alter von 48 Jahren, nach einem langen und qualvollen Leiden.

Die Kammerspiele boten mir ein festes Engagement an. Meine Gage betrug 225 Mark. Das war eine ganz normale Anfängergage, und ge-messen an den Gagen der Großen, war sie nicht klein. Für mich war es sowieso wie ein Wunder, daß ich für etwas, was ich so gerne tat, über-haupt Geld bekommen sollte.

Die Gage kam mir vor wie ein Geschenk – solange, bis ich damit haushalten mußte. Zuerst suchte ich mir ein billiges Zimmer. Es lag in der Nähe des Theaters, aber der Geruch von Sauerkraut und grünen Heringen, die offen im Faß des Kolonialwarenhändlers im Erdgeschoß lagen, durchzog das ganze Haus. Die niedrige Miete – 25 Mark – machte den Geruch nicht erträglicher. Nach zwei Wochen hielt ich es nicht mehr aus; ich packte meine beiden Bücherkisten, meinen Koffer mit Kleidern und Schuhen und mein einziges kostbares Besitztum – einen Barocksessel – auf einen Leiterwagen und zog um. Schön wohnen muß der Mensch, dachte ich, koste es, was es wolle, und ein alter jüdischer

Spruch fiel mir ein: Man muß seine Einnahmen nach den Ausgaben richten. Wenn ich meine Ausgaben zusammenzählte, blieb mir gar nichts anderes übrig, als mich nach Nebenbeschäftigungen umzusehen, wollte ich die Einnahmen erhöhen: 75 Mark kostete das neue Zimmer, 50 Mark schickte ich meiner Mutter nach Hause. Von meiner stolzen Gage wurden mir 175 Mark ausbezahlt – also blieben mir noch ganze 50 Mark zum Leben.

Die Koppi hatte immer viel Funk gemacht, das würde ich auch tun. Jeden Monat gab es beim Rundfunk eine Eignungsprüfung, ich meldete mich sofort an. Vorlesen war immer meine große Stärke gewesen. Während der ganzen Schulzeit hatte ich im Handarbeitsunterricht vorgelesen. Stricken, sticken, häkeln habe ich nie echt gelernt, erst als ich anfing zu filmen, wurden Handarbeiten mein großes Hobby. Sie sind die beste Nebenbeschäftigung während langer Drehpausen. Die Warterei macht einen sonst völlig verrückt. Man verdient zwar kein Geld damit, aber man spart Nerven.

Die Funkprüfung bestand ich. Ich sollte eine möglichst zeitnahe Rolle «vortragen», da mir keine einfiel, erfand ich mir eine. Alles, was mir in den Sinn kam, sprach ich ins Mikrophon, das ich mir als Partner vorstellte. Da ich dabei redete, wie mir der Schnabel gewachsen war, muß ich wohl überaus natürlich gewirkt haben, und wurde im Funk als «Entdeckung» gehandelt. Zwei Tage später schon hatte ich einen «Frauenfunk», live, kurz darauf ein Hörspiel. Alles ganz gut und schön, aber die Gagen waren auch beim Funk recht mager, also schaute ich mich nach weiteren Nebenbeschäftigungen um. Fernsehen gab es damals noch nicht, aber Kortner drehte gerade einen Film. Er hieß «Der Ruf» und spielte im Universitätsmilieu. Ein Hörsaal sollte mit Studenten gefüllt werden, pro Drehtag bekam ein Statist 40 Mark. Besser als nichts. Aber nach drei Tagen war der Spaß vorbei und hinterließ obendrein noch einen schlechten Nachgeschmack. Man wurde vom Aufnahmeleiter schlecht behandelt, gescheucht wie Herdenvieh, konnte seine schauspielerischen Fähigkeiten ums Verrecken nicht unter Beweis stellen und ging in der Masse unter. Die Statisterie strich ich von meiner Liste.

Beim mittäglichen Bummel über das Bavaria-Filmgelände entdeckte ich ein Schild: «Synchronatelier». Ich spazierte hinein – und damit begann meine über Jahre andauernde lukrativste Nebenbeschäftigung: das Synchronisieren. Mir macht es auch heute noch große Freude. Es sind sozusagen bezahlte Sprach-, Konzentrations- und Reaktionsübungen. Damals, als alle noch ungeübt in dieser Branche waren, konnte man mehr Geld damit verdienen als heute. Man hatte auch mehr Tage an einem Film zu arbeiten. Mittlerweile hat sich das Synchronsprechen zu einem eigenen Beruf entwickelt, für manche Schauspieler ist es zum Hauptberuf geworden. Nicht jeder kann es, besonders bei dem Arbeitstempo, das heute vorgelegt wird. Es erfordert eine bestimmte Art von Begabung. Ich glaube, beim Synchronisieren hängt viel von der Musikalität ab, aber auch von der Bescheidenheit des einzelnen. Du selbst mußt hinter der Person des Darstellers auf der Leinwand zurücktreten, hast keinen «Ruhm» zu ernten, freust dich, wenn niemand dich erkennt. Es ist Handwerk. Um festzustellen, ob man dafür Lust und Laune hat, ob man es sich überhaupt zutraut, braucht man sich nur einmal in ein Synchronatelier zu setzen und zuzuschauen. Synchronleute sind ganz besonders liebe Leute. Sie freuen sich über Interessenten, vorausgesetzt, die verhalten sich still, wenn die rote Lampe «ACHTUNG AUFNAHME» blinkt.

Die Jahre gingen ins Land, die Ausgaben wurden höher, die persönlichen Ansprüche auch.

Ich verliebte mich, heiratete und bekam ein Kind. Die Schauspielerei gab ich auf, nur das Synchronisieren behielt ich bei. Es ließ mir noch genügend Zeit, um meiner Rolle der Hausfrau und Mutter nachzugehen, und war ein gutes «Zubrot». Außerdem war mein Ehrgeiz wie weggeblasen, sechs Jahre hielt ich es ohne Theater aus.

Die Ehe ging in die Brüche – das Kind in die Schule – das Theater zog wieder durch meine Gedanken, und meine Mutter zu mir.

Das Staatstheater in München holte mich für Rollen, die dort so keine recht spielen wollte, ich schlich mich quasi durch die Hintertür wieder auf die Bühne. Mit 36 Jahren noch mal einen Theaterstart zu versuchen ist gar nicht so leicht, und ins Fernsehen hineinzukommen, das nun heftig produzierte, auch nicht. Eine «Freundin», die groß im Fernsehgeschäft war, verschaffte mir in einer Serie eine Winzlingsrolle – und riet mir gleichzeitig davon ab: «Wenn du so klein anfängst, kommst du nie groß raus», sagte sie. Ich schlug ihre Worte in den Wind und nahm das Röllchen an: eine bayrische Kellnerin, die einer erlesenen Runde von Stars, an deren Tisch auch die «Freundin» saß, das Bier servieren sollte. Dazu hatte sie so prägnante Sätze zu sprechen wie: «Wohl bekomm's!» oder «Bittschön, die Herrschaften». Ein Blumentopf war damit gewiß nicht zu gewinnen.

Die Szene wird kameratechnisch eingerichtet, mein Weg wird mir angewiesen – von der Kamera weg, auf den Prominententisch zu. Am Tisch soll ich mich ins Profil stellen, meine Krüge und den Text abliefern. Man drückt mir sechs ungeheuer schwere Bierseidel in die schwachen Hände – und ab geht die Post. Eine Probe – noch eine – drehfertig! Ich nehme brav meinen vorgeschriebenen Weg. Auf einmal reitet mich der Teufel: Ich schaue auf meine Strümpfe, beuge mich ganz deutlich hinunter zu meinen Beinen, drehe mich zur Kamera ins Bild und schimpfe auf bayrisch: «O Jesus, scho' wieder e' Laufmaschen, des is' jetza scho's zweite Paar Strümpf in eana Wochen!» Dann versuche ich, alle sechs Krüge mit der linken Hand zu tragen, um die rechte frei zu haben für die imaginäre Laufmasche, die ich mit Spucke auffangen will. Es gelingt mir nicht, resigniert renne ich zum Tisch, stelle die Krüge ab, murmle ein «Tschuldigung», rette, für die Kamera deutlich sichtbar, meine Strümpfe und liefere dann meinen, vom Autor vorgeschriebenen Text ab – im Profil.

Alles ging mit größter Selbstverständlichkeit und flink vonstatten. Der Kameramann drehte, als sei die Szene so probiert worden, dem Regisseur blieb wohl vor Schreck die Spucke weg. «Kamera aus!» rief er erst, als die Szene schon «im Kasten» war. Dann gab's ein großes Gelächter im Atelier, einen Rüffel für Disziplinlosigkeit vom Regisseur und eine richtige Rolle in der übernächsten Folge dieser Serie.

Das war der Beginn einer nun bereits fast 25 Jahre andauernden Fernsehkarriere und die Erschließung eines neuen Nebenberufes – der zwischenzeitlich zum Hauptberuf wurde.

Heute, wo ich selbst Regie führe, muß ich hoffen, daß niemand diese Geschichte als Rezept ansieht: Es wäre schrecklich, wenn jeder aufstrebende Schauspieler seinen eigenen Schnick-Schnack erst beim Drehen einbringen würde. Bei den Proben freut man sich darüber, ist dankbar über Phantasie und Vorschläge, die zur Bereicherung des Filmes beitragen.

Mein nächster Nebenberuf wurde die Regie.

Irgendwie scheint dieser Beruf noch heute mit «Lokomotivführer» verwechselt zu werden – die Männer haben ihn für sich gepachtet, Frauen haben es sehr schwer, eine Regie zu bekommen.

Ich suchte mir wieder eine Hintertür, schrieb ein Drehbuch zu einem Fernsehspiel, eine Kriminalkomödie. Als ich 20 Seiten geschrieben hatte, fuhr ich nach Baden-Baden zum damaligen Fernsehspielchef des Südwestfunks, Gig Malzacher. Er war früher mal Schauspieler und mein Partner in einer langen Fernsehserie gewesen. Ich bat ihn, ihm die ersten Seiten vorlesen zu dürfen; am liebsten hätte ich aber noch ein paar Zuhörer mehr, meinte ich – um die Geschichte zu testen. Mein Wunsch wurde erfüllt.

Die Geschichte gefiel, und ich sagte, ich könne *nur* weiterschreiben, wenn ich das Spiel selbst in Szene setzen dürfe, damit ich auch sicher sei, daß alles so würde, wie ich es mir vorgestellt habe. Die Herren wiegten erst bedächtig die Köpfe hin und her – stimmten dann aber zu. So inszenierte ich mein erstes Fernsehspiel. Der Film wurde ein Erfolg, hatte eine hohe Einschaltquote, und ich dachte, es würden weitere Regieangebote folgen. Pustekuchen! Wieder mußte ich mein Drehbuch selbst schreiben, um meinen zweiten Film zu inszenieren – und so wird es wohl auch weitergehen.

Ein Gutes hat es: Ein neuer Nebenberuf hat sich mir aufgetan, das Schreiben. Die Geschichten liegen auf der Straße oder entstehen im eigenen Herzen. Das Schreiben ist das einzige in meinem Beruf, das man alleine machen kann. Papier und Bleistift genügen, man ist von keinem Partner abhängig, überall auf der Welt ist es möglich, und es vertreibt die Einsamkeit. Außerdem verdient man das meiste Geld damit. Wenn ein Fernsehspiel wiederholt wird – der Autor kommt am besten weg.

Im Theater war es genauso schwer, eine Regie zu bekommen. Erst vor einem Jahr ist es mir geglückt. Wieder war eine «Auflage» damit verbunden: Ich mußte selber eine Hauptrolle im Stück übernehmen. Also suchte ich mir ein Zweipersonenstück aus, «Nacht Mutter» von Marsha Norman. Da die Mutter ihre Tochter zwei Stunden lang argwöhnisch beobachtet, hatte ich keine allzugroßen Bedenken. Es ging auch wirklich sehr gut, und diesmal zog die Inszenierung eine zweite nach sich. Die Leitung des Schillertheaters in Berlin bot sie mir in der «Werkstatt» ihres Hauses an – ohne Auflage. Erst bei eingehender Lektüre des Stückes stellte sich heraus, daß die Übersetzung mangelhaft war. Ich übersetzte es neu.

Die Nebenberufe in dieser Branche sind schier unerschöpflich. Inzwischen übersetze ich auch Stücke, die ich nicht inszenieren werde, einfach bloß so, weil es mir Spaß macht. Viel Ausdauer und Idealismus gehören dazu, Geld ist damit wenig zu verdienen, das kommt erst, wenn die Stücke laufen. Besonders der deutsche Sprachschatz muß groß sein, für die Lücken in der fremden Sprache gibt es fabelhafte dicke Lexika.

Mittlerweile bin ich soweit, daß man mich als Regisseuse anerkennt. Hauptsächlich am Theater, und das ist auch gut so, denn das Theater sollte die Heimat des Schauspielers bleiben. Das Theater ist die Wurzel – und mein Hauptberuf ist und bleibt das Theaterspielen. Der hautnahe Kontakt mit dem Publikum, das allabendliche neue Erleben und Vermitteln einer Rolle – das gibt es so nur beim Theater. Beim Film trägt man einen Teil der Rolle immer nur in Gedanken mit sich herum – die Kunst der Kameraführung und des Schnittes macht manchen schwachen Schauspieler besser. Beim Theater muß man Farbe bekennen. Außerdem sind die Probenzeiten lang, denn die Rolle muß ja «an einem Stück» geliefert werden.

Das «Feedback» des Publikums – nirgends kann man es so erleben wie auf dem Theater. Darum sollte die Schauspielerin / der Schauspieler darauf achten, daß die Nebenberufe nicht die Oberhand gewinnen, sollte immer wieder zum Theater zurückkehren, um aufzutanken. Mein vorläufig letzter Nebenberuf: Lehrerin an der Schauspielschule in Frankfurt. All das, was sich in einem langen Leben an Praxis angesammelt hat, an die Schüler weiterzugeben, halte ich beinahe für meine Pflicht. Daß diese Pflicht obendrein viel Freude macht, brauche ich wohl nicht besonders zu erwähnen.

Ich habe in meinem Leben viel Glück gehabt, das muß ich dankbar sagen. Aber Glück, Fleiß und Talent sind die drei Dinge, die unabdingbar zu diesem Beruf gehören.

Viola Roggenkamp

Nachtasyl in Lübeck

Ein Probennotat

«Schtsch, nicht sch, es wird schtsch ausgesprochen, bei ‹sc› heisst es schtsch. Kleschtsch und nicht Klesch.» Der russische Name Klesc, eine Figur aus Maxim Gorkis Theaterstück «Nachtasyl», geht von Mund zu Mund, genauer die letzten beiden Buchstaben des Namens.

«Sch» oder «schtsch» wird für Minuten zum Streitpunkt zwischen 21 Menschen, die sich im Konferenzraum des Lübecker Theaters versammelt haben; zwölf Schauspieler, fünf Schauspielerinnen, die Souffleuse, die Regieassistentin, der Dramaturg und der Regisseur. Er als einziger gehört nicht zum Haus und wurde für die Produktion engagiert. Lediglich zwei der Anwesenden haben bereits mit ihm gearbeitet. Die anderen lernten ihn erst heute kennen.

«Sch» oder «schtsch». Der Raum ist erfüllt von Gezischel und Speichelbläschen. Zwerchfellstütze und Flankenatmung lassen die Luft schwingen. Der Regisseur ist für «sch», die Schauspieler sind dagegen: «Schtsch!»

Heute ist Strich- und Leseprobe für «Nachtasyl». Es ist die erste Begegnung zwischen Team und Spielleiter. Gemeinsam haben sie sechs Wochen Zeit. Sechs Wochen, in denen sie sich auf eine Gorki-Interpretation einigen müssen, ganz einfach, weil der Premierentermin nur 36 Arbeitstage entfernt ist. 36 Tage, in denen sie alle auch anderes zu tun haben. Bis auf montags ist jeden Abend Vorstellung auf zwei Bühnen, im Wechsel vier Produktionen, zwei klassische und zwei moderne Stücke. Davon ist niemand der Beteiligten ausgenommen.

Drei Mitwirkende haben nebenher noch kleine Fernsehauftritte abzuwickeln. Der eine spielt einen Bauern, die anderen beiden machen «Studiohüpfer», kleinste Nebenrollen, und etwas Synchronisation. Immerhin vermerkt die Theaterzeitung des Hauses, daß Herr B. in der Fernseh-produktion XY neben der berühmten Schauspielerin Antje Weisgerber einen Bauern spielt.

Vier andere Schauspieler der Produktion «Nachtasyl» gehören zu den Ensemble-Mitgliedern, deren Vertrag für die kommende Spielzeit in Lübeck nicht verlängert wurde. Sie sind auf Engagementsuche und müssen zwischen den Proben und Aufführungen noch zu Vorsprechen auf anderen Städtischen Bühnen zwischen Flensburg, Fulda, Herne und Augsburg. «Nachtasyl» ist ein Ensemble-Stück. Es gibt unter den 17 Rollen keine besonders herausragende. Geprobt wird morgens von 10 bis 14 Uhr, abends von 19 bis 22 Uhr, manchmal auch länger, bis zur ersten Hauptprobe nie mit allen zusammen, nicht jeden Tag und nicht jeden Abend, aber doch sechs- bis achtmal in der Woche. Die Proben zerstückeln den Tag.

Bevor die erste Leseprobe im Konferenzraum nebeneinander sitzend mit bereits verteilten Rollen beginnen kann, hebt die nächste Diskussion an: werktreu oder zeitgemäß? – Es ist ein Scheingefecht, denn die Entscheidung ist ohne die Schauspieler längst getroffen worden. Die Textbücher – eine aktualisierte Übersetzung – liegen auf dem Tisch. Die Debatte findet dennoch statt: Die Schauspieler müssen ganz einfach mal Luft ablassen («Mit uns geht man um wie mit den letzten Lumpen»). Dabei lernt der Regisseur sie gleich etwas näher kennen. Im Gegensatz zu ihm wurden sie für diese Produktion ausgewählt, ohne eigens gefragt zu werden. Sie sind schließlich durch Verträge ans Haus gebunden, können auch aus einer Produktion wieder herausgenommen werden, wenn Intendant oder Regisseur der Ansicht sind: «Der packt es nicht.»

Wer in welchem Stück welche Rolle spielt, erfahren die Künstler nach Möglichkeit vier Wochen vor Probenbeginn per Zettel am Schwarzen Brett. Auf dem Weg zur Kantine kommt jeder an diesem Brett mehrmals vorbei: Besetzungspläne, Probenpläne hängen dort, Urlaubsgrüße («ihr Armen, und ich liege in der Sonne»), eine Wohnung ist zu vergeben und zwei werden gesucht, der Betriebsrat hat getagt, ein gelber Zettel verkündet die Nachricht, daß der Intendant die Othello-Regie an den neuen Oberspielleiter abgegeben hat.

«Wir sollten das Nachtasyl nicht im Rußland des 19. Jahrhunderts belassen», befindet der Regisseur. Das Ensemble ist dagegen. Das Ensemble ruft Max Reinhardt und Konstantin Stanislawski zu Zeugen auf. Der Regisseur gibt sich, als hätte er die Namen der Überväter nicht gehört. «Ich bin gern bereit, mit Ihnen allen dorthin zu gehen, wo die Leute hier in Lübeck ihr Nachtasyl haben. Es ist ganz in der Nähe des Theaters.»

Die Pause, die jetzt eintritt und in der alle an die Spieler, Säufer, Fixer, Prostis und Landstreicherinnen im Lübecker Penner-Treff denken, nutzt er für sich und beginnt seinen nächsten Satz mit der unmißverständlichen Formulierung: «Sie gehen bitte davon aus...», dabei lehnt er sich zurück. Nahezu ein Befehl, begleitet von einer passiv erscheinenden Körperbewegung. Er hat den Fuß in der Tür und gibt sich gelassen. Die Künstler um ihn herum nehmen die gelungene Kombination von Wort und Gestik zur Kenntnis: gekonnt. Sie sind schließlich alle vom Fach. – Die Lesung kann beginnen.

Am Konferenztisch werden die Rollenbücher aufgeblättert. Der Regisseur hat sich erlaubt, Gorki ein wenig zu straffen. Im Prinzip hat niemand etwas dagegen. Jedoch die Parteilichkeit für die eigene Rolle: «Ich kann mich jetzt nicht so einschränken und möchte die Striche mit Ihnen auf der Probe besprechen.» Der eine von 17 Schauspielern, der entgegen der ersten Regieanweisung die gestrichenen Abschnitte seiner Rolle einfach mitliest, wird dafür von den Kollegen zwar für etwas «spinnert» gehalten, gleichzeitig aber freuen sich alle über seinen Widerspruch. Die Atmosphäre ist jetzt wie in einer Schulklasse. Das unterdrückte Gekicher läßt keinen Zweifel darüber. Dennoch bleibt der zu erwartende neue Konflikt aus.

Im Gegenteil baut sich während der Leseprobe die gedämpfte Mauligkeit tatsächlich langsam ab. Der Regisseur nämlich, der in diesen Stunden das erste Publikum für die Schauspieler ist, begleitet jeden vorgelesenen Satz mit einer Reaktion. Er lacht, er kichert, er sagt zustimmend «jaha» und «jawohl», er grunzt, er quietscht, er brummt gedehnt, er ist die pure Zustimmung. Herbe Enttäuschung über Gekürztes (Schauspieler: «Ist der Satz auf?» – Regisseur: «Nein, hab ich gestrichen.») werden auf diese Weise abgepolstert.

Die Kostümbildnerin und der Bühnenbildner kommen herein. Einen kleinen Karton haben sie mitgebracht, der herumgereicht wird und sich als Guckkastenmodell entpuppt. Das Nachtasyl in der Schachtel, als Bühnenbild, in dem sie alle demnächst agieren werden, nimmt ein jeder auf die Hand und äugt hinein.

Die Bauproben, die Besprechungen mit den Bühnentechnikern haben bereits stattgefunden. Am Szenenbild, der Kulisse und ihrer Ausleuchtung wird längst gearbeitet und gebastelt. Die Improvisationskunst der Handwerker und Facharbeiterinnen in der Tischlerei, Schneiderei, Elektrotechnik und Requisite übersteigt bei weitem die Vorstellungskraft; sogar die von Schauspielern. Es interessiert sie sowieso nicht.

Auch am Modell hält sich die Begeisterung in Grenzen. Der Bühnenbildner trägt es mit Fassung. Ein steriler, weißer Raum, niedrige

Decke, Neonröhren; darin ein Bettgestell. Zwei Öffnungen auf der linken und eine auf der rechten Bühnenseite – Auftritte und Abgänge. Die russische Gemütlichkeit mit Samowar und Fellmütze ist es nicht. «Für die zeitlosen Kostüme», verspricht jetzt die Kostümbildnerin, «gehe ich mit jedem einzeln auf Klamottensuche durch die Second-hand-Läden. Da besprechen wir dann jede Person von Kopf bis Fuß.» – Das tröstet für den Augenblick.

Am Ende des ersten Probentages ruft der Regisseur den bereits hinausgehenden Schauspielern hinterher: «Und bitte, vergessen Sie nicht – bei jeder Figur den Punkt suchen, wo sie gescheitert ist. Das ist der Schlüssel.» Und das ist die Hausaufgabe. Text lernen ist nur halb so wichtig. Das machen die meisten sowieso während der Probe mit ständiger Unterstützung der Souffleuse, die zweierlei beherrschen muß: Erstens und vor allem anderen muß sie wissen, ob jemand eine künstlerische Pause macht oder tatsächlich einfach nicht weiter weiß. Und zweitens muß sie beim Vorsagen den Text so monoton wie möglich lesen. Auf keinen Fall darf sie den Satz «richtig» sprechen. Das käme einer Kompetenzüberschreitung gleich.

Es ist detektivische Arbeit, die Regisseur und Schauspieler zu leisten haben. Im «Nachtasyl» wachen die Leute morgens auf. So beginnt es. Was war am Abend vorher? Wie vertraut sind sie miteinander? Wer kann mit wem, und wer mit wem nicht? Die erste Szene gibt darüber keine Auskunft. Dennoch muß der Regisseur einen Anfang machen: «Fangt einfach mal irgendwie an», sagt er. Jemand geht auf jemanden zu, auf der Bühne hier der Schauspieler, der den Trinker spielt, auf den Schauspieler, der den Spieler spielt. Es ist eine Aktion, die eine Reaktion erfordert. «Ja, das ginge», stimmt der Regisseur zu. Der Faden scheint aufgenommen. Das ist in diesem Augenblick die Hauptsache. Am sechsten Probentag wird die Szene völlig anders gespielt werden.

Die Sprache, der Text ist nie eindeutig genug: «Hier, nimm meine Suppe», sagt Anna im Stück. Gibt sie großzügig, entsagungsvoll, vorwurfsvoll, aufdrängend? Jemand läßt sich etwas geben und reagiert dankbar? verlegen? widerwillig? – «Laß doch», heißt es an dieser Stelle im Textbuch. Erst der Bewegungsablauf legt die Sprache im Wortsinn fest:

«Wie steht er denn zu ihr?» – «Was könnte er machen, damit man die Type erkennt?» – «Ich glaube, sie müßte jetzt mal einen Gang machen.» – «Wo gehen die denn hin?» – «Die wollen da raus, wo sie rein wollen.» – «Wie geht denn meine Tür auf?» – «Was mache ich denn jetzt mit ihr?» – «Ich glaube, du faßt mich jetzt an.» – «Nein, so bin ich nicht.» – «Wie soll ich denn da wieder wegkommen von ihr?» Spurensuche auf der Bühne. Es ist erstaunlich mit anzusehen, wie schwer sich eine Distanz von vier Schritten zurücklegen läßt, wenn einem der Weg nicht selbstverständlich ist. Der Schauspieler soll vom Stuhl aufstehen und zur Tür (Abgang rechts) gehen, sie öffnen und dahinter verschwinden. Erste Frage: Wie geht die Tür auf? Eine Tür, die der Mann, den er spielt, schon x-mal im Leben geöffnet und geschlossen hat. Zweite Frage: Wie kommt er vom Stuhl zur Tür? Langsam, schnell, zögernd, entschlossen. «Drehe ich mich noch einmal um?»

Die Kollegen, die in dieser Szene ebenfalls auf der Bühne stehen, verharren in ihrer Position und sehen dabei zu. Nichts widerwärtiger, als wenn jetzt einer sagte, «ich würde es so machen». Die Kollegialität besteht darin, zu schweigen und auszuhalten. Wie lange es auch immer braucht.

Der Gang wird geprobt. Vom Stuhl zur Tür. Vier Schritte. Der Schauspieler steht auf. Geht. Zur Tür. Geht wieder zurück. Noch einmal. Er steht auf. Er steckt die Hände in die Hosentaschen und geht. Ein, zwei Schritte. Und bleibt in der Mitte stehen: «Nein, so geht es nicht.» – «Ja», sagt der Regisseur und springt auf die Bühne, «wenn Sie sich gar nicht damit wohl fühlen, kann es auch nicht stimmen.»

Genaugenommen wäre jetzt Zeit für die Kantine. Die Inspizientin schaut schon mal betont unauffällig um die Ecke. «Vielleicht sollten wir noch vier Sätze weitermachen», sagt der Schauspieler zum Regisseur und dann zu seiner Kollegin: «Komm du doch mal jetzt rein. Mal sehen, wie es dann ist.» Eine Viertelstunde später steht der Vier-Schritte-Gang. Die Lösung: Er mußte zwei Sätze später kommen, nicht vor, sondern nach dem Auftritt der Kollegin, am Ende ihres ersten Satzes. Bruchteile von Minuten, die über eine Rolle Aufschluß geben. Das Publikum wird davon später nichts wissen. Eigentlich bedauerlich.

Je mehr Konturen die Figur im Laufe der Proben bekommt, desto deutlicher wird die Identifikation und desto ungeduldiger werden die Fragen an den Regisseur, wie der Weg der allmählich angenommenen Person weiterverläuft. Sind es zu Beginn die Schauspieler, die dem Regisseur Möglichkeiten anbieten («ich mach es jetzt einfach mal so»), ist es bald zunehmend der Regisseur, der weiter weiß und bestätigen soll. Er springt auf die Bühne, stellt sich dazwischen, verfolgt, hält an, macht vor und beobachtet die von ihm vorgemachte Aktion in der Wiederholung und Variation durch den Schauspieler: «Ja! So ist es. So. Sehr schön. Das lassen wir jetzt mal wachsen. Vielen Dank.» Ende der Probe für heute. Es ist 15 Uhr. Eine Stunde länger als vorgesehen. Niemand beschwert sich.

Am nächsten Tag gibt es wieder Krach. Die Schauspieler lehnen die Interpretation des Regisseurs ab. Sie denken an Gorki, der Regisseur ans Publikum. «Aber es spielt doch in Rußland, es sind doch russische Menschen», wenden die Darsteller ein. Der Regisseur jedoch will von «ruuussischer Sälle» nichts wissen. «Das verniedlicht die Ernsthaftigkeit des Stückes.» Auf der Bühne fällt das Wort «Holzhammer-Methode» und «zeitgenössischer Quark». Der Regisseur tut, als habe er nichts gehört. Beiden Seiten bleibt viel zuwenig Zeit herauszufinden, wo Annäherung möglich wäre. Darum passiert das Gegenteil, die Provokation. Auf dem Tisch liegt unvermittelt eine andere «Nachtasyl»-Ausgabe, die einzige autorisierte Übersetzung. Einer hat sie mitgebracht. Es wird nun immer nachgeblättert, wie's bei Reclam heißt. Der Spielleiter bleibt bemüht gelassen, lobt im Gegenteil das Engagement («eine gute Idee») und strafft die hängenden Mundwinkel, die nach chronischem Magenleiden aussehen.

Pause. Der Regisseur braucht eine Zigarette, die Schauspieler brauchen Kaffee, was zu Essen, ein bißchen Luft. In der Kantine hat Uschi das Sagen. In ihren Machtbereich fallen nicht nur Käsebrötchen, Erbsensuppe mit oder ohne Wurst und Weinbrand, sondern auch die Kredit-Liste. Bei Uschi kann man anschreiben lassen. Das gilt für treueste Kunden und arme Anfänger. Abgerechnet wird aber mit jedem Monatsende.

An einem Tisch sitzen die Bühnenarbeiter, an dem anderen die Leute vom Ballett. Das «Nachtasyl»-Team hockt auch in der Kantine zusammen, obgleich man sich wenigstens für die Pause aus den Augen gehen wollte. Der Raum ist schon reichlich angefüllt mit Stimmen, Zigarettenqualm und Gelächter. Da öffnet sich die Tür und drei, vier mächtige Rokkoko-Gestalten drängen hinein. Don Giovanni, Leporello und zwei spanische Bauern.

Der Regisseur probt mit einer Schauspielerin: «Nein, nicht so. So schnell fängt sie sich nicht. Sie möcht's im Grunde noch mal wissen, verstehst du? Ihn noch mal hinreißen. Er soll's ihr noch mal zeigen. Verstehst du? Glaube mir, sie will noch mal, das letzte Mal, von ihm durchgebumst werden.»

Wirklich? Die Schauspielerin ist anderer Meinung. Sie spielt die Wassilissa, die Frau, die im Nachtasyl das Sagen hat. Sie ist mit dem Wirt verheiratet, der ein Trottel ist. Mit einem der Pennbrüder hat sie ein Verhältnis, mit dem Dieb Wasska. Sie liebt ihn nicht. Sie hofft, durch ihn ihren tyrannischen Ehemann loszuwerden.

Für Schauspielerinnen hat ihre vorgegebene Rolle noch zusätzlich das Gewicht des Klischees: eine Frauen-Rolle. In 99 von 100 Stücken reagieren sie auf den Mann, sind sie Stichwortgeberin. Selbst, wenn sie eine tragende Rolle spielen, womöglich die Hautprolle, gewinnen sie nach dem Willen des Autors wie nach dem Willen des Regisseurs oft erst Profil durch die Reflektion über eine männliche Rolle. Das kann sein: der Liebhaber, der Bruder, der Vater, der Ehemann, der Sohn. Auf ihn konzentriert sich die Personenführung des «männlichen» Regisseurs.

Das allgemeine männliche Urteil oder auch Vorurteil über Frauen und deren Verhalten wird durch den Regisseur in den meisten Fällen gewiß nicht in Frage gestellt, sondern eher routinemäßig bestätigt: Frauen sind so. Seine Botschaft und die des Autors wird nun auch noch von einer Frau auf der Bühne vorgeführt und damit als «richtig» bestätigt. Eben hierin dokumentiert sich am deutlichsten der durch und durch autoritäre Machtapparat Theater.

Die Schauspielerin in «Nachtasyl» versucht für sich und die Rolle zu retten, was sie für ihre Darstellung braucht. Der Regisseur ist anderer Meinung. Und diesmal mischt sich jemand von den Kollegen ein: der Wasska-Darsteller. Um seine Männlichkeits-Definition geht es ja nun auch. Er findet übereinstimmend mit dem Regisseur, daß Wassilissa es noch mal von Wasska wissen will. Die männliche Mehrheit siegt. So steht die im Stück junge und aus Überlebenstüchtigkeit berechnende Frau am Ende da wie eine alternde abgeblitzte Geliebte, die sich in hämisches Lachen flüchtet. Die Interpretation ist völlig daneben, aber außer der Schauspielerin fällt es niemandem auf. Ihre Einwände, die allmählich abebben, werden – so lange sie noch zu hören sind – für Eitelkeit gehalten. Die Schauspielerin selbst ist Ende vierzig. Daß sie eine 25jährige spielen soll, war nicht ihre Idee, sondern die des Intendanten, der sie dafür eingeteilt hat.

Warum lehnt sie sich nicht auf? Warum protestiert sie nicht stärker? Erstens ist der Regisseur der Regisseur. Zweitens ist in wenigen Tagen Premiere, und drittens gehört sie schon lange zum Ensemble dieses Theaters. Sie hat vor etwa zehn Jahren beschlossen, hier zu bleiben, sich zur «Ersten Dame» heraufzuarbeiten. Das ist ihr gelungen. Besser «Erste» in Lübeck als Mittelmaß in Hamburg. Sie hat ein kleines Haus im Grünen. Lebt zusammen mit ihrer fast erwachsenen Tochter, die studieren will. Der Vater ist vor einigen Jahren ausgezogen. Die Scheidung ist gelaufen. Auch er ist Schauspieler im Ensemble der Lübecker Bühnen.

Um 19 Uhr geht die Probe an diesem Tag weiter. Nebenan im Großen Haus läuft ein Musical. Geprobt wird die Liebesszene zwischen Natascha und Wasska. Dazu Auftritt Wassilissa. Bevor sich Natascha und Wasska küssen, wissen sie beide, daß ihre Kollegin in der Rolle der Wassilissa sie bereits beobachtet. Sie küssen sich. Auftritt: «Ihr habt euch verlobt?» Jetzt erschrecken sie. Das soll nun jeden Abend überzeugend so laufen. Die gespielte Unmittelbarkeit zu halten, wäre allein eine Angelegenheit von Übung, Gedächtnis und Disziplin. Voraussetzung wäre, bis zum Überdruß, bis zum Beginn von Routine arbeiten zu können. Doch der moderne Theaterbetrieb läßt den Künstlern keine Zeit.

Mit 440 Leuten und einem Etat von rund 23 Millionen Mark zählt Lübeck zu den kleinen Bühnen und unterhält doch einen künstlerischen Kosmos, bestehend aus Oper, Ballett, Orchester, Chor, Schauspiel, Jugend- und Kindertheater. Es gilt, so viele Premieren wie möglich herauszubringen – und man riskiert, am eigenen Mittelmaß zu ersticken.

Vier Tage vor der Premiere ist die erste Hauptprobe. Das Stück läuft jetzt Akt für Akt durch. Der Schauspieler, der in den vergangenen Wochen am häufigsten über die Regie klagte, hat am meisten abgesahnt: Er spielt den Luka im «Nachtasyl», einen Schwerverbrecher, der als Pilger auftritt. Laut Gorki und laut Reclam ein Gaukler, ein Verführer, der Träume verkauft und die Atmosphäre im Quartier nur noch mehr anheizt. Im Lübecker «Nachtasyl» ist aus diesem menschlich anrührenden Schlitzohr ein geschwätziger Buddhist geworden, der Kekse und Weisheiten verteilt.

Der Regisseur hat zu diesem Zeitpunkt die Bühne verlassen und sich in die zehnte Reihe, Parkett, Mitte zurückgezogen. Der Countdown bis zur Premiere läuft. Er hat loslassen müssen, und das zu einem Zeitpunkt, als im Ansatz etwas erreicht schien, eine Logik im Ablauf der einander bedingenden Bewegungen und Konstellationen der Figuren zu- wie gegeneinander. Jetzt wäre es Zeit für Korrekturen, vor allem im sprachlichen Ausdruck. Die Zeit des Probierens ist indessen vorbei.

Es reicht nur noch zu wenigen, unaufwendigen Verbesserungen: «Schuhbänder in Tee einfärben», notiert die Assistentin der Kostümbildnerin. «Der Bart ist zu schwarz», notiert die Maskenbildnerin. Außerdem sind zwei Gesichter zu stark geschminkt. «Besonders die Männer wollen oft zuviel Make-up», ist ihre Erfahrung. Und von der Beleuchterbrücke wird dem Beleuchtungsmeister über Kopfhörer gemeldet: «Mensch! Die Neonröhren flackern!» Er zuckt mit den Schultern und flüstert, an seinem Schaltpult sitzend, ins Mikrophon: «Wat'n Wunder. Is ja Ostqualität.»

Der Intendant schaut vorbei. Ist er zufrieden? Er läßt eine kleine, wirkungsvolle Pause und sagt dann: «Sehr interessant. – Ich habe ja noch die Stroux-Inszenierung mit Minetti gesehen.» Tja, was soll man dagegen machen.

Der Theaterfotograf fotografiert, wie er es seit 16 Jahren tut. «Monopol würde ich es nicht nennen», grinst er bescheiden. Er fotografiert für die Schaukästen neben der Theaterkasse, für die Theaterzeitung für die Künstler. Nur nicht für die örtliche Presse. Das besorgt die Fotografin der *Lübecker Nachrichten* selbst.

Vor der Generalprobe wird die Applausordnung festgelegt. Es kommt noch die Feuerwehr und nimmt gemeinsam mit der Inspizientin die Bühne ab. Hier geht's um Sicherheit. «Wer raucht, wieviel, wann und wo», fragt der Oberbrandmeister routiniert. «Gleich beim ersten Auftritt von links», ist die Auskunft. Ein Eimer mit Wasser wird am Abgang stationiert.

Und dann ist er da. Der Abend der Premiere. Das Haus ist fast ausverkauft. Durchs Foyer geistert etwas blaß der Regisseur. Wie geht es ihm jetzt? «Ich bin froh, daß alles vorbei ist», sagt er. Dabei hat es noch gar nicht angefangen.

Eine Schauspielerin hat Mumps. Der Arzt hat ihr strengste Bettruhe verordnet. «Aber der Chef hat sie auf Knien angefleht, heute abend zu spielen», erzählt die Regieassistentin. Und? «Sie spielt. Mit Kopftuch.»

Es klingelt. Der Zuschauerraum füllt sich. Unter den Besuchern ist der wegen möglicher Unterschlagungen ins Gerede geratene Kulturamtsleiter. Braungebrannt und strahlend wie ein Operettentenor. Ein starker Auftritt. Dann verlöschen endlich die Lichter im Zuschauerraum. Stille. Die dunkle, offene Bühne füllt sich mit schattenhaften Gestalten. Die Schauspielerinnen und Schauspieler nehmen ihre Ausgangspositionen ein. Schlagartig wird die Bühne hell. Es fängt an.

Nachzutragen bleibt: Die meisten Darsteller trugen hier und dort, wo der Regisseur es nicht gewollt hatte, wieder zu dick auf – in der Annahme, so besser zu wirken. Nach fast drei Stunden Arbeit auf der Bühne, die vorangegangenen Probentage nicht mitgerechnet, konnten sich die Künstler und der Regisseur, die Kostümbildnerin und der Bühnenbildner gar nicht so schnell verbeugen, wie das faule Publikum zu applaudieren aufhörte. Die *Lübecker Nachrichten* kritisierten zwei Tage später: «Wenig Entwicklung von Zwischentönen». Und: «Der Schluß hatte keinen Biß mehr.»

Klaus ist das Ritual schon gewöhnt. All-abendlich, bevor er endgültig «die Biege macht», schlendert er noch einmal zum See am Kleinen Schloßgarten, wo sich Stuttgarts Berber zum Klönschnack treffen. Während die Flasche kreist, blinzeln seine Freunde und er hinüber zu dem steten Strom von Smoking-Krawatten, Seidenschals und Glitzerhandtaschen, der sich auf der anderen Seite in den Eingang eines kolossalen Prunkbaus ergießt. Eine Karawane der Eitelkeiten, die man bei den Berbern mit gewohnter Gelassenheit hinnimmt.

Klaus war noch nie im Theater, auch wenn es ihn schon manchmal «gejuckt» hat. Das erste Opernhaus von außen hat er in Bayreuth gesehen. Da seien die Besucher aber noch «feiner» gewesen. «Theater», so stellt er zwischen zwei tiefen Zügen aus der Flasche feierlich fest, «ist eben nur etwas für ganz besondere Leute.»

Eine Erkenntnis, die nicht ganz von der Hand zu weisen ist. Die großen Staatstheater tragen schwer an ihrer Rolle, teures Kulturspielzeug für eine schmale Besucherschicht zu sein. Für das Württembergische Staatstheater in Stuttgart, dessen historisierende Säulenarchitektur die Kulisse für den abendlichen Umtrunk der Berber abgibt, gilt das besonders. Das reiche «Musterländle» im Sonnengürtel der Republik läßt sich seine hochklassige Bühnenkunst etwas kosten. 100 Millionen Mark wandern jährlich in den Topf des Theaters, nur 12 Millionen werden wieder eingespielt. Bei diesem offenkundigen Mißverhältnis reagiert die Öffentlichkeit sensibel. Der Bühnenbetrieb selbst steht im Rampenlicht. Der ständig wiederkehrende Streit um Stars und Spielpläne ist der Renner der Saison. Für jemanden, der hinter die Kulissen schauen will, erfordert eine solche Theaterbegehung Fingerspitzengefühl. Wer

Karl Herrmann

Apparat und Künstler

Das Württembergische Staatstheater Stuttgart

möchte sich schon gern in die Karten schauen lassen? Drei Tage Theaterbeobachtung: ein Aufzug in mehreren Akten und mit vielen Beteiligten.

Der Apparat. Den ganzen Tag über ist «Freddy» Blume noch nicht zum Lesen der Zeitung gekommen. Anrufer erkundigen sich, wann die Kantine geöffnet hat, ein Bote bringt Blumen vorbei, und immer wieder passieren Grüppchen mit lautem Hallo die Schwingtür. Blume ist Pförtner am Bühneneingang des Kleinen Hauses. Mit Kollegen teilt er sich den Schichtdienst, der bis tief in die Nacht geht. An ihm kommt keiner vorbei, der nicht irgendeinen Auftrag vorzuweisen hat. Als ein junges Mädchen um das Autogramm einer Schauspielerin bittet, verzieht Blume keine Miene. Hinter seiner Scheibe macht er ein Gesicht, als hätte er mindestens den Goldschatz von Fort Knox zu bewachen.

Nicht ganz so hochkarätig, aber ebenso vielschichtig ist das Innenleben dieser Theatermaschine. Ein buntes Labyrinth von Werkstätten, Büros, Lagerräumen, Bühnenaufzügen und ellenlangen Korridoren, vollgestopft mit seltsamen Requisiten, Kostümen und Dekorationsteilen. Allein der Malersaal, in dem gerade an dem Bühnenbild von «Dornröschen» gearbeitet wird, ist so groß, daß darin bequem noch eine weitere Bühne untergebracht werden könnte.

Corinna volontiert schon seit zwei Monaten in der Dramaturgie, doch vom Theater selbst hat sie bislang allenfalls ein Zehntel gesehen. Wenn sie von ihrem Büro zur Probebühne ins Große Haus will, braucht sie für ihren Weg dafür gute zehn Minuten. Das kommt zum Glück selten vor. «Ohne Telefon wären wir hier aufgeschmissen», bringt sie das Problem auf den Punkt. Ein unentbehrliches Instrument ist das Telefon auch für Verena Knorr, die als Disponentin im Betriebsbüro nur ein paar Türen weiter sitzt. Sie hat den heikelsten Job. Die täglichen Probenpläne werden hier erstellt. Wird jemand krank, muß sie umdisponieren. Der Alptraum wird Wirklichkeit, wenn ein Star kurz vor der Vorstellung im Stau stecken bleibt. Organisationstalent und eine gehörige Portion «Stressbewältigung» müssen dann mobilisiert werden.

1000 Beschäftigte arbeiten in beiden Häusern. Allein die Abteilung «Bühnenbetrieb» beschäftigt über 160 Techniker. Hinzu kommen die Werkstätten, Maskenbildner, Elektroakustiker, Beleuchter und Requisiteure. Es gibt Maler, Schreiner, Bildhauer und allein vier Waffenmeister. Ein Mikrokosmos, in dem sich nahezu die gesamte handwerkliche Zunft versammelt hat.

Marianne Wagner ist Leiterin der Kostümabteilung, eine Erscheinung, die aus einer germanischen Familien-Saga stammen könnte. Wieviel Mitarbeiter sie befehligt, weiß sie nicht mehr so genau zu sagen. «Aber circa 80 bis 100 Gewandmeister, Kostümassistenten,

Schneider, Schuhmacher und Garderobieren werden es wohl sein»,
schätzt sie. Noch vor anderthalb Jahren arbeitete sie frei für Film und
Fernsehen. Jetzt verbringt sie die meiste Zeit am Schreibtisch, telefo-
niert nach New York, um seltene Kostüme zu ordern, oder nimmt
Schnittproben ab. «Der Nachwuchs glaubt, diese Arbeit hätte mit
Kreativität zu tun. Aber für Selbstverwirklichung ist hier kein Platz.»

Abends übernimmt im Schauspiel der Inspizient die Regie. Vom
Pult an der Seitenbühne aus begrüßt er über Mikrophon die Mitarbeiter des Hauses: «Guten Abend, meine Damen und Herren. Es ist
19 Uhr. Die Vorstellung beginnt um 19 Uhr 30. Aufbau zum ersten
Bild.» Von nun ab läuft die Uhr streng nach Regiebuch. Die Darsteller
werden ihrem Auftritt nach auf die Bühne gerufen. Hat der Inspizient
gute Laune, kann das heißen: «Frau Schmahl, schicken Sie uns Ihren
göttlichen Astralleib!» – Die Lautsprecher sind über das ganze Haus
verteilt, nur in der Kantine, in der auch die Angestellten der Oper sitzen, teilt sich der Inspizient die Rufanlage mit dem Kollegen aus dem
Großen Haus.

Mit den Kantinen anderer Großbetriebe hat auch diese den unver-
kennbaren Behördentouch gemein. Sterile Neonbeleuchtung und
Hydrokultur prägen das Bild. Es herrscht eine ungeschriebene Sitz-
ordnung, Techniker, Statisten und Schauspieler haben ihre festen
Tische – Widerspiegelung der hierarchischen Struktur des Hauses. Für
die Damen und Herren von der Presse sind normalerweise diese und
auch die anderen «off-stage»-Bereiche tabu. Das Theater zeigt hier sein
ungeschminktes Gesicht, das man nur ungern der Öffentlichkeit präsentiert. Ein für seine Verrisse bekannter Kritiker handelte sich in der
Theaterkantine vor einigen Jahren für die Verletzung dieser Regel eine
Ohrfeige ein. Der Apparat reagiert sensibel.

Die Künstler. Alles wartet auf Bob. Die Probe war für 10 Uhr angesetzt. Doch zuvor ist ein kleines Mißgeschick passiert. Da am gleichen
Tag im Kleinen Haus das Bühnenbild für die «Alkestis»-Produktion
eingerichtet wird, mußte man auf eine Probebühne ein paar Kilometer
vom Theater entfernt ausweichen. Alle sind erschienen, nur Robert
Wilson hat die Information nicht erhalten. Dabei ist er einer der Gast-
Stars, um die sich hier alles dreht.

Auf dem Probenplan steht heute der Epilog aus «Alkestis» – in der
Bearbeitung von Heiner Müller und Robert Wilson ist der Text eine
Mischung aus antikem Drama, Shakespeare, japanischem No-Spiel
und Hitchcock-Thriller. Mit einer halbstündigen Verspätung geht es
endlich los: Auftritt des Vogelfängers Kiyoyori, der am Ende seines
Lebens an die Wegkreuzung zwischen Himmel und Hölle gelangt.
Dort erwarten ihn einige Dämonen und bringen ihn zum Höllenfür-

sten Yama, gespielt von David Bennent. Der Probendurchlauf gleicht einer choreographisch ausgefeilten Bewegungsstudie. Der gesprochene Text, untermalt mit Musik von Laurie Anderson, kommt präzise wie von einem Metronom geschnitten. Bei der Aufführung werden die Darsteller tragbare Mikrophone benutzen. Ihre Stimmen werden dann leicht verfremdet in den Zuschauerraum übertragen.

Wilson ist mit dem Durchlauf zufrieden. Jetzt, wo die einzelnen Bewegungsfiguren stimmen, kommt es darauf an, einen flüssigen Ablauf herzustellen. «Don't drop the line», ist seine Anweisung für die Wiederholung.

Doch die Schauspieler haben Schwierigkeiten mit der Probebühne. Normalerweise liebt man diese Werkstattatmosphäre, unverputzte Wände, bunt zusammengewürfeltes Mobiliar, ein paar Kisten mit einem Brett drüber. Doch so kurz vor der Premiere noch in diesem Provisorium proben zu müssen, das ist ärgerlich. Die Abmessungen stimmen nicht, die Dekoration ist unvollständig und die Technik mangelhaft.

Ann-Christine Rommen, erste Regie-Assistentin und ebenfalls nur Gast im Haus, hat deshalb schon den ganzen Morgen herumtelefoniert. Doch mal fehlte ein Lkw, dann wieder haben die Techniker gerade Frühstückspause. «Selbstverständlich steht einem hier alles zur Verfügung, wenn nicht gerade eine andere Produktion Vorrang hat. – Aber», schränkt sie gleich wieder ein, «es hat fast immer eine andere Produktion Vorrang.»

Der ständige Wechsel der Gäste sorgt für Spannungen zwischen den Künstlern und dem Apparat. Eingespielte Teams wie die Crew um Bob Wilson treffen auf gewachsene Gruppen am Haus. Das hat Mißverständnisse und Rivalitäten zur Folge.

Die Techniker, am künstlerischen Prozeß ohnehin nur mittelbar beteiligt, bestehen auf Einhaltung der tariflichen Arbeitszeiten. Gewerkschaftsinteressen kollidieren mit dem oft schonungslosen Arbeitsrhythmus freischaffender Künstler. Nicht selten müssen Regisseure und Schauspieler spätabends bei Arbeitslicht proben, weil die Beleuchter inzwischen nach Hause gegangen sind. Das unter dem Intendanten Ivan Nagel in Fahrt gekommene Regie-Karussell hat Unruhe ins Haus gebracht. Auch im Ensemble regt sich Widerstand. Besonders bei denen, die nicht oder noch nicht zu den Stars gehören.

Bettina Kupfer, 23 Jahre alt, gastierte schon während der Ausbildung in Konstanz und Düsseldorf. Dort sah sie Daniel Karasek, der sie für die weibliche Hauptrolle in Goethes «Clavigo» nach Stuttgart holte. Seitdem kann sie sich als Anfängerin über einen Mangel an attraktiven Rollen nicht beklagen. Den ständig wechselnden Auftrieb an Regisseuren findet sie sogar «spannend»: «Wo hat man sonst die Möglichkeit, mit soviel guten Leuten zusammenzuarbeiten?»

Ein zu enger Kontakt mit dem Theater ist Bettina allerdings auch nicht recht. «Ich brauch meine Freiräume und Menschen, die andere Fähigkeiten und Interessen haben.» Kein Wunder also, daß sie nach der Arbeit das Theater so schnell wie möglich verläßt.

Erfahrungen ganz anderer Art machte Uta Motz. Die 24jährige steht ebenfalls in ihrem ersten Engagement. Mit Bettina Kupfer war sie in derselben Abschlußklasse an der Stuttgarter Schauspielschule. Direkt im Anschluß daran erhielt sie einen Vertrag über anderthalb Jahre am Staatstheater. Glücklich ist sie aber nicht damit. In dem guten Jahr, das sie jetzt auf der Stuttgarter Bühne ist, durfte sie drei Rollen spielen, und davon war keine auch nur annähernd tragend. In ihrem ersten Auftritt agierte sie als eine stumme Dienerin, die von ihrer Herrschaft nicht akzeptiert wird. «Da habe ich meine eigene Situation am Theater hautnah gespürt», sagt sie heute. Zwischen den einzelnen Produktionen guckt sie: «Was kommt da für ein Stück? Was könntest du spielen?» Doch die attraktiven Rollen werden überwiegend mit den vagabundierenden Gast-Stars besetzt. «Die können ihre Probe doch gleich auf dem Flugplatz absolvieren», schimpft sie.

Ein kontinuierliches Training, wie es an anderen Theatern praktiziert wird, um den Nachwuchs bei der Stange zu halten, hält man in Stuttgart nicht für nötig. Für Uta ist daher auch der Punkt gekommen, «wo man sich entscheiden muß, solange man noch die Kraft dazu hat.» Mit Ablauf ihres Vertrages wird sie zu einer Freien Bühne wechseln, dem «Zeltensemble Bierach», um, sagt sie, «die Lust am Spielen wiederzugewinnen.»

Das Publikum. Die Motorsäge hat zum soundsovielten Mal die Obstbäume in der Bühnendekoration abgeholzt, der Vorhang fällt. Ende der Vorstellung von Anton Tschechows «Kirschgarten». In das Konversationszimmer drängelt sich ein Volkshochschulkurs: fast ausschließlich ältere Damen. Mit feuchten Fingern umklammern sie ihre Reclam-Heftchen, wartend auf Hintergrundinformationen. Ein Schauspieler und zwei Dramaturgen haben sich zum Gespräch bereit erklärt. Es kommt jedoch nur zögerlich in Gang. Höflichkeiten und Allgemeinplätze werden ausgetauscht. Warum man gerade den «Kirschgarten» ausgewählt habe, möchten die Volkshochschülerinnen wissen. Roland Renner, Darsteller des Studenten Trofimow, versucht sich an einer Antwort: Das Stück sei bezeichnend für den luxuriösruinösen Lebensstil einer leider vergangenen Epoche: «Heute dagegen gehen wir nach Hause und essen Maultaschen.»

Der Verweis auf die schwäbische Hausmannskost entkrampft die

Atmosphäre. Jetzt möchte jede mit eigenen Interpretationen glänzen. «Gerade so schön in Fahrt» sind sie – da meldet sich der Pförtner: Er will das Haus abschließen.

Gesprächsrunden wie diese finden selten statt. «Man hat ja auch in der Vorstellung schon alles gesagt», meint Roland Renner nach dem Gespräch. Das Publikum wird von den Theaterleuten geliebt und gehaßt. «Eigentlich versteht der Besucher nichts von der Materie», ist eine vielzitierte Kantinen-Parole. Fallen aber mal die Kritiken schlecht aus, spielt man, wie es Intendant Ivan Nagel listig ausdrückt, «selbstverständlich nur für das Publikum.»

Das Ohr am Kunden, sprich dem Theaterbesucher, hat Roland Haas, der Öffentlichkeitsdramaturg des Schauspielhauses. Er muß eigentlich schon im Vorfeld einer Inszenierung wissen, ob das Stück ein Renner wird oder nicht. Seine Tätigkeit ähnelt der eines Marketing-Strategen im Großkonzern. «Gerade bei einem großen Haus wie Stuttgart sind die Erwartungshaltungen entsprechend hoch. Heyme hat die Leute hier jahrelang mit seinem Schiller-Faible genervt. Die wollen jetzt mal was anderes sehen.» Zum Beispiel die «Linie 1», ein flottes Musical, das man vom Grips-Theater übernommen hat. Um «Bezüge herzustellen», mietete Roland Haas vom Stuttgarter Verkehrs-Verbund eine Straßenbahn und ließ sie mit Graffiti-Bemalung und Videos als Sonderlinie durch die Innenstadt rollen: «Seitdem kommen wieder mehr junge Leute ins Theater.»

Um ein «publikumswirksames Klima» zu erhalten, bringt er eine Reihe von Druckerzeugnissen unters Theatervolk und schreibt auch selbst, etwa für das Organ der Besuchergemeinschaft der Gewerkschaft. In Kneipen und Cafés ließ er «Informationsdreiecke» für die Monatsspielpläne anbringen. Gemeinsam mit Behörden und Wirtschaftsverbänden konzipiert er eine «Kulturzeitschrift». Nur in einem Punkt hinkt der Vergleich zwischen Theater und Industrie: Das Produkt «Schauspiel» läßt sich nicht nach Belieben dem Markt anpassen. «Hängt ein Stück total, dann ist man auch als Öffentlichkeitsdramaturg machtlos.» – Da regiert wieder das Publikum, die große Unbekannte im Theaterbetrieb.

Eine Traumrolle – die hat es in ihrem Schauspielerinnenleben nie gegeben. Annette Wagner schüttelt heftig den Kopf, lächelt spöttisch; «ich hab nie an eine bestimmte Figur gedacht». Kein Gretchen und keine Maria Stuart. Die Kleinmädchenträume von der großen Film- und Bühnenkarriere hat Annette Wagner nie geträumt: «Ich hab genau gewußt, auf was ich mich da einlasse.»

Daß dieser Satz so trotzig klingt, hängt vermutlich mit dem Grund unseres Treffens zusammen: Annette Wagner, eine schmale Enddreißigerin mit rötlich gefärbtem Haar, ist arbeitslos. In einer Stadt wie München, wo die Zahl der arbeitslosen Schauspieler und Schauspielerinnen vom Arbeitsamt mit etwa 800 angegeben wird, ist das nicht gerade etwas Außergewöhnliches. Trotzdem hat Annette Wagner gezögert, sich über dieses Thema mit mir zu unterhalten: «Das klingt gleich so weinerlich», befürchtet sie, «ich fühl mich eigentlich auch nicht als Arbeitslose. Im Augenblick läuft halt einfach nichts.»

Die Zahlen zur Arbeitsmarktsituation von Schauspielern und Künstlern im Bereich Bühne, Film und Fernsehen lesen sich ebenso ernüchternd wie eindeutig. 1983 lagen der «Zentralen Bühnen-, Film- und Fernsehvermittlung» (ZBF) 11 700, 1984 12 300, 1985 13 700 Bewerberangebote vor. Dem standen 1983 940, 1984 1140 und 1985 1100 Stellenangebote gegenüber.

Keine Besserung auf dem Arbeitsmarkt in Sicht: Im ersten Halbjahr 1986 standen 5756 Bewerberangeboten 581 Stellenangebote gegenüber. Zahlen, die nichts weiter aussagen, als daß die Arbeitslosigkeit auch bei den Schauspielern hoch ist. Noch etwas sagen die Zahlen: Die Chancen auf Broterwerb sind bei Schauspielerinnen geringer als bei den männlichen Kollegen. Die Hälfte der arbeits-

Wolfgang Höbel

«Im Moment läuft einfach nichts...»

Warten auf das nächste Engagement

los Gemeldeten sind Schauspielerinnen, aber nur ein Drittel der Stellenangebote kommt für sie in Frage.

Seit sieben Jahren lebt Annette Wagner in München. In München arbeitslos zu sein ist allemal besser als im Allgäu. In München gibt es viele Theater, hier sitzen Filmgesellschaften und Funk. In München fällt am ehesten etwas ab. Seit sieben Jahren hangelt sich Annette Wagner von Engagement zu Engagement. Immer mal wieder ergattert sie einen drei- oder viermonatigen Stückevertrag. Dazwischen mal einen Drehtag bei einer Fernsehproduktion wie «Aktenzeichen XY», mal eine Gelegenheit zum Synchronsprechen. Vier bis sechs Monate pro Jahr aber ist Annette Wagner auf Arbeitslosengeld angewiesen: «Die bezahlen immer so um die sechzig Prozent vom letzten Monatseinkommen. Damit komm ich meistens ganz gut über die Runden.»

Früher arbeitete Annette Wagner 13 Jahre lang in festen Engagements, zog von Stadttheater zu Stadttheater, von Nürnberg nach Schleswig-Holstein und wieder zurück. Doch diese Arbeit an den Provinzbühnen, so sagt sie heute, bedeute Stagnation. «Es hört einfach die Entwicklung auf, wenn du Stück für Stück, Jahr für Jahr, mit den gleichen Leuten rumwurstelst.» Manchmal verirrt sich zwar ein ambitionierter Gastregisseur in die Provinz. Manchmal geschieht auch ein kleines Wunder, und ein Schauspieler wird an eine große Bühne geholt, «aber sich an solche Hoffnungen zu klammern, ist unsinnig. Meistens bedeutet ein Stadttheater-Engagement eine künstlerische Sackgasse.» Zumindest aber bietet es eine gesicherte Existenz. Annette Wagner, das wird schnell klar, bemüht sich um Zuversicht. Natürlich weiß sie, daß zu dieser optimistischen Haltung eine große Portion Verdrängungskunst gehört. Wenn sie von ihren letzten Fernseh-Auftritten erzählt, wo «ich so ziemlich in jeder Vorabendserie in irgendeiner Nebenrolle ‹rumgegeistert› bin», dann mischt sich in ihre Stimme ein bißchen Galgenhumor: Nur die Rolle der Leiche mußte Annette Wagner noch nie übernehmen.

Trotz alledem: an ihrer Berufswahl habe sie nie gezweifelt. «Nein, keinen Augenblick – ich kann ja effektiv nichts anderes.» Als kleines Kind wollte Annette Wagner Ballettänzerin werden, später, als Schulmädchen, träumte sie von einer großen Zukunft als Opernsängerin – «das sah toll aus, und ich fand, dort, in der Oper, roch es so gut». Mit 15 stand dann ihr Berufswunsch fest. Ihre Eltern finanzierten jahrelangen Einzelunterricht bei einer Schauspielerin. Schon damals, glaubt Annette Wagner heute, zwanzig Jahre später, habe sie die letzten hochfliegenden Illusionen vom Schauspielberuf verloren. Ihre Lehrerin nahm sie mit hinter die Bühne, sorgte auch dafür, daß Annette als Statistin zum erstenmal im Rampenlicht stand. «Zuerst war das natürlich eine Art Wunderland für mich. Als ich dann die kleinlichen Streitereien, den täglichen Kleinkram mitbekommen hab, ist mir plötzlich aufgegangen: das ist ein Beruf wie jeder andere.»

Mit 18 Jahren hätte sie am liebsten das erstbeste Engagement angenommen. Doch die Eltern bestanden darauf, daß sie eine private Schauspielschule besuchte. Das brachte den nächsten Dämpfer: Statt Sprechtraining und gezielter Rollenarbeit wurden die Schüler dort nachmittagelang zur Gartenarbeit verdonnert. Die gänzlich Unbegabten wurden von den Ausbildern damit getröstet, daß sie eben noch nicht soweit wären. «Die Besseren konnten da eh nichts lernen», meint Annette Wagner, «eigentlich glaube ich, kein einziger hat auf dieser Schule irgendwas Vernünftiges gelernt.» Nach einem Vierteljahr brach sie die Ausbildung ab.

Annette Wagner nennt die Schauspielerei einen «normalen, harten Beruf», hart nicht zuletzt wegen der Konkurrenz. Frauen haben es besonders schwer: Die Rollen sind knapp, denn auf den Besetzungslisten sind – auch in modernen Stücken – viel mehr Männer vorgesehen als Frauen. Und für Frauen in den mittleren Jahren sind Rollen besonders dünn gesät. Allzuweit ist es da mit der Solidarität nicht her. Deshalb heißt Annette Wagner auch nicht wirklich Annette Wagner, denn «wenn irgend jemand meinen richtigen Namen liest, heißt es gleich, ‹die macht alles, um an einen Job zu kommen›.» Denn für Frauen mittleren Alters ist es besonders schwierig.

Wie die meisten arbeitslosen Schauspielerinnen und Schauspieler will sich auch Annette Wagner nicht allein auf Vermittlungen durch ihre Agentur verlassen. Sie ist mit Foto in der Kartei der Münchner Zentralen Bühnen-, Film- und Fernsehvermittlung vertreten, aber im Moment hat sie das Gefühl, die Angestellten dort und natürlich auch die Regisseure und Assistenten, die die ZBF-Kartei nach Gesichtern für ihre Besetzungslisten durchkämmen, «können zur Zeit einfach nichts mit mir anfangen». Also schreibt Annette Wagner fast täglich Karten und Briefe an Theaterleiter und Regisseure, die sie von flüchtigen Begegnungen und früheren Engagements her kennt. «Das bringt natürlich nie direkt etwas. Man wird deshalb nicht sofort engagiert.» Es geht im wesentlichen darum, nicht in Vergessenheit zu geraten, dranzubleiben an den für die Besetzung zuständigen Leuten, «damit die sich im richtigen Augenblick erinnern». Natürlich kommen sich die Kollegen dabei in die Quere, werden persönliche Vorlieben ausgenutzt und jahrelange Rechnungen beglichen. «Da wird ausgiebig intrigiert», gibt Annette Wagner zu. Ein konkretes Beispiel aber mag sie nicht nennen. «Wenn ich nur einen einzigen Fall erzähle, kann ich gleich meinen Namen dazuschreiben. Dann weiß doch jeder, woher das kommt.»

«Mobilität», vier- oder fünfmal gebraucht Annette Wagner dieses Wort. Mobilität: jederzeit bereit zu sein, wegen eines Engagements in irgendeine Stadt zu ziehen, sich mit immer neuen Unannehmlichkeiten zu arrangieren. «Inzwischen finde ich es beinahe reizvoll, in einer fremden Stadt in einem fremden Appartement zu leben, wo nichts mir gehört, wo ich nichts kenne.» Doch noch einmal ganz zurück in die Provinz, in ein festes Engagement, will sie nicht. Das kennt sie. «Man hängt in der Kantine rum, zieht über die anderen her. Und auf der anderen Seite lügt man sich ständig in die eigene Tasche.» Den Traum von «der großen Karriere», den gebe es nicht, sagt Annette Wagner. Vielleicht hat sie ihn auch nach zwanzig Berufsjahren begraben. «Ich will anständig arbeiten», sagt sie mit leiser Resignation in der Stimme, «aber wenn man kein junges Mädchen mehr ist, wird es besonders schwer. Aber vielleicht wird es ja besser, wenn ich noch ein bißchen älter bin.»

Cornelius Rufus hatte die meiste Zeit des Tages im Zug verbracht. In seiner Geburtsurkunde war sein Erscheinen auf diesem Planeten noch mit Karl Rotfuß dokumentiert. Doch schon die Mitschüler seiner ersten Schuljahre hatten hier korrigierend eingegriffen und ihm mit «Conny» einen Rufnamen gegeben, der nach allgemeinem Brauch eigentlich Angehörigen des anderen Geschlechts zugedacht war. Nach dem erfolgreichen Abschluß seiner Schauspielerausbildung hatte er diesem Eingriff einen weiteren, wie er meinte, endgültigen, folgen lassen. Er war damals zu der Überzeugung gekommen, daß das vor ihm liegende Leben als Künstler durch eine deutliche Zäsur von der kleinbürgerlichen Existenz getrennt werden sollte, die er bis dato geführt. Und was lag näher, als diesen Neubeginn mit einem neuen Namen, einem Künstlernamen, zu markieren? Cornelius als Abwandlung des Conny seiner stürmischen Jugend, als Erinnerung an die erste, wenn auch noch von außen kommende Distanzierung von den Prägungen seines Elternhauses, und Rufus – hatte man ihn nicht dazu berufen, seinen eigenen Weg zu gehen?

Damals hatte er in sein Tagebuch geschrieben: Heute stehe ich an der Schwelle eines neuen Raumes. Eines Raumes, der für mich gebaut wurde in der Stunde meiner Geburt, und der seither darauf wartet, daß ich ihn betrete, um ihn ganz in Besitz zu nehmen, um in ihm ganz ich selbst zu werden. Die Räume, durch die ich bisher gegangen bin, waren die von anderen gewesen. Projektionen und Phantasien von Menschen, die mir mehr oder weniger bekannt oder vertraut waren; die meiner Eltern, meiner Lehrer, meiner Idole und Feinde.

Das gleichmäßig helle Mahlen der Räder des Intercity auf den Gleisen versetzte Cor-

Friedel Flitter

Dem Mimen flicht die Nachwelt keine Kränze

Ein wahrer
Theaterroman ohne
Fortsetzung

nelius regelmäßig in eine Art Trance. Er konnte so stundenlang durch die Landschaft gleiten, ohne daß sich die bei ihm sonst so häufig einstellenden nervösen Spannungen bemerkbar machten. Er lehnte sich zurück, schloß die Augen, konzentrierte sich auf Zwerchfellatmung. Doch die gewohnte Bilderflut, in die er sich in solchen Momenten so gerne fallen ließ, wollte sich nicht einstellen. Seine Gedanken schweiften ab, eilten dem Zug voraus, waren schon in Bardewegen angekommen, verließen den Bahnhof, bestiegen ein Taxi, und wenig später betrat Cornelius Rufus den Gasthof *Zum Fleet*.

Der Gasthof *Zum Fleet* war das Stammlokal des Ensembles der Nordostelbischen Wanderbühne. Seit 75 Jahren. Seit dem Gründungsjahr dieser Bühne. Dieser Schluß zumindest drängte sich jedem auf, der sich dem Studium der vergilbten Fotos widmete, die die Wände der verräucherten Gaststätte bedeckten.

An dem runden Tisch in der Ecke gleich hinter der Theke saßen wie jeden Tag um diese Zeit, wenn sie spielfrei hatten und nicht miteinander schliefen, v. Alberwitz und Gröning. v. Alberwitz mit v Punkt, bitte schön. Darauf legte er Wert. Schließlich unterschied dieser Punkt den echten Adel vom verliehenen, vom Pseudoadel, wie v. Alberwitz das nannte, und das war eine deutliche Anspielung auf von Brachwitz, den Intendanten der Nordostelbischen Wanderbühne. Oder war es umgekehrt? Stand das ausgeschriebene von ohne Punkt für den echten und das v. für den unechten Adel? Cornelius versuchte sich zu erinnern, und seine Gedanken fanden sich zurückgeholt in den Intercity 572 Basel–Sylt.

Waren es drei oder vier Spielzeiten? Sollten es etwa acht oder neun werden? War es das schon gewesen? Würde er so enden wie der alte Hoffmann? Er würde, kein Zweifel, er würde, wenn es ihm in den wenigen verbleibenden Wochen nicht doch noch gelang, ein Engagement an einer der größeren städtischen Bühnen zu bekommen. Länger als zwei, drei Spielzeiten in der Provinz stempelten einen ab, als Durchschnittstalent, wie es diese Republik in Massen durchzog; nicht wert, sich damit näher zu beschäftigen.

Der alte Hoffmann war jetzt 70 und Chargenspieler. Früher war das mal ein angesehenes und hochbezahltes Fach gewesen – so hatte man es Cornelius wenigstens erzählt. Aber das mußte lange her sein. Heute war Charge synonym für Knattercharge, wenigstens bei den jungen Regisseuren, die es an die Nordostelbische Wanderbühne verschlug – immer in der Hoffnung, ihre siebenhundertvierundachtzigste Inszenierung von Goldonis «Diener zweier Herren» ausgerechnet an dieser Bühne würde die bundesdeutsche Theaterwelt aufhorchen lassen. Chargieren Sie doch nicht so! war die markanteste Anweisung dieses

Regienachwuchses. Offensichtlich handelte es sich dabei um ein Signal der Moderne, das sie alle irgendwo in ihre Inszenierungen setzen wollten, als wenn sich in einem solchen Ensemble irgendwo irgend etwas setzen ließe. Schließlich teilte hier jeder den Wunsch des jeweiligen Regisseurs, die Theaterwelt möge auf ihn aufmerksam werden – und jeder hatte seine eigenen Vorstellungen, wie das zu bewerkstelligen sei. Hoffmann zum Beispiel, der Knattercharge, setzte seine ganze Hoffnung auf die Rolle des Tartüff. Sie würde ihm auch heute noch den großen Durchbruch bringen, davon war er überzeugt; aber man ließ ihn ja nicht. Die großen Rollen, darum tobten die Intrigen der Jungen, die noch die Hoffnung hatten, dem Schicksal Hoffmanns entgehen zu können. Konnte doch eine dieser Rollen den Sprung ins nächstgelegene Stadttheater bedeuten. Dann wären auch die Saufgelage mit dem örtlichen Journalistennachwuchs nicht ganz umsonst gewesen.

Cornelius' Gedanken kreisten um die gebeugte, verbitterte Gestalt Hoffmanns. Waren es die ewigen Niederlagen, die diesen Mann dazu gebracht hatten, seine ganz persönlichen Inszenierungen zu veranstalten? Was anders waren denn diese ständigen Klageandrohungen, mit denen er seit Jahren das halbe Ensemble überzog? Und seine exzessiven Besuche spiritistischer Zirkel? Verschafften sie ihm nicht den Umgang mit kongenialen Geistern, die er an der Nordostelbischen Wanderbühne so häufig und so lautstark und so schmerzlich vermißte? Mit Bassermann etwa, mit Kainz, der Duse und seiner verstorbenen Frau?

Letztere hatte ihm erst vor wenigen Wochen die Nachricht aus dem Jenseits zukommen lassen, daß sie einverstanden sei, daß er ihre ganz persönlichen Dinge – Lippenstift, Puderdose, 2 Ringe und ihren Büstenhalter – der frisch von der Schule eingetroffenen jugendlichen Naiven als Präsent überreiche. Ganz in ihrem Fach aufgehend, hatte diese die Dinge errötend und mit einem artigen Dankeschön entgegengenommen und, wieder in ihrem möblierten Zimmer, in den Mülleimer geworfen. Dies hätte sie nicht tun sollen. Denn als Hoffmann nach einigen Tagen durch eine spitze Bemerkung von v. Alberwitz auf einer Stellprobe erfuhr, daß Cornelius nicht nur als Naturbursche auf der Bühne das Bett mit der Naiven teilte, hatte er per Einschreiben und mit Postzustellungsurkunde die unverzügliche Rückführung der besagten Güter seiner verstorbenen Frau angefordert, da die junge Dame sich dieser Gegenstände als unwürdig erwiesen habe. Die jugendliche Naive der Nordostelbischen Wanderbühne war dadurch in nicht geringe Schwierigkeiten geraten. Denn ihr Geständnis, nicht mehr im Besitz dieser Kostbarkeiten zu sein, hatte den Chargenspieler Hoffmann in eine Art Produktionsrausch getrieben. Täglich war sie nun einer Flut von Prozeßandrohungen, letzten Friststellungen, den verschiedensten Exegesen des deutschen, des lateinischen und des kosmischen Rechts ausgesetzt. Und da ihr dies alles, wie bei Hoffmann üblich, mit Zustellungsurkunden, Rückscheinen und dergleichen zuging, lief das unglückliche Mädchen seitdem täglich auf die Post. Immer in der vagen Hoffnung, diesmal sei es doch der Ruf an eine der großen deutschsprachigen Bühnen, der darauf wartete, von ihr beantwortet zu werden. Doch jedesmal war es nur Hoffmann, der nach ihr rief und sie in tiefe Depressionen stürzte.

Cornelius, der eigentliche Auslöser dieses Martyriums, hatte sich seines zweiten Fachs erinnert, für das er engagiert war, das er sich allerdings mit v. Alberwitz teilen mußte, und war dem Alten als jugendlicher Held mit einem metallenen: Bis hierher und nicht weiter! entgegengetreten; mit dem Ergebnis, daß auch er jetzt zu den Empfängern täglich eintreffender eingeschriebener Postsendungen mit Rückantwortschein zählte.

Cornelius holte tief Luft und stieß mit einem Urschrei die Spannungen aus dem Körper, die sich bei diesen Gedanken in ihm angestaut hatten. Im Nebenabteil öffnete jemand die Tür und spähte vorsichtig in Rufus' Abteil. Der tat, als blicke er versunken in die aufziehende Dämmerung vor den Zugfenstern. Er mußte da raus, er mußte weg von diesem Wandertheater. Er mußte jetzt endlich den Sprung an ein größeres Haus schaffen.

Den ganzen Tag war er kreuz und quer durchs Ruhrgebiet gefahren und hatte wer weiß wem nicht alles vorgesprochen: schnöseligen Akademikern, die als Dramaturgen ans Theater gegangen waren, weil es für ein Jurastudium nicht gereicht hatte, genialischen Tunten, die von seinem Hintern stets angetaner waren als von seiner Darstellungskunst, bürokratischen Intendanten, die noch immer darunter litten, nicht wie der Papa in den Aufsichtsrat einer Großbank berufen worden zu sein, und den offenbar unsterblichen und ewig kurzsichtigen Brechtschülern.

Am Vormittag hatte ihm der Assistent einer dieser Säulen des europäischen Theaters eröffnet, daß er nach dem Urteil seines Meisters völlig falsch ausgebildet worden wäre; der klassische Charakterspieler sei ihm doch ins Gesicht geschrieben. Nur zwei Stunden später – der Naturbursche Rufus hatte im Zug aus seinem Repertoire alles zusammengeklaubt, was auch nur im entferntesten dem Charakterfach zuzuordnen war, und hatte als Charakterspieler Rufus den Zug verlassen – klärte ihn ein alternder Bonvivant darüber auf, daß das genaue Gegenteil zutreffend sei; er sähe ihm den Naturburschen auf den Leib geschrieben.

Daß dieser Irrsinn alltäglich war im Theater, hätte Cornelius sich niemals träumen lassen, damals, als er zum erstenmal in seinem Leben eine Bühne betreten hatte – als Nubier, im Stadttheater Krefeld. Ein ehemaliger Mitschüler hatte ihn eines Tages aufgeregt vor dem Edelstahlwerk erwartet, in dem Cornelius – damals noch als Conny – eine Lehrstelle gefunden hatte. Der Mitschüler wollte mit seiner Freundin nach Italien, konnte aber nicht, da er als Statist am Stadttheater eine Verpflichtung unterschrieben hatte, die ganze Spielzeit über zur Verfügung zu stehen. Ob Conny nicht für ihn einspringen könne... Er habe schon alles geregelt. Man würde ihn dann ziehen lassen. Vor Conny hatte sich eine Welt aufgetan, von der er nie gehofft hatte, sie jemals betreten zu können.

Die Tage in der Lehrwerkstatt waren monoton, erdrückend. Wenn er abends nach Hause kam, erwartete ihn das gleiche hoffnungslose Lebensgefühl, mit dem er aufgewacht war. Existenz als eine wahllose Aneinanderreihung von Tagen, die irgendwo auf- und wieder untergingen und von denen er nie begriff, wo der Reiz dabei lag. Conny hatte in verbissener Wut beschlossen, das für sich herauszubekommen. Irgendwo, verdammt noch mal, mußte es doch einen Zugang zu einer anderen Welt als dieser geben. Und nun tat sich ihm diese Welt auf.

Er zog im Triumphzug mit, als halbnackter Standartenträger. Die Standartenträger blieben den ganzen Akt über auf der Bühne. Die Bogenschützen durften nur über die Bühne laufen, dafür aber ein paarmal, damit der Zug länger wirkte. Conny stand mit seiner Standarte und füllte den Chor des Stadttheaters auf. Conny grölte ergriffen, wenn auch verbotswidrig mit, und vor ihm tanzten die Ballettmädchen. Kaum bekleidet. Er roch ihren Schweiß und inmitten dieser Körper, dieses flutenden Lichts, dieser dröhnenden Musik fiel er in eine Art Trance, aus der er erst wieder erwachte, als ihn Chormitglieder ruppig und fluchend vom Podest stießen, weil er den Abgang des Chores versäumt hatte, dem er mit den anderen Standartenträgern doch vorangehen sollte und dessen Reste er nun in einer Art Nachhut von der Bühne leitete. Noch Jahre später, als diese Triumphzüge im Krefelder Stadttheater schon fast aus seinem Gedächtnis verschwunden waren, tauchte unvermittelt, wenn er diese Musik hörte, dieser unverkennbare Geruch, diese Mischung aus Schminke und Schweiß auf. Jedesmal war es ihm wie eine Botschaft aus einer anderen Welt. Jener Welt, die ihm die eigentliche schien und nach der er immer gesucht hatte. Nur daß der Eingang zu ihr nicht unbedingt identisch mit dem Eingang eines Theaters war, das dämmerte ihm nach solch einem Tag wie heute wieder schmerzlich.

Cornelius blickte hinaus, der Zug schlingerte durch die Rückfronten von Häuserschluchten, quer durch Industrieanlagen, er blickte in Werkshallen, in denen sich das offene Feuer der Hochöfen an den Wänden flackernd widerspiegelte. Er schaute in von trüben 40-Watt-Birnen erleuchtete Küchen, in denen Frauen Teller über Tische schoben, beobachtete die Horden domestizierter Primaten, die aus Werkstoren quollen, und wieder tauchte die Frage auf, die sich in letzter Zeit immer häufiger in seine Gedanken schlich: ob nicht das da draußen das ganz große, das totale Theater war, nach dem er sich so sehnte. Er nickte ein, sah sich vor dem Vorhang, allein im Licht eines einzelnen Scheinwerfers. Er – Hamlet – verbeugte sich. Das Publikum raste vor Begeisterung. Bescheiden das Haupt geneigt, zog er sich hinter den Vorhang zurück, verharrte atemlos. Der Jubel des Publikums wurde frenetisch. Der Inspizient öffnete den Lappen erneut um einen Spalt, wieder trat er ins gleißende Licht – als hinter ihm mit ohrenbetäubendem Getöse die Dekoration zusammenbrach und er aufschreckte. Es war nicht die Dekoration. Die Abteiltür war aufgerissen worden.

Kosel begrüßte ihn mit seinem stillen, kalten Grinsen. Der Zug hatte in Hamburg gehalten, wohl gerade als Cornelius seinen Triumph als Hamlet genoß, er hatte jedenfalls nichts davon gemerkt.

Kosel war häufiger Gastregisseur der Nordostelbischen Wanderbühne. Zwischendurch rutschte er immer mal nach Hamburg hinüber zum NDR. Er war ganz gut im Geschäft dort. Beim Schulfunk hauptsächlich. Aber auch mit kleinen Filmchargen konnte er sich über Wasser halten. Cornelius mochte Kosel. Er arbeitete gerne mit ihm zusammen. Kosel brachte einen Hauch der Welt der großen Bühnen mit, wenn er ans Wandertheater kam. Außerdem war er einer der wenigen Ekstatiker des Theaters, die Cornelius bisher kennengelernt hatte. Eine Apotheke im Kreis zu finden, die noch bereit war, auf Kosels Privatrezept Pervetin zu verkaufen, war zu einer Aufgabe des gesamten Ensembles geworden. Die Aufgabe nicht zu lösen, hieß jedesmal, die Premiere zu gefährden. Kosel arbeitete nur unter Drogen. Pervetin war sozusagen seine Basisdroge. Wenn er zusätzlich zu einer Inszenierung noch die Hauptrolle spielte, was fast immer der Fall war – und der Grund für sein häufiges Engagement als Gast, weil er immer nur für eine Aufgabe bezahlt wurde, wie jeder wußte, aber nicht wissen durfte, um nicht die Bühnengenossenschaft auf die Barrikaden zu rufen –, dann war vor jedem seiner Auftritte Dr. Mertens in seiner Garderobe.

Dr. Mertens war Alkoholiker und praktischer Arzt, in dieser Reihenfolge. Er gehörte sozusagen zum Ensemble des Theaters. Es gab kaum einen Schauspieler am Theater, der nicht zu seinen Patienten gehörte. Er war irgendwann mal als Chirurg an das Kreiskrankenhaus gekommen. Als die zentrale Unfallklinik für den ostelbischen Raum gebaut wurde, hatte man Dr. Mertens beim Umzug vergessen, oder er hatte vergessen mitzuziehen. Jedenfalls ließ er sich dann als praktischer Arzt nieder und entdeckte seine Liebe zur Wanderbühne.

Dr. Mertens verabreichte seinem alten Freund Kosel vor dessen Auftritten regelmäßig intravenös eine Ladung Pervetin, die diesen auf der Bühne in eine Raserei versetzte, die es für seine jeweiligen Partner schwierig machte, sich an die einstudierten Gänge zu halten. Fassungslos mußten sie an den unverdächtigsten Textstellen seine überraschenden Auf- und Abgänge über sich ergehen lassen. Kosels Inszenierungen zeichneten sich durch ein ständig zunehmendes Gerenne auf der Bühne aus, bis im letzten Akt in einer Art furiosem Crescendo der allgemeine Eindruck entstand, der Hauptdarsteller sei auf der verzweifelten Flucht vor einer ihn gnadenlos verfolgenden Schauspielerhorde – Ergebnis der Hilflosigkeit eines Ensembles, das den Kontakt zu ihm nicht verlieren wollte.

Kosel erkundigte sich nach dem Verlauf von Rufus' Reise, und als dieser resigniert abwinkte, lud er ihn auf einen Drink in den Speisewagen ein. Es war nicht mehr weit bis Bardewegen. Aber sie schafften noch drei dieser abstrus kleinen Weinfläschchen, die eine ureigene Erfindung der Deutschen Speisewagengesellschaft zu sein schienen. Cornelius war sich im klaren darüber, daß Kosel wieder mal vergeblich nach seiner Brieftasche suchen würde und er die Zeche zu zahlen hatte. Aber das war ihm nach der ersten Flasche schon egal gewesen. Es tat ihm gut, mit jemandem zu sprechen, der von den Theatern jenseits der Nordostelbischen Wanderbühne erzählen konnte und von seinen Erlebnissen beim Film.

Irgendwann einmal ein Bein ins Filmgeschäft zu bekommen, das war Cornelius' heimlicher Traum. Ein, zwei Filme im Jahr, und dann den Rest damit verbringen, nach guten Rollen an anerkannten Bühnen zu suchen. Hatte man erst einmal einen Namen, kamen die wenigen wirklich erfolgreichen Agenten von alleine.

Einmal hatte er sich seinem Ziel sehr nahe gewähnt. Er hatte eine kleine Rolle in einem Fernsehspiel bekommen, eher zufällig. Die Rolle war so klein gewesen, daß man sie bei der Besetzung übersehen hatte und von ihrer Existenz erst wieder erfuhr, als die Einstellungen des nächsten Tages geplant wurden. Der Regieassistent hatte ihn mitten in der Nacht angerufen. Auf der Schauspielschule hatte beide eine kurze leidenschaftliche Liebesbeziehung verbunden. Aber das war lange her, und Cornelius war gerührt, daß er in dieser Situation noch an ihn gedacht hatte. Cornelius gab in diesem Film, der im Auftrage der Firma produziert wurde, die das abendliche Werbeprogramm bestritt, einen

Abendschüler in der Klasse einer Volkshochschule. Er hatte nur zwei Sätze zu sagen, aber es sollte ja der Beginn einer großen Filmkarriere sein, er würde sie so spielen, daß man auf ihn aufmerksam werden mußte.

Der Klassenraum, in dem die Dreharbeiten stattfanden, war klein und vollgepfercht mit Menschen, Scheinwerfern und Kameras. Es wurde Nachmittag, bis Cornelius seine beiden Sätze sprechen durfte. Seit acht Uhr hatte er diese enge Schulbank drücken müssen, bei ständig steigenden Temperaturen. Mittags hatte es dann ein gut deutsches Essen gegeben, Rinderbraten mit Klößen und Rotkohl. Dazu hatte man Bier getrunken, und danach hatte sich sein Kreislauf von der Kunst verabschiedet und sich nur noch der Verdauung gewidmet. Als er endlich seine beiden Sätze sprechen sollte, fielen sie ihm nicht mehr ein. Als man sie ihm vorsagte, brachte er sie jedesmal in neue, grammatikalisch ungewöhnliche Formen. Fünfmal fiel die Klappe, und Cornelius wünschte, nie geboren worden zu sein.

Es war kurz nach acht, als Cornelius und Kosel in Bardewegen aus dem Zug stiegen. Die abendliche Vorstellung am Stammsitz der Nordostelbischen Wanderbühne hatte eben begonnen. Es war eine Premiere des Intendanten persönlich, die an diesem Abend über die Bühne ging. Kosel, der seinen Wagen am Bahnhof geparkt hatte, meinte, sie hätten sich beide nach diesem anstrengenden Tag einen heiteren Ausklang verdient, und schlug vor, ins Theater zu fahren.

Cornelius verstand die Anspielung. Es war mittlerweile bekannt, daß die Premieren des Intendanten von Brachwitz einen ständig wachsenden Liebhaberkreis gefunden hatten, der mittlerweile bis nach Hamburg reichte. Selbst aus Hannover sollten schon Verehrer angereist sein. Aber das war wohl nur ein bösartiges Gerücht. Tatsache war jedoch, daß immer mehr dieser großstädtischen Zyniker an solchen Abenden das Parkett der Nordostelbischen Wanderbühne bevölkerten, ein Publikum, das sonst nie den Weg in dieses Theater fand.

Nun konnte man den von Brachwitzschen Inszenierungen einen höchst eigenen Reiz nicht absprechen. Von Brachwitz' ganze Leidenschaft gehörte dem Theater. Und so wie die Leidenschaft zwischen Menschen die realen Personen, denen sie gilt, aus der Wahrnehmung verschwinden läßt, so hatte von Brachwitz' Leidenschaft zum Theater die Wahrnehmung all dessen überlagert, was tatsächlich auf der Bühne geschah. Fast nie erreichte ein Stück, das er inszenierte, zum Zeitpunkt der Premiere auch das Stadium der Aufführungsreife. Meistens waren Premiere und erste Durchlaufprobe identisch. Für von Brachwitz jedoch war gerade dies ein Zeichen der kreativen Kraft des Theaters.

Oft genug griff er noch während einer solchen Aufführung, in der er fast immer auch die Hauptrolle spielte, wild gestikulierend und anfeuernd in das Gespräch ein, wenn er meinte, daß es nicht dem Geprobten folgte, obwohl derartiges mit Sicherheit nie geprobt worden war. Mehr noch, von Brachwitz fühlte sich berufen, die wenigen Male im Jahr, da er selbst Regie führte, dies an Stücken zu versuchen, die zur Weltliteratur gehörten, und nicht genug damit, er überarbeitete sie derart, daß auf dem Programmzettel, wie am heutigen Abend, mit Fug und Recht stehen konnte:

von Brachwitz

König Ubu

nach einer Vorlage von Alfred Jarry

Die Herkunft der Vorlage war in der Regel nur noch von intimen Kennern der Literatur zu enträtseln. Cornelius war sich die ganze Zeit über, die er jetzt an dieser Bühne weilte, nicht sicher, ob es die hemmungslose Selbstüberschätzung von Brachwitz' war, die dahinterstand, oder ein genau berechnetes Kalkül, um die Existenz des Theaters, seines Theaters, zu sichern. Denn ohne Zweifel hatte von Brachwitz sich damit einen Namen gemacht. Beim Bürgermeister, beim Schulrat, bei der ganzen Honoratiorenschaft bis hinauf in den Landtag, von deren Wohlwollen die Zuschüsse und damit die Existenz des Theaters abhingen. Er galt als Original, in ihren Köpfen gleichbedeutend mit dem Künstler schlechthin, der sich um das Kulturleben dieses Landes verdient machte.

Im Theater schienen sich alle Erwartungen des Publikums zu erfüllen. Von Brachwitz hatte sich für diese Inszenierung von einem Bauern eine Sau ausgeliehen. Irgendwie war sie zum völlig falschen Zeitpunkt auf die Bühne geraten, von wo von Brachwitz sie mit ein paar kräftigen Fußtritten wieder vertrieben hatte, was den lautstarken Protest des Eigentümers dieser Sau hervorgerufen hatte, der, für seinen Beitrag zur Kunst mit einer Freikarte honoriert, im Parkett saß. Minutenlang hatte es zwischen ihm und von Brachwitz derbe Wortgefechte gegeben. Dies erfuhren Kosel und Cornelius hinter der Bühne von Opa Drewitz, dem Beleuchter des Theaters. Irene Reiser, die jugendliche Liebhaberin, kam von ihrem Auftritt hinter die Bühne gelaufen, tränenüberströmt. Der Zwischenfall mit der Sau hatte sie so verstört, daß sie beim Abgang die aufgemalte Tür mit der echten verwechselt und um ein Haar die ganze Kulisse zum Einsturz gebracht hatte. Von Brachwitz hatte ihr daraufhin auf offener Bühne ein donnerndes «dumme Gans!» hinterhergeschickt.

Eine eisige Stille auf der Bühne ließ Cornelius durch die Löcher im Vorhang auf die Bühne spähen. Von Brachwitz als Ubu saß mit versteinertem Gesicht in seinem Rollstuhl und wartete – offenbar auf eine Reaktion auf das Stichwort, das er soeben gegeben hatte. In den ersten Reihen saß das Publikum mit sadistischem Grinsen. Einige Zuschauer hatten bereits feuchte Wangen und knüllten an ihren Taschentüchern herum. Von Brachwitz wiederholte mit verhaltener Wut ein weiteres Mal das Stichwort, wieder keine Reaktion. Ohnmächtig wandte er sich an das Publikum: «Hier sollte jetzt ein Wecker klingeln!» In den ersten Reihen stopften sich einige Damen das Taschentuch zwischen die Zähne, «Georg!» donnerte von Brachwitz so unvermittelt, daß das Publikum zusammenfuhr, «Georg!» Georg war der Inspizient des Hauses. Eine Luke im Bühnenboden öffnete sich, und Georgs Kopf tauchte auf. Er war dort unten beschäftigt. Von Brachwitz hatte sich für diese Inszenierung nämlich etwas Besonderes einfallen lassen und aus der Bühne eine Rampe gemacht, die sich abwechselnd auf der rechten und auf der linken Seite heben oder senken ließ, so daß er in seinem Rollstuhl vor den verdatterten Augen des Publikums erst auf die eine Seite, dann wieder auf die andere Seite geschossen wurde. Georgs Aufgabe war es, mit seinen Armen diese Rampe jeweils nach oben zu drücken. Da der Rollstuhl mit von Brachwitz sich in einem solchen Moment sehr schnell auf die andere Seite bewegte, war es für Georg nicht immer leicht, in Hörweite des Protagonisten zu bleiben. Das mußte er aber, da von Brachwitz bei den vielfältigen Aufgaben, die er an diesem Theater und dann noch zusätzlich mit einer solchen Inszenierung hatte, selten Zeit fand, sich bis zum Premierenabend mit dem Text vertraut zu machen. Daß von Brachwitz zunehmend schwerhörig wurde, machte die Aufgabe des Souffleurs für Georg nicht leichter. Das hatte an diesem Abend schon einige Male zu einem ungeduldigen «lauter!» seitens von Brachwitz geführt, worauf ihm jeweils aus den Tiefen des Zuschauerraumes geholfen worden war, da dort die Verständigung mit dem Souffleur offenbar keine Probleme bereitete.

«Der Wecker!» schrie von Brachwitz Georg an. Der, einen Arm aus der Luke ziehend, deutete verwirrt auf den Wecker zu Füßen von Brachwitz' und flüsterte: «Da ist er doch!» Von Brachwitz sank in sich zusammen. Cornelius hörte ihn noch heiser und gebrochen stammeln: «Er sollte jetzt klingeln!», aber seine Wahrnehmung war von der Bühne weg in den Bann der Leiber geraten, die sich über und neben ihn drängten und atemlos durch Risse und Löcher des Vorhangs hindurch das Geschehen auf der Bühne verfolgten. Unbehaun noch, fast im Rohzustand, lagen sie dort im Bühnenstaub herum, die Emotionen, Leidenschaften, Triebe und Sehnsüchte – diese Urstoffe allen Lebens.

Mit ein paar phantastischen Lappen nur notdürftig bedeckt, mit ein bißchen Schminke mehr kenntlich als unkenntlich gemacht. Nie, das spürte er, würde er ohne diese intime Nähe zu ihnen leben können. Niemals, da war er sich ganz sicher – auch, als jetzt auf der Bühne endlich der Wecker klingelte.

**Ein freies Leben führen
wir, ein Leben voller
Wonne...**

Helmut Heimann

In freier Wild-
bahn

Das «Theater zum
Westlichen
Stadthirschen» in
Berlin

«Theater zum Westlichen Stadthirschen» –
ein ungewöhnlicher Name. Die Beteiligten
halten sich zurück: «Kein Kommentar zum
Namen.» Fest steht, daß der Stadthirsch sich
im Revier der Freien Gruppen Berlins seinen
Platz gesichert hat. Seit der Gründung 1982
stellt man pro Jahr zwei Inszenierungen auf
die Beine, die bisher allesamt sowohl Publi-
kums- als auch Kritikerwohlwollen fanden.
Inzwischen trägt der Senat dem Rechnung
und rückt Zuschüsse raus, die gewährleisten,
daß der Hirsch weiter röhrt.

Keimzelle des Hirschen war die staatliche
Schauspielschule an der Hochschule der
Künste Berlin. Die drei Kommilitonen Dominik Bender, Isabella Mamatis und Elisabeth Zündel entdeckten in der gemeinsamen
Arbeit mit ihrem Lehrer Martin Häupl über-
einstimmende Interessen. Doch die drei ga-
ben sich nicht damit zufrieden, ihre Ideen von
Theater in ihr Uni-Abschlußprojekt einzubringen, sondern gründeten eine Freie Theatergruppe, eben den «Stadthirschen». Im
«Hirsch», wie sie ihre Gruppe fast liebevoll
nennen, wollten sie die Möglichkeit haben,
nach ihren Vorstellungen Theater zu machen:
nach Herzenslust zu experimentieren, auf
einer professionellen Basis kontinuierlich an
einer Entwicklung zu arbeiten. «Montag,
Dienstag, Donnerstag – falsch!», Abschluß
der formalen Ausbildung und gleichzeitig
Geburt des Hirschen, wurde – mit großzügiger Unterstützung der HdK – zum Erfolg, auf
den man aufbauen konnte. Adriana Altaras
und Johannes Herrschmann vervollständig-
ten die Schauspieler-Riege; Dieter Sudars
wurde Haus-Dramaturg; Urs Hildbrand, für
Technik und Management zuständig, ver-
vollständigt als siebtes festes Mitglied das
Ensemble, wie es sich heute zeigt. Ein typi-
sches Berliner Fabrikgebäude in Kreuzberg
61. In der Hofdurchfahrt verweisen Firmen-

schilder auf das hin, was hier fabriziert wird. «Karl Krause, Messerschleiferei», «Gadischke Wärmetechnik GmbH», «Richter & Wilse, Glas-Präzisions-Meßinstrumente». Dazwischen: «Theater zum Westlichen Stadthirschen». Drei Treppen hoch liegt die Etage der Hirsche, die hier Probe- und Aufführungsräume zur ständigen Verfügung haben. Mit 45 000,– DM Jahresmiete ist das kein billiges Privileg, aber für eine professionelle Arbeit unverzichtbar. Die Etage leugnet ihre Vergangenheit als Industrieraum nicht. Gekalkte Wände, Betonboden, schmucklose große Fenster. Früher wurde hier malocht; die Arbeit, die die Hirsche heute hier verrichten, ist auch kein Zuckerschlecken. Von der Wahl eines Themas oder Stückes bis zur Premiere vergehen rund drei Monate, in denen fünf- bis sechsmal wöchentlich an die sechs bis acht Stunden geprobt wird. Die Probe beginnt mit dem Training. Dazu gehören Atem- und Sprechtechnik, aber auch Sport. Neben der zum Spielen notwendigen Fitness bringt das Training noch etwas anderes: «Über die körperliche Anstrengung wirst du den Schrott los, den du in deinem Kopf von draußen mitbringst», erklärt Johannes. «Du hörst mehr, nimmst mehr wahr, bist mit einem Wort sensibilisiert. Diese Sensibilisierung ist wichtig, um auf deine Mitspieler eingehen zu können.»

Das Miteinander-Spielen, die kontinuierliche Zusammenarbeit, prägt den Geist, der den Hirsch beseelt. Vor allem bei den Eigenproduktionen tritt er in den Vordergrund. Bei Stücken, die nach einer literarischen Vorlage gespielt werden, gilt es, eine vorgegebene Rolle auszufüllen. Bei Eigenproduktionen müssen die Rollen erst einmal geschaffen werden. Die Improvisation nimmt einen großen Raum ein. Texte, die zu Hause verfaßt oder ausgewählt werden, mischen sich mit spontanen Einfällen. Der ganzheitliche Schauspieler ist gefordert: Der Profi, der sein Handwerk beherrscht, und der Mensch dahinter. Laut Gruppeninfo soll sich jedes Ensemblemitglied «einbringen». Natürlich ist das Produkt ein Kompromiß, doch insgesamt ist der gemeinsame Nenner größer, als er bei einem «normalen» Theater ausfallen könnte. Die Chance zur künstlerischen Selbstverwirklichung läßt die Hirsche all die unangenehmen Begleiterscheinungen einer freien Theater-Existenz in Kauf nehmen – wenn auch nicht billigend. Der Hirsch muß aus der öffentlichen Hand fressen. Anfangs gab es einen 30 000-DM-Happen für die technische Grundausstattung der Etage. Dann bröselten Projektzuschüsse, einzelne Produktionen wurden gefördert. «Das wurde rein verwaltungstechnisch entschieden, unter völligem Beiseite-Schieben künstlerischer Kriterien», erklärt Johannes. «Wenn du einmal was gekriegt hast, mußtest du davon ausgehen, daß du beim nächsten Antrag leer ausgehst.» Seit 1985 funktioniert das neue Förderungsmodell, wobei einzelne Gruppen, auch der Stadthirsch, im Rahmen einer Sonderförderung Geld für zwei Produktionen auf einen Schlag erhalten haben. Ein Beirat aus Theaterleuten und Journalisten verteilt das Geld nach «künstlerischem Potential» der jeweiligen Freien Gruppen. 1985 und 1986 waren das für den Hirsch jeweils 90000,–DM. Für 1986 wurden 135000,–DM bewilligt, womit der Hirsch großzügiger als die anderen freien Gruppen gefüttert wird. Von Zufriedenheit kann jedoch keine Rede sein. «Ich will mein Glück nicht am Unglück von anderen messen», meint Johannes und weist darauf hin, daß langfristige Planungen unmöglich sind, solange über die Subventionen von Jahr zu Jahr entschieden wird. Dann macht er eine einfache Rechnung auf: «Wir zahlen uns 1000,–Mark Monatsgehalt aus. Abgesehen davon, daß keiner von uns damit auskommt, sind das im Jahr 84000,–DM. Die Jahresmiete für die Etage dazu ergibt 139000,–DM.» Die 135000,–Mark an Subventionen, die sich erst einmal nach einer ganzen Menge Geld anhören, sind mit zwei Posten der Kalkulation bereits aufgebraucht. Von Werbung, Bühnenausstattung und anderen Ausgaben ganz zu schweigen. Nun kommen auf der Habenseite zwar noch die Eintrittsgelder hinzu, doch obwohl die Vorstellungen zum überwiegenden Teil ausverkauft sind, ist Mangelwirtschaft das tägliche Brot der Hirsche. Adriana, eine zierliche Frau mit großer Ausstrahlung, verwirrend international («Ich habe einen jugoslawischen und einen deutschen Paß, aber eigentlich bin ich Italienerin»), beschreibt die Situation: «Was unserem Spielraum, also die ‹Bühne› betrifft, machen wir aus der Not eine Tugend. Wir beschränken uns auf das Notwendigste, setzen statt auf Material auf Phantasie. Da ist eine Kerze, die wird angeleuchtet, und schon ist es eine Kirche. Die Etage ist groß, aber baupolizeilich sind nur 99 Zuschauer zugelassen. Also haben nicht, wie bei anderen Theatern, die Zuschauer den meisten Platz, sondern wir, die Schauspieler. Diesen Raum nutzen wir in unseren Stücken aus.»

Tatsächlich gelingt es den Hirschen, mit wenig Aufwand verblüffende Wirkung zu erzeugen. Doch was vorne, vor den Augen der Öffentlichkeit, noch relativ «hui» ist, ist hinter den Kulissen um so «pfuier». Die Mängelliste ist ellenlang und reicht von der fehlenden Dusche über nicht vorhandene Trainingsmatten zum Schutz der Gelenke gegen den harten Beton bis zur Garderobenausstattung. Daß die Stühle vom Sperrmüll sind – Schwamm drüber. Doch daß es keinen Ganzkörperspiegel gibt, ist für die Schauspieler ein echtes Handicap, das so schnell nicht behoben werden kann. Denn, wie gesagt, zuerst macht man's vorne schön. Die technischen Anlagen zum Beispiel, also Licht und Sound, müssen funktionstüchtig gehalten werden. Und abends sollen die Besucher einen sauberen Saal vorfinden. «Das Sauber-machen bleibt meistens an mir hängen», verteidigt Johannes seinen Einsatz für den Kauf eines Industriestaubsaugers, der nach langem Kampf endlich angeschafft wurde. «Du bist die Putzfrau, weil du kein Abi hast», witzelt Adriana. Der Umstand, daß die notwendigen Ne-benarbeiten eines Theaters arbeitsteilig erledigt werden und dabei alle ihre kleinen Sonderwünsche haben, kann noch mit Humor hingenom-men werden: Da hält der eine einen Anrufbeantworter für die Karten-vorbestellungen für unentbehrlich, die andere dagegen den Ausbau der sanitären Anlagen. Wo das künstlerische Konzept allerdings durch Geldmangel gefährdet ist, ist das Theater existentiell betroffen. Isabella, vor langen Jahren in Ost-Berlin der Schauspielerei verfallen, sieht sich in eben dieser Entwicklung durch die mangelhafte Förde-rungspolitik des Senats gehemmt: «Unsere Idee am Anfang war ja auch, multimedial zu arbeiten. Inzwischen mußten wir manches Kon-zept umschmeißen, weil wir zum Beispiel Kopierkosten für Filme, die wir einsetzen wollten, nicht bezahlen konnten. Die Gefahr dabei ist, daß man in die klassische Schauspielkunst gezwungen wird, die sich auf einen Text konzentriert, anstatt in der Verknüpfung von Spiel und Medien etwas Neues auszuprobieren.»

Was sie mit dem nicht vorhandenen Mehr-Geld machen würden, ist klar. Ein Ausbau des Ensembles steht an erster Stelle der Wunschliste. Bei einem gerade laufenden Projekt im Rahmen der 750-Jahr-Feier Berlins arbeiten zwar 32 Leute mit, davon 25 allerdings unentgeltlich, aus purem Enthusiasmus. Solche Opferbereitschaft kann nicht von allen Wunschpartnern der Hirsche erwartet werden. Wunsch-Regis-seure aus den USA beispielsweise lassen sich nicht von der Aussicht auf einen feuchten Händedruck und 1000,–Mark im Monat nach Berlin locken. Auch ältere Schauspielerkollegen verfallen bei Nennung dieser Summe nicht gerade in ekstatische Zuckungen. Mal ganz abgesehen davon, daß eben nach momentaner Finanzlage nicht einmal diese ge-ringen Mittel zur Verfügung stehen.

Persönliche Bereicherung, eine Gehaltserhöhung, wäre für die Hir-sche erst dann Diskussionspunkt, wenn das Ensemble erweitert würde. Die 1000,–Mark reichen zwar keinem zur Deckung der Le-benshaltungskosten, doch sie ermöglichen professionelles Arbeiten. Johannes singt das «Hohelied» vom Hirsch: «Jeder von uns könnte einen besser dotierten Job finden. Aber, was ich am Stadthirsch habe, kann mir keiner bezahlen. Wir alle haben das Theater mitgeprägt. Es ist ein Stück von jedem selbst. Unser Herzblut steckt drin. Der Hirsch gibt uns die Möglichkeit, so Theater zu spielen, wie wir wollen. Die Qualitäten des Theaters, an das wir glauben, sind nur durch lange, kontinuierliche Zusammenarbeit möglich.» Isabella stimmt ein: «Die Chance zur künstlerischen Weiterentwicklung ist hier größer als anderswo, weil du permanent gefordert bist. Die anderen zwingen dich dazu, an deine Grenzen zu gehen. Dann kann sich was öffnen, etwas Neues dazukommen. Wir haben uns aus dem Off-Getto rausgespielt, sind zu einer berechenbaren Theatergruppe geworden. Leute können, ohne eine bestimmte Produktion gesehen zu haben, sagen: «Die kauf ich für mein Festival. Denn künstlerische Qualität ist garantiert.»

Adriana übernimmt gelegentlich mal einen Film- oder TV-Job: «Am Anfang konnte mich jedes TV-Angebot verwirren; inzwischen sehe ich das differenzierter. Man kann viel Geld damit verdienen, aber ich habe auch schon auf viel Geld verzichtet, weil der Hirsch mir im Zweifelsfall wichtiger ist. Das hier ist die Kunst. Hier werde ich als Schauspielerin besser. Beim Film entwickle ich mich nicht weiter.»

Wo eine Gruppe ist, ist auch Gruppendruck. Jahrelanges Zusammensein entwickelt eine Eigendynamik. «Es ist wie ein Rudel», findet Isabella. «Eine Kuh setzt sich ab. Dann kommen zwei Hirsche und machen ‹Röhr›, dann geht die Kuh wieder zurück.» Adriana ergänzt weniger prosaisch: «Das ist wie in der Liebe, du kannst nicht dauernd den nächsten Geliebten und wieder den nächsten Geliebten haben. Du bist in den Hirschen verliebt und brauchst keinen anderen. Irgendwann machst du einen Seitensprung und kommst wieder.» Sie fügt hinzu: «Oder kommst auch nicht wieder. Aber bis jetzt gab es noch kein Angebot, das für mich lockender gewesen wäre, als beim Hirschen weiterzumachen.»

Die Identifikation mit dem Hirsch funktioniert über die künstlerischen Entwicklungsmöglichkeiten: «Wenn das Gefühl da ist, es stagniert», sagt Johannes, «dann ist die Motivation im Arsch. Wenn es künstlerisch nicht mehr weitergeht, dann wüßte ich nicht, warum ich mit den Hirschen zusammensein sollte.»

Um einer Stagnation vorzubeugen, verzichten die Hirsche auf Marathon-Laufzeiten für ihre Stücke, auch wenn die bis zur letzten Vorstellung ausverkauft sind.

Der Stadthirsch hat den freien Sprung über die Off-Schlucht geschafft. Doch das Subventionsterrain ist unsicher. Wenn der Berliner Senat, der den Hirsch gerne als Aushängeschild für seine Kulturpolitik benutzt, nicht finanziell weiterhilft, wird auch die Kraft des Stadthirschen irgendwann erlahmen. Am Subventionsdickicht geht kein Weg vorbei. Der Blattschuß droht dem Hirschen vom Hochsitz der öffentlichen Geldverteiler. Aber noch röchelt der Hirsch nicht, noch röhrt er.

«Rotzlöffelweise verabreicht sie Wahrheiten und schwelgt in Frauenklischees, wie sie keine Männerphantasie schöner ausdenken könnte. Daß dies mit enormer Körperbeherrschung und Fertigkeit geschieht, macht ihr Programm mit seinen folgenschweren Inhalten artistisch und brisant. Das hohe künstlerische Niveau Lore Seichters liegt genau in dieser Mischung: aggressiv und verspielt zur gleichen Zeit. Erschreckend und doch mit überwältigender Komik schillert diese Frau nach allen Seiten.»

Es sei nicht ihre beste Kritik, meint Lore Seichter, «aber die, die es am besten trifft». Gut genug, um sie auf die Werbehandzettel für ihr erstes Programm «Spiegelkarussell» drucken zu lassen, ist diese Kritik der *Stuttgarter Nachrichten* allemal. Klappern gehört zum Handwerk. «Manchmal verteile ich die Zettel auch auf der Straße, abends, wenn es schon dunkel wird. Ich setz mir dann immer eine Schiebermütze auf, sonst traue ich mich nicht.» Die Straße ist eben keine Bühne. Aber die Bühne hat einen Zuschauerraum, und der sollte halbwegs gefüllt sein.

Die goldenen Zeiten Anfang der 80er Jahre, als jeder Kulturdezernent einer mittleren Kleinstadt sich mit einem Festival Freier Gruppen auf dem heimischen Marktplatz schmücken wollte, sind vorbei. Der Trend geht wieder zur Hochkultur. Auch in der Szene öffnen sich die Portemonnaies beim Stichwort «Freies Theater» nicht mehr automatisch. Was zählt, ist Qualität und «Werbung, Werbung, Werbung. Wenn du das Optimum an Werbung hast, ist es auch voll.» Doch das Optimum kann in der Freien Theaterlandschaft keiner bezahlen. Man gibt sich bescheidener. Faustregel: Pro Schauspieler mindestens ein Zuschauer. Doch für ihr «Ein-Frau-Theater», wie sich Lore Seichter selbst bezeichnet, wäre dieses Verhältnis zu

Konrad Kuhnt

Selbstgemacht

Das Ein-Frau-Theater
der Lore Seichter

exklusiv. «Bei mir liegt die Grenze bei acht bis zehn Zuschauern», sagt sie, «darunter spiele ich nicht. Das bringt weder etwas für die Leute noch für mich.» Eine Vorstellung mangels zahlender Masse absagen zu müssen, passiert ihr selten. Lore Seichter hat sich inzwischen einen Ruf in der Szene erarbeitet. Und daß sie ein «Ein-Frau-Theater» macht, hat nichts damit zu tun, daß sich die Einnahmen leichter aufteilen lassen. Das hat sich so ergeben und wurde zum Konzept. Sie schreibt ihre Stücke selbst und realisiert sie auch auf der Bühne. «Ich bin selbstgemacht», sagt Lore Seichter, «ich war eigentlich die erste, die ganz solo angefangen hat, mit rein gar nichts im Hintergrund.»

Sie wollte etwas mit Schreiben zu tun haben oder mit Theater. «Daß sich beides verbinden läßt, konnte ich mir damals noch nicht vorstellen.» Vom Studium der Theaterwissenschaft erhoffte sie sich, neben der Theorie, auch ein wenig Praxisbezug. «Doch daß es so theoretisch sein würde wie in Berlin, damit habe ich nicht gerechnet.» Außer einem Kurs mit dem klangvollen Titel «Theatralische Verfahren in der sozio-kulturellen Animation», bei dem sie mit einer Art Straßentheater harmlose Spaziergänger in einem Park agitierte, passierte nichts. Da versprach ein erster Flirt mit dem Stadttheater zu Hause in Freiburg schon mehr. «Ich sah das da so glänzend in der Sonne liegen und dachte, geh rein und sprich mit dem Intendanten.» Der Intendant war verreist, aber der Schauspieldirektor tat es denn auch: sie erhielt eine Regieassistenz für die nächste Produktion. «Ich habe überhaupt nicht verstanden, was die da machten. Ich hatte keine Ahnung, wie Theater läuft. Deswegen habe ich immer meinen Mund gehalten.» Auch als ihr Dario Fo – «da wußte ich schon, wer das war» – vorgestellt wurde, brachte Lore keinen Ton heraus. Aber man übte Nachsicht mit ihr: «Sie ist so sensibel. Darum redet sie so wenig, haben die dem Fo erklärt.» Immerhin hatte sie soviel «von Theater gerochen», daß der Abschied von der Uni nicht schwerfiel, zumal sie gleich ein Angebot für das Erik-Satie-Projekt an der Studiobühne der Hamburger Staatsoper bekam. Dort stand dann Benito Gutmacher und fragte, ob sie nicht in seinem Zwei-Personen-Stück in Paris mitspielen wollte, in der «Cartoucherie», wo auch Ariane Mnouchkine mit ihrem «Theatre de Soleil» ihr Domizil hatte. «Ich mußte mich dauernd umziehen, bin ständig in neuen Kostümen aufgetreten und wurde schwierigst umgebracht, mit Stricknadeln und dergleichen.» Aus dem Stadttheater-Flirt hätte eine feste Bindung werden können. Lore bekam eine feste Stelle als Regieassistentin angeboten. Das verlangte eine Entscheidung, die ihr schlaflose Nächte brachte, und die schlaflosen Nächte nahmen ihr die Entscheidung ab. «Ich habe da Texte auf ein Tonband gesprochen; unheimlich weinerliche Texte. Irgendwann fing ich an, diese Texte anders zu sprechen, damit zu jonglieren. Und plötzlich hatte ich die Idee für ein Stück.»

Die Stelle blieb vakant. Sie flog zurück nach Berlin und besorgte sich, damals noch zu Hausbesetzers Zeiten, im besetzten «Kunst- und Kulturzentrum Kreuzberg» einen Probenraum. «Was heißt Probenraum? Das war eine unbeheizte Fabriketage bei 18 Grad minus, und als erstes hatte ich eine Lungenentzündung.»

Wochenlang probierte Lore Seichter an ihren Rollen für das «Spiegelkarussell» herum. «Ich hatte so eine Idee bekommen, was Schauspiel sein kann. Rein praktisch gesehen, wie man vom Text zum Spiel kommt. Das habe ich dann selbst erlebt.» Ab und zu kamen Bekannte in die Fabriketage, um sich vom Fortgang ihrer autodidaktischen Versuche zu überzeugen. Und gegen Ende probte sie öffentlich für die Hausbesetzer-Szene. «Das war so schlimm wie mit keinem anderen Publikum. Die waren brutal, haben mir Kritik gegeben, angefangen von ‹So ein Quatsch, da könnte sich ja jede hinstellen› bis zu der Bemerkung ‹Zu deinem Teddy haste wohl 'ne besondere Beziehung›.» Die Schule war hart, «aber da nicht aufzugeben, das hat es gebracht». Sie feilte das Programm nach den Reaktionen ihres Probenpublikums aus. Warum die Kritiken nach der ersten Vorstellung so gut waren, versteht sie noch immer nicht. «Ich glaube, ich habe nicht gut gespielt. Wie auch? Ich konnte es ja gar nicht.»

Das nächste halbe Jahr stand Lore Seichter mit ihrem «Spiegelkarussell» fast jeden Abend auf der Bühne, in Berlin, dann beim Internationalen Theaterfestival in Freiburg, später in Amsterdam, Kassel, Hamburg, Stuttgart und schließlich am Landestheater Tübingen. «Ich dachte, ich verkaufe meine Seele. Ich habe in Berlin gespielt und bin am nächsten Tag mit einer Schrottkarre, da ich mir nichts anderes leisten konnte, nach Amsterdam gegurkt. Ich war wie besessen. Ich wollte das zeigen.» Anfangs verlor sie ihre Stimme immer erst nach der Vorstellung – und dann war einmal mittendrin Schluß. «Da dachte ich, Lore, wenn du jetzt nicht Handwerk lernst... Ich habe immer gepreßt, nicht von unten gesprochen, sondern aus dem Kehlraum.»

Sie ließ sich ihre Sprache von einer Privatlehrerin alter Schule aufpolieren, ganz klassisch, eben traditionell, textbezogene Arbeit an der Rolle. «Das findest du auch häufig bei alten Regisseuren, daß sie die Augen schließen und dir nur zuhören, weil die Sprache eigentlich in einem natürlichen Einklang mit der Bewegung sein muß.» Inzwischen gilt sie als seriöse Schauspielerin, «Prädikat: vielseitig verwendbar». Es kamen auch Angebote. Lore Seichter steht in der Vermittlungskartei der Zentralen Bühnen-, Fernseh- und Filmvermittlung der Bundesanstalt für Arbeit. Zuerst wollte sie unbedingt in ein Ensemble, «um auch mal zu sehen, ob ich überhaupt mit anderen zusammen spielen und unter Regie arbeiten kann». Daß sie es kann, merkte sie während eines mehrmonatigen Gastengagements in Essen. Aber gleichzeitig hat sie sich «tödlich gelangweilt». «Wir bekamen da alles gemacht, wurden schick kostümiert. Für mich als Schauspielerin war es frustrierend, am Monatsende mein Geld zu bekommen, wie jeder normale Arbeitnehmer.» Sie zog es vor, ihre «Bühnenteile wieder allein durch die Gegend zu schleppen». Ein festes Engagement nach Konstanz schlug sie aus. Inzwischen ist das Verhältnis zum öffentlichen Theaterapparat geklärt: «Wenn, dann mache ich nur Gastsachen, um mit dem Geld eigene Projekte finanzieren zu können.»

Ihre eigenen Produktionen fallen notgedrungen in die Rubrik «Armes Theater». Das einzige, was sie sich wirklich geleistet hat, ist eine kleine Lichtanlage: eine Leuchtröhre, ein paar Spots und einige 1000-Watt-Scheinwerfer. Die Bühnenbilder zeichnen sich durch minimale Mittel aus. Beim «Spiegelkarussell» steht nur ein Hackklotz auf der Bühne, «den Rest kann ich mir unter den Arm klemmen». Ihre zweite Produktion «Der Traum des Dr. Maböse», ein Stück über Gen-Technologie, ist schon vergleichsweise aufwendig: ein Plastikvorhang quer über die Bühne, ein großes Brett und ein Tisch. Die Requisiten spielen meistens eine Doppelrolle. «Ich versuche die Dinge schauspielerisch umzufunktionieren, aus einem Sektglas eine Maschinenpistole zu machen, bevor ich noch extra eine Maschinenpistole brauche.»

Es gibt im «Ein-Frau-Theater» der Lore Seichter keinen Fundus, keinen Bühnenbildner, keine Techniker-Crew, und es gibt keine Mitspieler. «Gerade wenn du Programme machst, wo du allein auf der Bühne bist, und die ganze Vorstellung alleine ziehen mußt, spürst du das am nächsten Tag in jedem Muskel. Da kommt eben keiner und hilft dir mal.» Deswegen will Lore Seichter als nächstes ein Mehr-Personen-Projekt realisieren. Da wird es dann endlich auch einen Regisseur geben. Eigentlich sollte schon der «Dr. Maböse» mit Regie entstehen. Doch der hierfür vorgesehene Bekannte bekam ein festes Engagement beim Theater, und jemanden extra bezahlen konnte sie nicht. «Ich habe mich unheimlich oft verrannt, weil niemand da war, der mir eine Kontrolle gab. Irgendwann verstrickst du dich so in ein Projekt, daß du überhaupt nicht mehr durchblickst. Das ist im Grunde das grauenhafte Schicksal jedes Einzelakteurs.» So etwas hat natürlich Einfluß auf die künstlerische Qualität, das gibt sie offen zu. «Der Traum des Dr. Maböse» kam erst nach einer ganzen Reihe von Vorstellungen in eine für sie akzeptable Form. «Am Anfang ging das Stück den Bach runter.» Ein Kritiker schrieb: «Hätte sie einen Regisseur gehabt, wäre es eine Bombensache geworden.»

Die «Bretter vorm Kopf» gehen auch ins Geld. Für den «Maböse» ließ sie Bühnenbildteile anfertigen, die viel kosteten, aber nie zum Einsatz kamen, weil das Stück zum Schluß total verändert war. Inzwischen überlegt sie es sich dreimal, bevor sie Ideen realisiert. Der Schuldenberg von 14000 Mark ist noch immer nicht ganz abgetragen. Doch die privaten Darlehensgeber aus ihrem Bekanntenkreis sind geduldiger als Banken. Dort hätte sie sowieso keinen Pfennig bekommen. Eine freischaffende Theaterkünstlerin gilt gemeinhin als nicht kreditwürdig.

Wenigstens die Produktionskosten sollen durch die Vorstellungen wieder hereinkommen. Das «Spiegelkarussell» führte sie mindestens 400mal auf. «Manchmal konnte ich es schon nicht mehr sehen.» Inzwischen weiß Lore Seichter auch, was sie wert ist, wert sein muß. Auf Beteiligungsgagen läßt sie sich bei Tourneen prinzipiell nicht mehr ein, und die Zeiten, wo sie noch für 350 Mark aufgetreten ist, sind vorbei. Unter einem Tausender läuft nichts. «Sonst könnte ich mich aufknüpfen. Ich könnte nichts mehr bezahlen.» 1000 Mark, das hört sich gut an, aber sie muß das Hotel am Spielort, muß den Mietwagen bezahlen, ihren Bekannten Geld geben, die sie fahren. «Ich hätte Angst, nach der Vorstellung zu fahren. Wenn du eineinhalb Stunden gespielt hast, bist du nicht mehr normal drauf.» Und eine weitere Nacht im Hotel wäre zu teuer. Jetzt klingen 1000 Mark Gage schon nicht mehr so üppig, und für den Lebensunterhalt reichen sie erst recht nicht. Den verdient sich Lore Seichter mit Nebenjobs. Zur Zeit kellnert sie. «Einmal habe ich auch in einer Fabrik gearbeitet, aber da hielten mich alle für ‹gaga›, als ich erzählte, was ich mache.»

Dieser Arbeitnehmer-Einwand ist berechtigt. Schließlich könnte sie jetzt an einem Stadttheater sitzen. Mit Rentenversicherung und sechs Wochen Tarifurlaub. Natürlich würde auch sie gern einmal von ihrer Theater-Arbeit leben. Garantien gibt es keine. Aber, so sagt sie, «es ist wichtiger, daß ich es schaffe, mich außerhalb des Betriebes fortzuentwickeln und neue Bereiche zu entdecken, als daß ich Honorare kassiere, um irgendwo mittelmäßiges Theater zu machen». Doch daß sie damit das «Hohelied» auf die «Freie Kunst», «Nur Armut gebiert Großes» anstimmt, weiß Lore Seichter auch: «Natürlich verteidige ich meinen Weg, weil ich daran glaube. Eben, weil ich an mich glaube.»

Michael Müller

Spiel ohne Grenzen

Schauspieler beim
«Theaterhof
Priessental»

Während das Zelt aufgeschlagen wird, hocke ich mich für einen Moment etwas abseits hin, verschnaufe, schaue mir das halbfertige Werk in Ruhe an: Im Kreis der Wagen stehen schon die vier Masten, sieben Meter hoch, am Boden liegt zusammengeknüpft das Chapiteau, das Zeltdach, überall laufen Menschen hin und her, tragen, ziehen und schieben, rufen und fluchen. Dann wird das Chapiteau hochgezogen, 52 Rondellstangen, von Hand aufgestellt, spannen das Dach. Da wölbt er sich, stramm und blau, unser Bühnenhimmel für die nächsten zwei, drei, fünf Wochen – ein rührender Anblick. Richtig romantisch. Der Abbau ist meist nüchterner, weil wir weg wollen aus der Stadt, weg müssen in die nächste.

Die Plätze, auf denen wir aufbauen, sind von Ort zu Ort verschieden. Mal ist es ein Park, mal ein Parkplatz, zwischen Häusern oder unter Bäumen. Nur eines bleibt immer gleich: die dünnen Wände. Während der Vorstellungen ist die Stadt mit im Zelt. Autos, Feuerwehrsirenen, Kinderrufe, Regen. Und nachts, im Wohnwagen, geht die Vorstellung weiter: Straßenreinigung, Spätheimkehrende und Frühaufsteher – wer einen leichten Schlaf hat, nimmt Ohropax. Nach der Vorstellung liege ich oft noch wach, lese und schaue aus dem Fenster. Von der Straße sieht die Stadt ganz anders aus als vom Fenster einer Wohnung im dritten Stock: viel näher, viel deutlicher, viel bedrohlicher.

Der «Theaterhof Priessental», unser Winterquartier, ist ein alter Bauernhof, in Oberbayern gelegen, zwischen Burghausen und Mehring. Gegründet wurde der Theaterhof 1978 von Schauspielerinnen und Schauspielern verschiedener Theater, die ihre bisherigen Zusammenhänge verließen, um gemeinsam ein eigenes Theater aufzubauen: ein

Theater, in dem die Schauspieler bestimmen, welches Stück gespielt wird, und wie. Ein Theater ohne Hierarchie und Abteilungen, ohne Betriebsbüro, Inspizienten, Dramaturgen, Intendanten, und vor allem – ohne festes Haus. Statt dessen ziehen wir von Mai bis November mit unserem Zelt durch die Städte der Republik und wohnen in Wohnwagen und umgebauten Lkw.

Dreizehn Erwachsene und drei Kinder leben auf dem Theaterhof. Angela, Walter, Marlen, Peter, Poffel, Juliane, Miesi, Martin, Silvia, Wulli, Helga, Manne und David, Kati und Till. Und ich.

Gegen den Willen meiner Eltern, aber mit freundlicher Unterstützung meines Deutschlehrers, ging ich mit 18 Jahren weder zur Uni noch zum Bund, sondern auf die Schauspielschule in Bochum. Wie habe ich meinen aufgeblähten Gymnasiastenschädel als Schauspieler hassen gelernt, wie hat er mich behindert. Alles habe ich gewußt, nichts habe ich gewußt. Das Lernen auf der Bühne unterliegt ganz anderen Gesetzen: Situationen, Bewegungen, Gedanken, Worte, Sätze ausprobieren, hinterfragen, abklopfen, erfahren, wieder probieren, Gesten, Gefühle und Töne zueinander finden lassen.

Nach drei Jahren, kurz vor der Abschlußprüfung, verließ ich die Schule und zog nach Berlin, zum Kinder- und Jugendtheater «Rote Grütze». Da blieb ich dreieinhalb Jahre. Wir spielten über zweihundertmal «Darüber spricht man nicht», ein Spiel für Leute ab 6 von Liebe und Sexualität. Es war eine richtige Ochsentour. Jeden Tag in einer anderen Stadt, nirgendwo zu Hause, immer unterwegs. Immer fremde Leute kennenlernen, immer gerade kennengelernte Leute schon wieder verlassen. Nach ein, zwei Wochen fühlte ich mich einsam – total einsam. Jeden Tag um die Liebe spielen, mit Liebe über die Liebe. Und selber nichts abkriegen. In einem dieser Tourneeorte, war es nun Bamberg oder Remscheid oder Schorndorf, hatten wir eine Doppelvorstellung. Das heißt 7 Uhr Aufstehen, 8 Uhr Aufbau, 10 bis 12 Uhr 30 erste Vorstellung, dann etwas essen, eine halbe Stunde schlafen oder dösen und von 15 bis 17 Uhr 30 die zweite Vorstellung. Und dann kommt nach der zweiten Vorstellung eine Frau zu uns und sagt, sinngemäß: Ich würde gerne noch mit euch zusammen sein und erzählen, warum es mir so toll gefallen hat. Aber ich bin jetzt so gut drauf. Ich geh lieber nach Hause zu meinem Freund und vögle mit ihm.

Das saß. Am selben Abend bin ich ziemlich abgestürzt. Nach dem Motto «Mich liebt niemand» habe ich mich besoffen. Am nächsten Tag war ich nicht zu gebrauchen. Doch dann begann ich zu begreifen, zu lernen, mich zu verlieben – in all die Kleinigkeiten, die ich vorher so unbeachtet an mir vorbeiziehen ließ: Wenn die Achtjährige mit den roten Haaren und den großen Zahnlücken herzhaft über den versauten

Witz ihres Nachbarn lacht oder wenn nach der Vorstellung ein Junge zu mir kommt und sagt: «Übrigens, ich heiße Rolf – aber du darfst Jack zu mir sagen.» In dieser Zeit lernte ich die Achtung vor den kleinen Zwischenspielen.

Anschließend arbeitete ich mehr oder weniger erfolgreich in Hamburg, in Wien und wieder in Hamburg. Diese wichtigen kleinen Zwischenspiele habe ich erst beim Theaterhof wiedergefunden.

Hier teilen wir uns eine Küche, ein Wohnzimmer, eine Kuh, eine Probebühne, ein Klo, ein Außenklo, eine Dusche, eine Badewanne, eine Sauna, ein Pferd, ein Rind, zwei Ladas, ein Schwein, eine Auto-, eine Elektrowerkstatt, einen Bauern und eine Heilpraktikerin. Außerdem hat jeder von uns ein eigenes Zimmer und einen Wohnwagen für die Tour. Vieles dreht sich um das Theaterspielen, aber genauso wichtig ist uns die biologische Landwirtschaft am Hof, die Gasrechnung, die Organisation der nächsten Tournee, Freud und Leid der Kinder in der Schule und ob die neue Bundesstraße wirklich in 30 Meter Entfernung vom Hof gebaut wird.

Ich will Priessental nicht in den Theaterhimmel heben. Wir tun uns auch allerhand Grausamkeiten an. Etwas Wertvolles geht zu Bruch, und niemand will es gewesen sein; oder seit Stunden kommt jemand nicht zu Wort, und keiner merkt es. Wo 16 Menschen gleich wichtig sein sollen, wird oft einer übergangen oder unbeabsichtigt verletzt.

Doch dann gibt es wieder so viele Menschen, wo ich einfach ins Staunen komme: Wenn Manne einen Wohnwagen drei Meter hoch in die Luft zieht, einen alten Lkw darunterfährt, den Wohnwagen darauf festschweißt und eine Woche später mit dieser Kombination durch den TÜV kommt – das ist wie ein kleines Wunder. Oder wenn Walter mir erklärt, wie er in diesem Jahr 80 verschiedene Gemüsesorten anbaut, in welcher Reihenfolge und nach welchen Regeln – da stehe ich nur noch staunend daneben. Es gibt soviel, von dem du als «beschränkter» Schauspieler keine Ahnung hast. Hier passiert es im selben Betrieb.

Oktober 1986, Berlin-Kreuzberg. Wir spielen die «Hamsterlegende» auf dem Mariannenplatz. Ausverkauft. «Ausverkauft» ist das schönste Wort, das es für uns gibt. «Ausverkauft» heißt «finanziell alles bestens», bedeutet gute Stimmung und vollen Einsatz. Zehn Minuten vor Beginn stehe ich hinter dem Rückhang und splinze durch einen Schlitz ins Publikum. Noch immer strömen Zuschauer in das Zelt und drängeln sich um die Plätze. Setzt euch, denke ich, fühlt euch wohl. Jeden Stuhl, jede Bank, jede Glühbirne, jede Dose Bier, jede wärmende Decke – alles haben wir für euch hierher geschafft. Nutzt es. Wir nehmen alles wieder mit. Nichts wird bleiben von diesem Abend – außer den Träumen und der Erinnerung.

Ein fast normaler Tourneeabend. Wir spielen die «Hamsterlegende» – Shakespeares «Hamlet», übertragen auf die heutige Zeit. Es ist halb acht, seit einer halben Stunde ist die Kasse offen, ein kleiner roter Wagen am Vorzelt. Angela, unsere Organisatorin, macht Kasse. Die Schauspieler hinter der Bühne werden schon hektisch, außer Micha. Seine Hektik kommt später. Er ist noch nicht im Kostümwagen, und aus seinem Wagen hallt die neueste Joe Jackson.

Wie beim Kofferpacken rennen alle durcheinander und räumen die Requisiten zurecht. Ich sitze im Kostümwagen auf einem Stuhl, neben mir Miesie, meine Mutter, und wie jeden Abend sagt sie: Sei ruhig, ich werde nicht fertig. Sie hat ein grünes Kleid an, ist auf schick gemacht. Es kommt vom Kleidermüll, wie viele von unseren Kostümen. Miesie spielt die Frau des Hierarchen, den spielt Martin. Er hat sein Grundkostüm schon an, braune Hose und weißes Hemd. Martin steht schon am Vorzelt und sucht den Kontakt mit den Zuschauern.

Zwanzig vor acht: Ich füttere die Ziege, die wir mit auf Tournee genommen haben. Wir brauchen sie als Gnom in der Gespensterszene. Eine verrückte Idee, die eigentlich niemandem geschadet hat – außer der Ziege. Ich hole ihr Wasser aus dem Wagen, der uns als Dusche und Klo dient: ein alter Armeewagen, den Manne von den Alliierten in Berlin gekauft hat. Manne ist unser Automechaniker und hinter der Bühne sozusagen Mädchen für alles. Er stellt die Requisiten auf, und er ist es auch, der die Ziege auf die Bühne trägt. Vor dem Auftritt füttere ich sie noch, damit sie ruhig bleibt, wenn es soweit ist. Dann fange ich an, mich umzuziehen.

Ich spiele den Sohn des Kanzlers. Dieser Sohn ist Weltmeister im Fechten, damals; heute hat Boris Becker in Wimbledon ge

David Buss

Die Ziege im Zuschauerraum

Mit dem Wandertheater unterwegs

wonnen. Die ganze Sache ist auf Beckers Gesten aufgebaut, nur, daß wir mit Floretts und nicht mit Tennisschlägern schlagen. Micha spielt meinen Bruder. Wir geben eine Fechteinlage. Zuerst zwinge ich Micha zu Boden. Dann macht er mit seinem Florett einen Aufschlag, den ich nicht kriege; ich beschwöre die Tennis-Götter und schlage ein As. Nach einem weiteren Aufschlag von ihm kommt der Becker-Hechtsprung und der Becker-Shuffle. Das Lampenfieber ist vorbei. Erleichterung, der schwerste Teil des Abends ist beendet. Danach muß ich die Ziege aus dem Stall holen, weil Manne keine Zeit dazu hat. Heute bin ich sehr früh dran, deswegen binde ich sie draußen an einen Anker.

Und dann das: Uki, die Ziege, reißt sich los, rennt um das Zelt herum durchs Vorzelt in die Zuschauermenge und setzt sich auf eine Bank. Sie sitzt genauso da wie alle anderen Zuschauer, mit dem Blick nach vorne. Poffel, mein Vater, auf der Bühne der Kanzler des Hierarchen, hält gerade seinen Monolog. Bloß gilt alle Aufmerksamkeit diesmal nicht ihm, sondern der Ziege. Er fällt aus der Rolle, kann nicht mehr ernst bleiben und fragt ins Publikum: «Kann nicht irgend jemand diese Ziege hier rausschaffen?»

Durch solche Einlagen kommt das Publikum in Stimmung.

Zum Glück gelingt es mir, die Ziege wieder einzufangen. Als sie wieder in ihrem Käfig ist, spielt sich auch für mich nichts mehr ab an diesem Abend.

Auf der Bühne zu stehen – früher hatte ich Angst davor. 500 Leute, die einem zuhören, 500 Leute, vor denen man Lampenfieber hat, weil man den Text vergessen oder sich versprechen könnte; jeden Abend bis kurz vor der Szene die Angst, Micha irgendwo mit dem Florett zu treffen; die Leute in den vorderen Reihen, die einem dauernd in die Augen schauen, alles ganz streng benoten und am Schluß doch mitklatschen – heute ist es ein Teil von meinem Leben, wie eine ganz normale Arbeit. Nur, daß es wirklich Spaß macht.

Wer blickt noch durch?

Was *Freies Theater* darstellt und darstellen soll, vermag Ende der achtziger Jahre wohl niemand mehr mit Überzeugung zu sagen. Die Schwierigkeiten beginnen schon beim Namen. Mal nennt es sich Off-Theater, mal alternatives Theater, in der Regel spricht man jedoch von freien Gruppen, ohne so recht zu wissen, wovon sie frei sind und wozu. Fragen über Fragen: ist dieses Theater seiner Natur nach politisch, avantgardistisch, subversiv? Ist es erfinderisch oder in Not? Woran orientieren sich die freien Regisseure und Schauspieler, für welches (neue?) Publikum spielen sie, und welche Stücke? Worin besteht der Unterschied zu dem, was Staats- und Stadttheater, die «Unfreien» also, derzeit zu unser aller Mißvergnügen treiben? Im Augenblick lautet die wohl wichtigste Frage: Denken die Theatermacher über diese Probleme nach, wissen *sie* wenigstens, wohin der Karren rollt?

Das war nicht immer so: Die Zeiten sind vorbei, daß Freie Theater um gesellschaftliche Anerkennung kämpfen mußten. Einige große Städte im deutschsprachigen Raum unterhalten Spielstätten (die freilich nicht ausreichen) und zahlen Produktionszuschüsse, und die Medien haben ihre Stories über freie Gruppen auch gefressen. Es reicht hinten und vorne nicht, ganz klar: allein in West-Berlin wurde für das Jahr 1987 von mehr als 120 Gruppen ein Zuschuß beantragt, 37 erhielten tatsächlich Geld aus der Senatsschatulle, insgesamt rund 1,8 Millionen Mark. Ganz schön viel wenig. Aber: es ist eben auch festzustellen, daß die Zahl der Gruppen wächst, und zwar enorm, und daß gleichzeitig die Qualität der freien Produktionen im Durchschnitt stagniert oder sogar rückläufig ist.

Längst ist das Freie Theater aus seinem

Rüdiger Schaper

Nur Mut – aber wozu?

Zur Entwicklung des Freien Theaters

Getto heraus. Es spielt sich nicht mehr nur in elitären Zirkeln ab. In seinem breiten Wachstumsprozeß scheint es die Radikalität der sechziger und siebziger Jahre verloren zu haben. Die Theorien und Utopien, auf die sich dieses Theater anfangs gründete, sind über Bord gegangen. Die Szene bietet das Bild eines alternativen Supermarktes: Schauspiel, Tanztheater, Pantomime, Rocktheater, Comedy, Solo-Trips, Performance, Grenzüberschreitendes. Alles ist wohlfeil im Angebot, mit den dazugehörigen Workshops. Der Zuschauer ist selbst potentiell ein Theatermacher. Alle sollen kreativ sein, jeder was zu sagen haben. Vom *Handwerk* der Schauspielerei zu reden, klingt rückschrittlich.

Mittlerweile haben wir es schon mit der dritten und vierten Generation freier Theatermacher zu tun. Viele dieser neuen Gruppen zeigen kaum noch soziales und politisches Engagement. Sie spielen für sich selbst, und ihre Aktivitäten weisen starken Therapiecharakter auf. Im (Freien) Theater scheint möglich, was sonst nirgends in dieser Gesellschaft möglich ist: Kommunikation, menschliche Nähe, Selbstbestimmung und -verwaltung, Spontaneität und kreatives Arbeiten. Die bloße Existenz so vieler freier Gruppen mag als positive Entwicklung gewertet werden; die Mehrzahl ihrer Produktionen erscheint dagegen beliebig und austauschbar. Die Phantasie verschwindet in den Prozessen, sie erreicht den Zuschauer nicht mehr. Es gibt freilich eine Reihe funktionierender Gruppen mit guten professionellen Standards, es gibt innovative Ansätze, Ideen, Experimente, riskante Unternehmungen – diese ändern aber nichts an der allgemeinen Tendenz. Der Begriff «Freies Theater» wird inflationär gebraucht, die Faszination für die Sache selbst droht nachzulassen.

Der polnische Theaterrevolutionär Jerzy Grotowski hat 1984 mit der endgültigen Schließung seines Laboratoiums ein Signal gesetzt. Ein langjähriges, spektakuläres Experiment war am Ende, wie es schien. Oder geht es doch weiter? Viele seiner Schüler und Mitarbeiter ziehen durch die Welt und vermitteln in Workshops Grotowski-Schauspielkunst. Grotowski, aber auch Artaud, Strasberg, Butoh usw., diese Namen klingen wie Zauberwörter. Sie verheißen Erleuchtung, den Schlüssel zu einer geheimen Theaterwelt. Nicht selten aber sehen sich die über Workshops «Eingeweihten» in die Irre geführt und um eine hübsche Summe Geld erleichtert. Die Frage nach der *alternativen* Schauspielausbildung ist schwierig. Das Angebot staatlicher Schulen ist erstens auf wenige Plätze begrenzt, zweitens oft praxisfern und konservativ ausgerichtet; Ausnahmen gibt es natürlich auch hier. Um so verwirrender die Möglichkeiten, sich auf eigene Faust ausbilden zu lassen: Workshops muß man sorgfältig auswählen, sinnvoll kombinieren. Man braucht viel Zeit und Kraft, sich auf diesem Weg durchzusetzen.

Freies Theater, das war einmal eine Bewegung, die sich gegen die etablierten Theaterinstitute gründete, als diese zu langsam oder gar nicht auf gesellschaftliche Veränderungen reagierten. Zur gleichen Zeit haben sich auch jene Regisseure profiliert, die heute an der Spitze großer Häuser stehen oder standen: Zadek, Stein, Flimm, Neuenfels. Diese Regisseure kommen in die Jahre, doch nirgends rührt sich eine neue Generation von Theatermachern, weder im etablierten Bereich noch in der freien Szene. Freies Theater versteht sich daher nur noch in seltenen Fällen als kritisches Pendant zu den staatlichen Bühnen. Die Fronten sind verwischt, Akteure wechseln hin und her, die Seiten brauchen sich nicht zu entscheiden. Geht man von der vieldiskutierten «Krise des Theaters» aus, sind, wenn sie existiert, alle betroffen: die Etablierten und die freien Gruppen.

Freilich gibt es im Off-Bereich eine Reihe von spezifischen Problemen. Während auf der einen Seite die großen Häuser immer etwas scheinheilig – denn im Grunde sind sie desinteressiert – über den Mangel an neuen Stücken und jungen Autoren klagen, so ist es auf der anderen Seite einer freien Gruppe nahezu unmöglich, ein Stück eines halbwegs bekannten zeitgenössischen Autoren zur Uraufführung zu bekommen. Denn viele Theaterverlage halten Rechte und Texte lieber zurück, als sie den Freien zu überlassen. Die etablierten Bühnen, die neue Stücke mit Optionen oft auf Jahre blockieren, garantieren die besseren Tantiemen und größere Publizität. Ein Blick auf die Spielpläne der Off-Bühnen zeigt aber auch ein Problem, das sie sich selbst zuzuschreiben haben. Denn abgesehen von den objektiven Schwierigkeiten mit neuen Stücken schielen die Freien allzu gern auf offenkundige, modische Publikumsinteressen, halten es mit dem Bewährten und Bekannten der Alternativ-Kultur. Die Mechanismen einer freiwilligen Selbstkontrolle funktionieren anscheinend reibungslos.

Frei oder nicht frei – das Bild erscheint düster, perspektivlos. Wozu überhaupt noch Theater?

Die elektronischen Medien haben das Kulturgut «Theater» in rasender Geschwindigkeit überholt. Auf der Bühne ist die Zeit zum Stillstand gekommen. «Man geht viel lieber ins Kino als ins Theater», so der Dramatiker Heiner Müller, «das beweist, daß das Theater wieder wichtiger wird, sonst würde man ja hingehen und es so ertragen, wie es ist. Da man es zunehmend weniger erträgt, gibt es eine Erwartung von einem anderen Theater . . .» Müller macht einen dialektischen Satz, der nicht leicht nachzuvollziehen ist, der aber in die Richtung weist, in die ein freies Theater gehen müßte. Er nennt es «anderes Theater» und meint historisch denkendes Theater. Eines, das Formen sprengt, Inhalte neu definiert und die Medien benutzt, die dem Theater angeblich feindlich gegenüberstehen.

Reiner Schweinfurth

**Das Trans-
Holocänische
Theater**

Er meinte, um avantgardistisch zu werden,
müsse man erst einmal das Zeitalter Becketts
begraben. Wenig Freunde hatte er sich mit
dieser Ansicht unter den Kollegen an der
Hochschule geschaffen. Die verstanden sich
zwar nicht ausdrücklich als Nachlaßverwal-
ter des Dramatikers, aber sie waren daran gewöhnt, Beckett wie jeden anderen Klassiker
zu behandeln: als lebende Leiche, deren ver-
bliebene Vitalität mit allen Mitteln, das heißt
vor allem theoretisch, zu bekämpfen sei.
Dann lieber sofort beerdigen. Heiner Müller
gleich mit und Robert Wilson auch. Alle zusammen ab in die Familiengruft. Endlich
aufräumen mit diesen Endzeit-Propheten.
So schimpfte Louis in seinen Veranstaltungen, und seine Studenten hatten ihren Spaß
daran. So sehr Louis aber den avantgardisti-
schen Stachel in seiner Kunstseele spürte, so
intensiv nickte er all dem beifällig zu, was
sich post-modern nannte. Ein Widerspruch,
der nach tätiger Versöhnung verlangte. Aber
wie?

An Durchblick mangelte es ihm nie. Nur –
und das bekannte er freimütig – bestand sein
Wissen aus transformierter Druckerschwärze. Doch was war es wert, wenn sich
niemand danach richtete und der Verfall des
Bühnengeschehens unaufhaltsam voran-
schritt? Unser Dozent sah sich zunehmend
Gewissensnöten ausgesetzt. Den großen
Schritt tat er jedoch noch nicht. Zunächst ab-
solvierte Louis einige Stunden Sprecherziehung, schrieb sich in eine Liste zur Teilnahme am Bewegungstraining ein, erinnerte
sich seiner Trompete, die er vor Äonen unter
Luft gesetzt hatte – denn ein Theater ohne
Musik konnte er nicht dulden –, aber nach
drei Monaten sah Louis ein, daß er mit uni-
versitären Bemühungen allein nicht weiter-
kam. Ihm ging diese ganze Hochschule auf
die Nerven.

Seit geraumer Zeit hörte Lisa, seine Frau, ihm bereits nicht mehr zu; sie vertrieb sich die Zeit heimlich mit einem Gymnasiallehrer, der wenigstens nicht jammerte. Der war nicht so verblasen wie Louis und zudem noch ein erstklassiger, vegetarischer Küchenzauberer. Vom Rest ganz zu schweigen. Die Scheidung war eine Formsache, und Louis dachte nur: «Dir werd ich's zeigen. Von mir wirst du noch hören.» Von jugendlichem Eifer beflügelt, lud unser ehemaliger Dozent – den Lehrauftrag erneuerte er nicht – einen Ford Transit voll und zog in eine Großstadt im Westen der Republik.

Die erste Tat, die er dort vollbrachte, bestand darin, in der lokalen Stadtillustrierten eine Kleinanzeige aufzugeben, unter der Rubrik «Aktivitäten» und mit folgendem Inhalt: «Ausgebildeter Theaterpädagoge sucht Schauspieler (keine Anfänger), die mit ihm zusammen ein Projekt zur theatralischen Unterscheidung von Tier und Mensch erarbeiten. Chiffre...» Wenn Avantgarde und Post-Moderne sich miteinander vertragen sollten, ging das nur über die Erfindung eines völlig neuen Spieltypus, der sich von Psychologie und Politik, von Gattungen und Traditionen soweit absetzte, daß sich die Bühne in ein Laboratorium verwandeln konnte. Ein Laboratorium für eine entwickelte Spezies des kommenden Jahrtausends, so schwebte es Louis vor.

Der Erfolg seiner Suchmeldung war überwältigend. An einem noch kalten Aprilabend versammelten sich über zwanzig Personen in seiner neuen Wohnung. So viele interessante Zuschriften hatte Louis beantwortet. Nun kochte er in allen verfügbaren Kannen und Töpfen Hibiskustee mit Zusatz: Huflattich. Eine Empfehlung von Lisa.

Außerordentlich bemerkenswert empfand der Gastgeber, daß sich einige der Geladenen offensichtlich auf Anhieb verstanden und, ohne sich groß um ihn zu kümmern, in ein angeregtes Gespräch verfielen. Ein gutes Zeichen, schloß der selbsternannte Spielleiter mit ausgebildeten pädagogischen Fähigkeiten. Nach etwa einer Stunde gelang es ihm, leidlich Ruhe herzustellen und die Anwesenden zu fragen, was sie sich bei seiner Anzeige gedacht und warum sie ihm geantwortet hätten. Gabi, Elli, Susi, Herbert, Robert und Norbert und wie sie alle hießen, konnten mit der Unterscheidung zwischen Tier und Mensch nicht viel anfangen, erklärten aber, daß sie Hunde gern hätten und gegen Tierversuche seien. Einer sprach sich für die Schließung zoologischer Gärten mit der damit verbundenen Befreiung der Tiere aus. Louis mußte hilflos mit ansehen, wie sich eine Diskussion entspann, an der ihm überhaupt nicht gelegen war. Sie erschöpfte sich zum Glück nach kurzer Zeit, und die Augen richteten sich skeptisch auf den Inserenten. Louis holte aus, immerhin gehe es um die Verbindung von Evolution und Ästhetik, um eine neue Mischung von Körper und

Geist. Louis wuchs über sich selbst hinaus. Mit einem Appell an Lernfähigkeit und Überwindungsreserven schloß er. Kurze Pause. Dann erhob sich ein Teil der Gäste. Einer meinte: «Das ist nichts für mich. Vom Lernen hab ich den Kanal voll. Ich will lieber spielen. Du läßt mir keinen Freiraum. Da ist keine Rolle für mich drin.» Die Zustimmung war beträchtlich. Als die Runde sich lichtete, hörte Louis, wie eine Frau erklärte: «Vom Freien Theater hat der Typ keine Ahnung.» Sechs blieben. Anfänger, wie sich herausstellte, und genau jene, die sich vorher so angeregt miteinander unterhalten hatten. Man kannte sich schon von ähnlichen Zusammenkünften.

Louis wollte mit szenischen Innovationen nicht länger warten, freute sich über das endlich angewiesene Arbeitslosengeld und mietete standesgemäß eine Fabriketage. Allerdings nicht ohne klarzustellen, daß sich jedes neue Mitglied des Trans-Holocänischen Theaters an Miete, Strom und Wasser zu beteiligen hätte. Entwicklung sei nur im Kollektiv möglich.

Die neu formierte Truppe tauchte tief hinab in die Menschheitsgeschichte und die ihr vorausgegangenen Epochen, fünfzehn Millionen Jahre zurück ins Miocän und noch weiter bis zum Propliopithecus; die Akteure glubschten mit den Rundmäulern, betrieben Druckausgleich mit den Amphibien, schlängelten sich als Ur-Reptile, stelzten wie Schnabeltiere, versetzten sich in Halbaffen und Insektenfresser, gerieten an ihr akutes Menschsein und spürten genau die Schwelle zur befreiten Existenzform der trans-holocänischen Wesen, von denen es noch nicht einmal einen Science-fiction-Film gab, wie Louis nicht müde wurde mitzuteilen.

Die Proben waren anstrengend. Denn wozu sich die Natur einigermaßen Zeit gelassen hatte, wollten der Spielleiter und seine Trans-Holocäner in einem Vierteljahr absolvieren, weil dann die erste Premiere auf dem Programm stand: «Typologie des Übermenschen.» Untertitel: «Was Nietzsche noch nicht wissen konnte.» Diese Wendung stammte von Louis, denn sein stetig gesteigertes Sendungsbewußtsein mußte nach einer Maxime suchen, die ein Publikum ansprach, das mit gewagten Gedanken vertraut war. Und Nietzsche-Kenner schienen die Auserwählten. Zwar wechselte die Besetzung des Theaters in diesen drei Monaten beständig, doch Louis wußte immer genauer, was er wollte, wenn er sich auch nicht immer vermitteln konnte. Darwin war es nicht anders ergangen. Hatte sein Sinn sich früher gegen Anfänger eher gesträubt, so frohlockte er nun, je näher die Premiere rückte, um so heftiger, je ahnungsloser die Bewerber waren: Schöpfungsmaterial, dem es den Stempel der Zukunft aufzuprägen galt. An entsprechendem, entwicklungsgemutem Zulauf mangelte es dem Trans-Holocänischen Theater nichts, und aus Louis' Inserat wurde eine Daueranzeige.

Der Tag der Uraufführung kam. Die Einladungen an die Presse waren verschickt. Auch Lisa hatte eine solche mit handschriftlichem Gruß empfangen. Freunde, Bekannte, Eltern der Mitspieler füllten die Fabriketage.

Die Akteure betraten nackt die Bühne, mit nichts als Lärmschutzhauben bekleidet. Nach wenigen Sekunden erklärte sich diese Vorsichtsmaßnahme von selbst, weil die Lautstärke des Soundtracks die Schmerzgrenze der zurückgebliebenen Besucher schamlos durchstieß. Nach zehn Minuten brachen die schwer zu deutenden Geräusche ab. Die Nackten auf der Bühne begannen zu brüllen, unartikulierte Laute von sich zu geben, sich schließlich auf dem Boden zu wälzen, wozu Louis aus der Höhe Mehl abwarf, bis die Leiber weiß gepudert waren. Vorne an der Rampe stand ein obligatorischer Satz Fingerfarben, die präparierten Körperobjekte mit phantasiereichen Gebilden zu bedecken. Nach erneutem Gebrüll verschwand die erste Riege, um der zweiten Platz zu machen, die das Spektakel wiederholte. Mit der Varia, daß die Gruppe zuerst brüllte und dann der Einsatz des Soundtracks folgte. Pause. Ein Becher Wein kostete vierfuffzig, Selters zweifuffzig. Die Zuschauer sprachen lauter als sonst miteinander. Die Klangkulisse hatte die gewünschte Wirkung gezeitigt. Ein zaghaft bimmelndes Glöcklein, das zum Ende der Unterbrechung ertönte, wurde prompt überhört. Louis war mehr als zufrieden. Im zweiten Teil vollzog sich ein entfernt an Pantomime erinnerndes Bewegungspoem – auf dem Programmzettel als «Metamorphose» betitelt –, in dem nichts zu vernehmen war außer den angestrengten Atemzügen der Mitwirkenden, die schwitzten wie Bauarbeiter in der Mittagssonne. Irgendwie versuchten alle den Eindruck zu erwecken, als ob sie aus einem Gefängnis ausbrächen, was offensichtlich nicht glückte. Louis thronte immer vor einer imaginären Tür und wies die Delinquenten mit gestrenger Geste wieder ins Zelleninnere zurück. Die «Typologie des Übermenschen» lief zweifellos auf ihn hinaus, denn sie endete damit, daß er auf Stelzen zwischen den ausgestreckten Leibern daherschritt und mit einem höhnischen Grinsen in die verlöschenden Scheinwerfer blickte.

Das Publikum war begeistert, die Kritik «positiv irritiert», wie sich einer am nächsten Tag ausdrückte. Louis wußte, er war auf dem richtigen Weg. Nur Lisa hatte ihn schmählich im Stich gelassen und war nicht erschienen.

Schauspieler werden – aber wo?
Schauspielschulen im Überblick

Die staatlichen, öffentlichen und halböffentlichen Schauspielschulen in der Bundesrepublik Deutschland, in Österreich und in der Schweiz

Traumkurse

Schauspiel-Akademie Zürich: 400; Hochschule für Musik und Darstellende Kunst in Wien: bis 800; Westfälische Schauspielschule Bochum: 900; Hochschule der Künste Berlin: 950, Tendenz steigend; Hochschule für Musik und Darstellende Kunst Frankfurt am Main: 1000. Das sind fünf durchschnittliche Bewerberzahlen an den öffentlichen Schauspielschulen der Bundesrepublik, Österreichs und der Schweiz, wie sie uns von den Fachbereichsverwaltungen mitgeteilt wurden (Redaktionsschluß: April 1987).

In der Regel nur zehn bis zwölf Anfänger pro Jahr können die Schulen aufnehmen – wenn sie wollen. Manchmal wollen sie nicht, weil sie unter 800 keine zwölf finden, die sie für würdig halten; dann werden eben mal drei Plätze weniger vergeben als sonst.

Die öffentlichen Schauspielerschmieden könnten mit ihren Ausbildungsplätzen glatt an die Börse gehen.

Die geringen Kapazitäten sind leicht zu erklären. Von den bundesdeutschen Theatern beispielsweise werden jährlich rund 150 Anfängervakanzen gemeldet; demgegenüber beenden jährlich mindestens 300 Schauspielschüler ihre Ausbildung, davon 120 Absolventen öffentlicher Schulen (mit Österreich und Schweiz ca. 160). Einmal abgesehen davon, daß man in Kleingruppen besser lernen kann, stehen die öffentlichen Schauspielschulen oft, was ihre finanziellen und räumlichen Verhältnisse betrifft, im Schatten ihrer Nachbarabteilung. Die heißt meist «Musik» und geht vor Theater – schon im Namen: «Hochschule für Musik und Theater».

Um im Börsen-Bild zu bleiben: Ein ehrlicher, verläßlicher Prospekt ist die halbe Dividende, in der Wallstreet ebenso wie an der Talentbörse «Schauspielerausbildung». Solche Prospekte – hier: Studieninformationen, Lehrpläne und Studienordnungen – zeichnen sich dadurch aus, daß sie offen und ehrlich informieren, auch auf die Mängel des Angebots eingehen und ihre Betonung nicht auf «Börse» legen; im Gegensatz zu anderen, die das Blaue vom Broadway-Himmel herunterlügen – und dann noch mit falsch oder sehr mißverständlich angegebenen Kursen.

Die öffentlichen Schauspielschulen sind seriöse Anbieter, das Porto für die Prospekte lohnt sich, sie sind von ehrlichen, kreativen Menschen liebevoll gestaltet. Gesamtprospekte gibt es nur zwei, aber die sind sachkundig und nützlich gemacht: der erste, weil er als Dissertation veröffentlicht wurde – Peter Lackner, «Schauspielerausbildung an den öffentlichen Theaterschulen der Bundesrepublik Deutschland», s. Literaturverzeichnis; der zweite, weil er sich – Kunstvorbehalt hin oder her – an Recht und Gesetz orientiert: «Blätter zur Berufskunde: Schauspieler / Schauspielerin» von der Bundesanstalt für Arbeit, s. ebenfalls Literaturverzeichnis.

Was wir im Angebot haben? 14 staatliche, öffentliche oder halböffentliche Schauspielschulen. Neun bundesdeutsche, drei österreichische, zwei schweizerische.

Und was die 400 Mitbewerber in Zürich, die 800 in Wien und die 1000 in Frankfurt am Main betrifft: Wir haben nichts zu verlieren als unsere Träume.

Schulen in der Bundesrepublik

Hochschule der Künste Berlin

Ausbildungsplätze: formal keine Begrenzung, Jahrgangsstärke in den letzen Jahren durchschnittlich 11
Durchschnittliche Zahl der Bewerber/innen: Zulassungsprüfung 1987 ca. 950, Tendenz steigend
Ausbildungsbeginn: jeweils zum Sommersemester
Ausbildungsdauer: 8 Semester
Kosten Schulgeld: keine
Kosten Lernmittel: gering, gelegentlich für Literatur
Ausbildungsziel / Abschluß: Bühnenreife / Diplomprüfung

Zulassung

Bildungsvoraussetzungen: erfüllte Schulpflicht – Abitur und Mittlere Reife / Realschulabschluß sind nicht Bedingung
«Schnupperstudium» möglich: Bestimmte Veranstaltungen allgemeineren Charakters sind einer begrenzten Zahl von Gasthörern offen – im Vorlesungsverzeichnis jeweils ausgewiesen
Altersbegrenzung für Bewerber/innen: 28 Jahre
Ärztliches Attest: ja

Aufnahmeprüfung

Termine: kurz nach Schluß des Wintersemesters – Ende Februar / Anfang März
Prüfungskatalog: 1. Vorauswahl: 4 szenische Darstellungsproben – bei einer ist der (klassische) Autor jeweils vorgegeben, wechselnd, schriftliche Darstellung der Auseinandersetzung mit der Rollenaufgabe des vorgegebenen Autors
2. Zugangsprüfung: Unterrichtsähnliches intensives «Test»-Verfahren mit verschiedenen szenischen Improvisationen, fachspezifischen Prüfungsteilen (Körper und Bewegung, Stimme und Sprechen, Erkenntnisinteresse und -vermögen) und Gespräche (Zielvorstellungen, spezifische Berufsmotivation)

Lehrplan

Grundstudium

Einzelunterricht: 2–3 Stunden Sprech- und Stimmerziehung und rhythmisch-musikalischer Unterricht

Gruppenunterricht: 16–18 Wochenstunden szenische Grundausbildung. 9–11 Wochenstunden Körper und Bewegung (Erwerb von Körperbewußtsein, körperbildende und tänzerische Techniken, Akrobatik), 2 Wochenstunden Textarbeit

Seminarunterricht: 4 Wochenstunden Theaterwissenschaft, im 4. Studiensemester zusätzlich 4 Stunden projektbezogene Dramaturgie

Projektarbeit: Der szenische Gruppenunterricht hat im 4. Semester projektorientierten Charakter und bereitet damit auf die Projektarbeit des Hauptstudiums vor.

Sonstiges: Angegebene Wochenstunden je Semester. Die Zahl der Unterrichtsstunden beträgt also pro Woche durchschnittlich mindestens 35 – dazu kommt erhebliche Vor- und Nachbereitungszeit.

Hauptstudium

Einzelunterricht: 2–3 Wochenstunden szenischer Einzel- und Kleingruppenunterricht, 1–2 Wochenstunden Sprech- und Stimmerziehung, im Verlauf des Hauptstudiums 1 × 1 Wochenstunden Mikrophonpraxis und 1 × 1 Wochenstunden Bühnenlied

Gruppenunterricht: 2–4 Wochenstunden Bewegungskonventionen / Tänze, 1 Wochenstunde Fechten / Kampftechniken, 2–3 Wochenstunden Akrobatik, im Verlauf des Hauptstudiums 2 × 2 Wochenstunden Textarbeit

Seminarunterricht: Im Verlauf des Hauptstudiums 1 × 2 Wochenstunden Sprechwissenschaft, 1 × 4 Wochenstunden Theatergeschichte, 1 × 2 Wochenstunden Theaterästhetik, 1–2 × 4 Wochenstunden projektbezogene Dramaturgie

Projektarbeit: mindestens 2 szenische Projekte / Produktionen im Hauptstudium à 18 Wochenstunden

Sonstiges: Im 8. Semester eine selbstverantwortete szenische Eigenarbeit mit gelegentlicher Beratung durch Dozenten obligatorisch.

Leistungsnachweise / Zwischenprüfungen: Zwischenprüfung besteht im Nachweis erfolgreich absolvierter Lehrveranstaltungen

Kooperation mit ausländischen Schulen / Einrichtungen: Sporadisch und in Einzelfällen – über die Anerkennung von Lehrveranstaltungen muß beschlossen werden

Bemerkungen

Grundstudium stärker «verschult» – im Hauptstudium mehr Wahlmöglichkeiten. Studentische Mitsprache bei der Wahl der Gastdozenten /-dozentinnen im Bereich Szene.

Beurlaubungen für Theater-, Film-, Fernsehpraxis sind nur während des Hauptstudiums in beschränktem Umfang möglich und können aus pädagogischen Gründen versagt werden.

Zum Studienabschluß gehört auch eine schriftliche Hausarbeit (etwa aus den Bereichen: Methodik der Rollen- und Szenenerarbeitung / kritisches Arbeitstagebuch oder Theatergeschichte, -ästhetik).

Informationen unter

Hochschule der Künste Berlin
Darstellende Kunst
Fachbereich 9
Studiengang Schauspiel
Fasanenstr. 1
D-1000 Berlin 12
Telefon (030) 3185–2204

Hochschule für Musik und Darstellende Kunst Hamburg

Ausbildungsplätze: etwa 10 pro Jahr
Durchschnittliche Zahl der Bewerber/innen: über 800
Ausbildungsbeginn: Oktober
Ausbildungsdauer: 8 Semester
Kosten Schulgeld: keine
Kosten Lernmittel: nicht erheblich
Ausbildungsziel / Abschluß: Diplomschauspieler

Zulassung

Bildungsvoraussetzungen: Mittlere Reife
Altersbegrenzung für Bewerber/innen: vollendetes 24. Lebensjahr
Ärztliches Attest: nein
«Schnupperstudium» möglich: nein

Aufnahmeprüfung

Termine: Ende Februar / Anfang März, Anmeldefrist: spätestens 10. Januar
Prüfungskatalog: Teile aus mindestens 3 verschiedenen Rollen der dramatischen Literatur, eventuell vorgegebene einfache Spielaufgaben (Improvisation, Arbeit am Text)

Lehrplan

Grundstudium 1. und 2. Semester

Einzelunterricht: Sprecherziehung
Gruppenunterricht: Schauspiel (Kennenlernen und Entwicklung der persönlichen Ausdrucksmittel, Sprecherziehung, Musikalische Übungen zu Rhythmik und Stimme, Notenkunde und Einführung in Harmonielehre, Gymnastik und Einführung in das klassisch-akademische Training, Judo, Sozial- und Kulturgeschichte des Schauspielerberufes, Einführung in den Umgang mit Bühnenraum und Kostüm, Einführung in Gitarrenspiel oder ein anderes Begleitinstrument, Einführung in

Theatergeschichte und Literatur, bezogen auf die in der künstlerisch-praktischen Ausbildung benötigten Materialien

Hauptstudium 3.–6. Semester

Einzelunterricht: Sprecherziehung, Theaterlieder und Songs, Fechten
Gruppenunterricht: Einführung in Methoden zur szenischen Arbeit an der Rolle, Ensemblearbeit, Sprecherziehung, Einführung in Gitarrenspiel oder ein anderes Begleitinstrument, Klassisch-akademisches Training, Bühnentanz, Improvisation, Judo, Kultur- und Sozialgeschichte, Vergleichende Stilkunde und Theatertheorie von den Anfängen bis zur Gegenwart, Dramaturgische Funktionen von Theaterbau und Bühnenraum, Konzeptionell orientiertes methodisches Rollenstudium, Theorie und Einführung in die Praxis der technischen Medien, Bühnenvertragsrecht

Hauptstudium 7.–8. Semester

Vorbereitung und Durchführung der Diplomarbeit als Gruppenobjekt, Berufspraktika: Funk, Fernsehen
Leistungsnachweise / Zwischenprüfungen: Zwischenprüfung, Vorprüfung, Diplomprüfung
Kooperation mit ausländischen Schulen / Einrichtungen: –

Informationen unter

Hochschule für Musik und Darstellende Kunst Hamburg
Fachbereich Darstellende Kunst
Fachrichtung Schauspiel
Harvestehuder Weg 12
D-2000 Hamburg 13
Telefon (040) 44 19 54 00
2 Informationsblätter

Staatliche Hochschule für Musik und Theater Hannover

Ausbildungsplätze: 10–12
Durchschnittliche Zahl der Bewerber/innen: 1985 = 687; 1986 = 818
Ausbildungsbeginn: 1. Oktober
Ausbildungsdauer: 4 Jahre (8 Semester)
Kosten Schulgeld: keine
Kosten Lernmittel: Requisiten, Kostüme, Bühnenausstattung durch Hochschule, Literatur größtenteils durch Studierende
Ausbildungsziel / Abschluß: Schauspieler/in – Diplomprüfung, Spielleiter/in – Diplomprüfung

Zulassung

Bildungsvoraussetzungen: 1. Abgeschlossene Schulbildung (nicht Abitur), 2. Beherrschung der deutschen Sprache
Altersbegrenzung für Bewerber/innen: Empfehlung: 18–28
Ärztliches Attest: ja
«Schnupper»-Studium möglich: nein

Aufnahmeprüfung

Termine: 3 Tage für den Bewerber / die Bewerberin (ca. 14 Tage gesamt), jeweils Ende Sommersemester
Prüfungskatalog: 3 Vorspielszenen, Gruppenimprovisationen, Einzelimprovisationen, Bewegungsmöglichkeiten, Sprech- und Sprachmöglichkeiten, Möglichkeiten zum Zusammenspiel, Szenische Arbeiten an Vorspiel- und eingegebenen Szenen

Lehrplan

Grundstudium, lt. Studienordnung 4 Semester, projektorientiert, d. h. die Fachausbildung in den Fächern ist aufeinander und auf Projekte bezogen:
Einzelunterricht: Atem- und Stimmbildung 1. + 2. Semester, Sprecherziehung 2.–4. Sem., Gesangsstimmbildung 3.+4. Sem., Song/Chanson 3.+4. Sem., Sprachgestaltung: Prosa und Vers 3.+4. Sem.
Gruppenunterricht: Sprachgestaltung: Prima-vista-Lesen (vor Mikro) = 1. Sem., freie Literaturwahl = 2. Sem., Körper- und Bewegungsarbeit, Szenische Improvisation, Sensorisches und Interaktionstraining; fakultativ: Musikalische Grundlehre 1. + 2. Sem., Maskenbau und -spiel 2.–4. Sem., Bühnenfechten ab 3. Sem.
Seminarunterricht: Schauspieltheorie, Dramaturgie, Theatersoziologie
Projektarbeit: projektgebundene Szenenarbeit, stückgebundene Szenenarbeit bis zur Produktion
Sonstiges: gemeinsame auswärtige Theaterbesuche, möglichst eine Studienreise, Rollenverträge in den benachbarten Theatern werden nach Maßgabe des Ausbildungsstandes befürwortet
Hauptstudium, lt. Studienordnung 4 Semester inkl. Abschlußprüfung:
Einzelunterricht: Repertoire (Einzel und Partner) 6. Sem., Sprecherziehung 5.–8. Sem.; fakultativ: Sprachgestaltung (Rezitation, Mikrophon), Song / Chanson
Gruppenunterricht: Bewegungsarbeit / Bewegungsgestaltung 5.–8. Sem., Medienarbeit (Hörspiel, TV), fakultativ: Bewegungsgestaltung (Akrobatik, Tanz, Jazz), Improvisation
Seminarunterricht: Bühnen- und Vertragsrecht 6. Sem.
Projektarbeit: Stückproduktion mit Vorstellungsserie, inkl. konzeptionelle Vorbereitung und Nachbereitung der Produktions- und Aufführungserfahrungen 5. Sem., Hörspiel- oder TV-Produktion (möglichst in Zusammenarbeit mit Rundfunkanstalten) 7. Sem.
Sonstiges: Zeitweilige Beurlaubungen für Theater-, Film- und Fernsehverträge sind nach Maßgabe des Studienplanes möglich.
Leistungsnachweise / Zwischenprüfungen: Schein über Bühnenrecht, Scheine über fakultative Schwerpunktbildungen

Diplomvorprüfung nach dem 4. Semester: a) künstlerisch: vorgestellte Arbeiten aus dem 3. und 4. Semester, b) theoretisch: Erläuterung dieser Arbeiten, c) Fachtheorie: mündliche Gruppenprüfung. Die Prüfung kann einmal wiederholt werden.
Abschluß: Diplomprüfung: a) künstlerisch: Produktion mit Aufführungsserie inkl. Konzeption, Werbung, b) Repertoire-Prüfung, c) theoretisch: schriftliche Diplomarbeit, Diplomcolloquium zur Produktion
Kooperation mit ausländischen Schulen / Einrichtungen: einseitige Besuchskontakte zu Paris: Conservatoire, École de Mime, École de Cirque, Moskau: Schtschukin-Schule (Wachtangow), Stanislawski-Studio (MChaT)

Bemerkungen:

Fortbildungsstudium Spielleiter (Aufbaustudiengang)
Dauer: 3 Semester (inkl. Diplomprüfung) und ein mindestens sechsmonatiges Berufspraktikum. *Zulassung:* abgeschlossenes Hauptstudium als Schauspieler/in. Festlegung eines Studienschwerpunktes im Bezug zur angestrebten Berufstätigkeit (Regie, Animation, Theaterpädagogik o. ä.)
Ausbildungsbereiche: Theatralische Umsetzung: praktische Übungen zu szenischen und theatralischen Verfahren, Übungen im Umgang mit Medien, inhalts- und fachbezogene Theorie; Instrumentelle Ausbildung; Bewegungsgestaltung; Analyse und Vermittlung von Bewegungsvorgängen, Sprachgestaltung; Analyse und Vermittlung von Sprachvorgängen, Umgang mit technisch-ästhetischen Medien; Theorie: Fachtheorie zu Schwerpunkten des Studienplanes: Dramaturgie, Theatersoziologie, soziokulturelle Arbeit; Betriebslehre; Wahlangebote: nach Maßgabe des Studienschwerpunktes.
Abschluß: Diplomprüfung Spielleiter: künstlerische Prüfung als Spielleiter, schriftliche Diplomarbeit, Diplomcolloquium
Anmerkung: Dieser Aufbaustudiengang ist noch in der Erprobungsphase. Die Prüfungsordnung ist bereits erlassen.

Informationen unter

Staatliche Hochschule für
Musik und Theater Hannover
Studiengang Schauspiel
Emmichplatz 1
D-3000 Hannover 1
Telefon (05 11) 3 10 02 50/2 51

Staatliche Hochschule für Musik Ruhr
Institut Folkwang – Essen

Ausbildungsplätze: ca. 10 pro Jahrgang
Durchschnittliche Zahl der Bewerber/innen: 650
Ausbildungsbeginn: Sommersemester
Ausbildungsdauer: 4 Jahre
Kosten Schulgeld: keine
Kosten Lernmittel: je nach Notwendigkeit (Literatur, Kleidung)
Ausbildungsziel / Abschluß: Schauspieler, Pantomime, Regisseur, Abschlußprüfungen

Zulassung

Bildungsvoraussetzungen: keine
Altersbegrenzung für Bewerber/innen: 25 Jahre
Ärztliches Attest: ja

Aufnahmeprüfung

Termine: Februar
Prüfungskatalog: Vorsprechen von 3 Rollenausschnitten, eventuell Improvisationen, Arbeitstage, Auswahlprüfung

Lehrplan

Einzelunterricht: Rollenunterricht, Sprechen, Kontrollstunden, Körpertraining, Chanson
Gruppenunterricht: Ensemble (Etüden, Übungen, Improvisationen), Akrobatik, Körpertraining, Tanz, Jazz-Dance, Sprechen, Theatergeschichte/Dramaturgie, Proben, Fechten, Pantomime für Schauspieler
Seminarunterricht: Clown-Kurs, Seminar: Autoren
Projektarbeit: Proben mit Gastregisseuren, Chanson-Abende
Sonstiges: Exerzitien Tanz, Fechten, Akrobatik
Leistungsnachweise / Zwischenprüfungen: 2 Zwischenprüfungen
Kooperation mit ausländischen Schulen/Einrichtungen: Hochschulaustausch von Veranstaltungen

Informationen unter

Staatliche Hochschule für Musik Ruhr – Institut Folkwang
Hochschule für Musik, Theater, Tanz
Studienbereich Schauspiel
Abtei
D-4300 Essen 16 (Werden)
Telefon (0201) 4903–125, 233
2 Informationsblätter

Westfälische Schauspiel-Schule Bochum

Status: Öffentliches Institut der Stadt Bochum
Ausbildungsplätze: 40
Durchschnittliche Zahl der Bewerber/innen: 900
Ausbildungsbeginn: September
Ausbildungsdauer: 3 ½ Jahre
Kosten Schulgeld: keine
Kosten Lernmittel: keine
Ausbildungsziel / Abschluß: Bühnenreife, Eintritt in ein Erstengagement

Zulassung

Bühnenvoraussetzungen: keine
Altersbegrenzung für Bewerber/innen: 18–24 Jahre
Ärztliches Attest: ja
«Schnupperstudium» möglich: nein

Aufnahmeprüfung

Termine: März / April
Prüfungskatalog: 3 Rollenausschnitte nach eigener Wahl müssen vorbereitet werden. Weitere Prüfungsvorgänge: Übungen zur Überprüfung der Ausdruckskraft der Stimme, des Sprechens, des Körpers, der Vorstellungskraft; Einzelarbeit an einer der eingebrachten Rollen. Negative Entscheidungen werden den Bewerbern mündlich begründet.

Lehrplan

Anfordern. Die Ausbildung geschieht kontinuierlich in koordinierten und aufeinander aufgebauten Schritten in der jeweils geeigneten Unterrichtsform. Das Lehrerkollegium klärt mehrfach während des Semesters und bei dessen Abschluß den Ausbildungsstand und entscheidet über Inhalt und Form des weiteren Vorgehens.
Leistungsnachweise / Zwischenprüfungen: Beurteilungsgespräche
Kooperation mit ausländischen Schulen/Einrichtungen: nein

Bemerkungen

Zusammenarbeit mit dem Schauspielhaus Bochum, Projektarbeit, Aufführungen von Semesterergebnissen

Informationen unter

Westfälische Schauspiel-Schule Bochum / Institut der Stadt Bochum
Fachbereich Darstellende Kunst / Studiengang Schauspiel
Lohring 20
D-4630 Bochum 1
Telefon (0234) 6212474
Broschüren: Abschlußjahrgang 1986, Westfälische Schauspiel-Schule Bochum

Hochschule für Musik und Darstellende Kunst Frankfurt am Main

Ausbildungsplätze: bis 25
Durchschnittliche Zahl der Bewerber/innen: 1000 pro Jahr
Ausbildungsbeginn: Wintersemester
Ausbildungsdauer: 8 Semester
Kosten Schulgeld: DM 60,– Semestergebühren, DM 250,– Studiengebühren für Studierende, denen keine Unterrichtsgeldfreiheit zusteht
Kosten Lernmittel: keine
Ausbildungsziel / Abschluß: Diplom-Schauspieler

Zulassung

Bildungsvoraussetzungen: abgeschlossene Schulbildung
Altersbegrenzung für Bewerber/innen: 25 Jahre
Ärztliches Attest: ja

Aufnahmeprüfung

Eignungsprüfung in 2 Teilen
Termine: Februar des Jahres
Prüfungskatalog: In der Prüfung ist eine besondere Befähigung zur Darstellung zu zeigen, und zwar hinsichtlich Stimme, Sprache und gestischem Ausdruck. Im ersten Teil der Prüfung haben die Bewerber drei Textstellen ihrer Wahl vorzutragen, davon zwei aus der klassischen und eine aus der modernen Literatur. Die Prüfungskommission kann zusätzlich eine von ihr vorgeschlagene Improvisation oder eine andere Spielszene verlangen. Sie kann die Prüfung abkürzen. Soweit die Zulassung zum zweiten Teil der Prüfung erfolgt, besteht diese in einem probeweisen Arbeiten einzeln und in Gruppen. Die Dauer der Prüfung kann sich bis auf eine Woche erstrecken.

Lehrplan

Einzelunterricht: Stimmbildung, Dialogübungen, Rollenstudium, Gesang
Gruppenunterricht: Körpertraining, Sprechen, Dialogübungen, Dramatischer Unterricht, Gesang, Fechten, Projektarbeit
Leistungsnachweise / Zwischenprüfungen: Vordiplomprüfung
Kooperation mit ausländischen Schulen/Einrichtungen: keine

Informationen unter

Hochschule für Musik und Darstellende
Kunst Frankfurt am Main
Fachbereich Darstellende Kunst
Studiengang Schauspiel
Eschersheimer Landstr. 29
D-6000 Frankfurt/M.
Telefon (069) 550826
Informationsblatt: «Hochschule für Musik und Darstellende Kunst, Frankfurt am Main», Studienordnung

Musikhochschule des Saarlandes Saarbrücken

Ausbildungsplätze: ca. 24
Durchschnittliche Zahl der Bewerber/innen: 180–200
Ausbildungsbeginn: 1. Oktober
Ausbildungsdauer: 8 Semester, 4 Jahre (auf Antrag eines Hauptfachlehrers eventuell 3 Jahre)
Kosten Schulgeld: keine
Kosten Lernmittel: keine – allenfalls Eigenbedarf
Ausbildungsziel / Abschluß: Bühnenreife – Diplomprüfung

Zulassung

Bildungsvoraussetzungen: erfolgreicher Abschluß mindestens der Hauptschule
Praktische Schauspiel-Erfahrung / Bühnenpraktika: nicht Bedingung (manchmal sogar hinderlich)
Altersbegrenzung für Bewerber/innen: 16–24 Jahre
Ärztliches Attest: ja, bei Immatrikulation
«Schnupperstudium» möglich: Kontaktstudium unter gewissen Bedingungen möglich (2 Semester)

Aufnahmeprüfung

Termine: jeweils am Ende des Sommersemesters
Prüfungskatalog: I. Künstlerische Prüfung: 1. Künstlerisches Hauptfach, Vortrag von drei vorbereiteten Rollenausschnitten oder Monologen (Rollengestaltung 20 Minuten); 2. Ausführung einer vom Prüfungsausschuß gestellten Improvisationsaufgabe (5 Minuten); 3. Lesen unvorbereiteter Texte verschiedener Epochen, Stile und Gattungen (10 Minuten)
II. Theoretische Prüfung: Nachweis von Grundkenntnissen der deutschen Literatur und der allgemeinen Theaterliteratur

Lehrplan

Rollengestaltung (Funktionstechnik, Psychodramatische Techniken, Stegreifspiel/
Dialog, Improvisation, Pantomime, Rollenstudium, Ensemble), Sprechen
(Sprechtechnik, Sprechgestaltung, Stimm- und Sprechkunde), Theorie (Theaterge-
schichte, Theorie des Theaters, Moderne Dramaturgie), Musikalischer Bereich
(Musikalische Elementarlehre, Couplet, Chanson, Song, Rhythmik, Musical,
Klassischer Gesellschaftstanz), Sportlicher Bereich (Gymnastik, Konditionstrai-
ning, Fechten), Schminken
Leistungsnachweise / Zwischenprüfungen: s. Studienordnung
Kooperation mit ausländischen Schulen / Einrichtungen: Immer erwünscht, findet von
Fall zu Fall statt

Informationen unter

Musikhochschule des Saarlandes
Studienbereich Darstellende Kunst
Schauspiel
Bismarckstr. 1
D-6600 Saarbrücken 3
Telefon (0681) 62408
Informationsblatt, Broschüre: Verordnung über die Eignungsprüfung im Studien-
bereich III (Schauspiel)

Staatliche Hochschule für Musik und Darstellende Kunst Stuttgart

Ausbildungsplätze: 10–12
Durchschnittliche Zahl der Bewerber / innen: 500
Ausbildungsbeginn: Oktober
Ausbildungsdauer: 4 Jahre
Kosten Schulgeld: keine
Kosten Lernmittel: keine
Ausbildungsziel / Abschluß: Bühnenreife / Diplom-Schauspieler

Zulassung

Bildungsvoraussetzungen: Allgemeinbildung
Altersbegrenzung für Bewerber / innen: offiziell nicht
Ärztliches Attest: ja
«Schnupperstudium» möglich: nein

Aufnahmeprüfung

Termine: verschieden, einmal im Jahr
Prüfungskatalog: 1. 3 Rollenausschnitte vorspielen, 2. Improvisation, 3. Gruppenunterricht, 4. Gespräche

Lehrplan

Fächer 1. Studienjahr: Sprechen (Stimmbildung, Sprecherziehung), Bewegen (Körpertraining, Rhythmik), Darstellen (Interaktion, Improvisation), Theorie (Vorlesung, Seminar, Colloquium), Fechten, Musikalische Grundlagen
Fächer 2. Studienjahr: Sprechen (Stimmbildung, Sprecherziehung), Bewegen (Körpertraining, Rhythmik), Darstellen (Improvisation, Rolle, Ensemble, Projektarbeit), Theorie (Vorlesung, Seminar, Colloquium), Fechten, Tanz, Pantomime, Musikalische Grundlagen, Gesang
Fächer 3. Studienjahr: Sprechen (Stimmbildung, Sprecherziehung), Bewegen (Körpertraining), Darstellen (Rolle, Ensemble, Projektarbeit), Theorie (Vorlesung, Hauptseminar, Colloquium), Fechten, Tanz, Pantomime, Musikalische Grundlagen, Gesang
Fächer 4. Studienjahr: Sprechen (Stimmbildung, Sprecherziehung), Bewegen (Körpertraining), Darstellen (Rolle, Ensemble), Theorie (Hauptseminar), Tanz, Pantomime, Musical, Show und Cabaret, Theater für Kinder und Jugendliche, Spielpädagogik
Neben dem Studienprogramm finden Kurse zum Kennenlernen berufsbezogener Umfelder statt: z. B. Hörfunk, Schminken. Erforderlich sind Exkursionen zu wichtigen Theaterzentren.
Leistungsnachweise / Zwischenprüfungen: 1. Zwischenprüfung: Ende des 1. Semesters, 2. Zwischenprüfung: Ende des 4. Semesters, Diplomprüfung: Ende des 8. Fachsemesters
Kooperation mit ausländischen Schulen/Einrichtungen: Ja, der Leiter der Schule ist Mitglied des Vorstandes im Education Committee des ITJ (z. B. Internationales Schauspielschultreffen 1985 in Stuttgart über Antonin Artaud, 1986 Europäisches Schauspielschultreffen in Bratislava)

Informationen unter

Staatliche Hochschule für Musik und
Darstellende Kunst Stuttgart
Abteilung Schauspielschule
Urbanplatz 2
D-7000 Stuttgart 1
Telefon (07 11) 2 12 48 45
Broschüre: Studien- und Prüfungsordnung für den Diplomstudiengang Schauspiel

Otto-Falckenberg-Schule – Schauspielschule
der Landeshauptstadt München

Status: Fachakademie der Landeshauptstadt München, den Münchner Kammerspielen angeschlossen
Ausbildungsplätze: 10–12 pro Jahrgang – Schauspiel, 1–2 pro Jahrgang – Regie
Durchschnittliche Zahl der Bewerber/innen: 800
Ausbildungsbeginn: September
Ausbildungsdauer: 4 Jahre
Kosten Schulgeld: keine
Kosten Lernmittel: keine
Ausbildungsziel / Abschluß: Bühnenreife

Zulassung

Altersbegrenzung für Bewerber/innen: 17–24 Jahre Schauspiel, 17–25 Jahre Regie
Ärztliches Attest: ja
«Schnupperstudium» möglich: nein

Aufnahmeprüfung

Termine: März / April
Prüfungskatalog: Schauspiel: Einstudierung von drei Rollenausschnitten aus Theaterstücken nach eigener Wahl (darunter ein sogenannter Klassiker und eine Komödie)
Regie: 1. Ausarbeitung eines Konzepts an zwei Szenen eines vorgegebenen Stückes, 2. Begründung für die Absicht, ein selbstgewähltes Stück, das persönlich für sehr wichtig gehalten wird, zu inszenieren, 3. Beschreibung einer Schauspielaufführung, 4. persönliche Gespräche zu verschiedenen Themen

Lehrplan

Schauspiel 1. Studienjahr:
Einzelunterricht: Sprechen, Atem- und Sprechtechnik
Gruppenunterricht: Sprechen, Atem- und Sprechtechnik, Fechten, Körpertraining, Improvisation, Rollenunterricht, Dramenanalyse, Theater- und Literaturgeschichte
Seminarunterricht: Shakespeare- und Brechtseminar
Regie 1. Studienjahr:
Einzelunterricht: Sprechen, Atem- und Sprechtechnik
Gruppenunterricht: Sprechen, Atem- und Sprechtechnik, Fechten, Körpertraining, Improvisation, Rollenunterricht, Dramenanalyse, Theater- und Literaturgeschichte, Regietheorie
Seminarunterricht: Shakespeare- und Brechtseminar
Schauspiel 2.–4. Studienjahr:
Einzelunterricht: Sprechen, Atem- und Sprechtechnik, Singen, Rollenunterricht
Gruppenunterricht: Sprechen, Fechten, Körpertraining, Rollenunterricht, Dramen-

analyse, Theater- und Literaturgeschichte, Maskenkunde, Theaterrecht und -organisation

Seminarunterricht: Shakespeare- und Brechtseminar

Projektunterricht

Regie 2.–4. Studienjahr:

Gruppenunterricht: Regiepraktikum, Regietheorie, Dramaturgie, Dramenkunde, Dramenanalyse, Theater- und Literaturgeschichte, Maskenkunde, Theaterrecht und -organisation, Bühnentechnik, Beleuchtungstechnik

Seminarunterricht: Shakespeare- und Brechtseminar

Projektunterricht

Leistungsnachweise / Zwischenprüfungen: 1. Am Ende der Probezeit (Mitte Februar), 2. am Ende des jeweiligen Studienjahres

Kooperation mit ausländischen Schulen / Einrichtungen: nein

Informationen unter

Otto-Falckenberg-Schule
Schauspielschule der Landeshauptstadt München
Hildegardstr. 1–3
D-8000 München 22
Telefon (089) 23 72 13 41
2 Informationsblätter

Hochschule für Musik und darstellende Kunst (Max-Reinhardt-Seminar) in Wien

Ausbildungsplätze: durchschnittlich 15–20
Durchschnittliche Zahl der Bewerber/innen: 500–800
Ausbildungsbeginn: 1. Oktober
Ausbildungsdauer: 8 Semester
Kosten Schulgeld: keine; Inskriptionsgebühr für Ausländer
Kosten Lernmittel: keine
Ausbildungsziel/Abschluß: Diplomprüfung mit Magisterium (Magister Artium)

Zulassung

Bildungsvoraussetzungen: keine
Altersbegrenzung für Bewerber/innen: vollendetes 17. Lebensjahr, keine gesetzliche Obergrenze
Ärztliches Attest: ja, bei der Immatrikulation

Aufnahmeprüfung

Termine: meist Ende Juni und Ende September für das folgende Studienjahr
Prüfungskatalog: 4 Vorsprechtexte (2 klassische, 2 moderne), Improvisationen, musikalische, körperliche, sprachliche, stimmliche, literarische Tests

Lehrplan

Fächer Grundstudium

Dramatischer Unterricht: Elementarunterricht, Atem- und Stimmführung, Körperliches Basistraining, Tanz, Gesang-Stimmbildung; Berufskunde: Berufskunde und Exkursionen, Einführung in die Bühnen- und Lichttechnik; Rechtskunde: Theaterrecht

Fächer Hauptstudium

Dramatischer Unterricht: Ensemblearbeit, Rollengestaltung, Rolleninterpretation – Denkmodelle und Methoden, Atem- und Stimmführung, Artikulation, Körperliche Gestaltung, Musikalisches Rollenstudium, Hauptwerke der dramatischen Weltliteratur, Theater- und Literaturgeschichte bis Ende des 19. Jahrhunderts, Ge-

genwartsgeschichte des Theaters, Musikalische Gestaltung, Musikkunde – musikalische Grundbegriffe, Kostümkunde, Schminkkurs, Tanz, Historische Tänze, Fechten und Abbau von Defensivverhalten, Akrobatik, Hörspiel, Fernseh- und Filmarbeit, Dramaturgie, Einführung in die Bühnenkunde, Regietheorie, Gesang-Stimmbildung

Leistungsnachweise / Zwischenprüfungen: schriftliche und mündliche Zwischenprüfung nach dem Grundstudium, Vorprüfung, Diplomprüfung
Kooperation mit ausländischen Schulen / Einrichtungen: finden laufend statt

Informationen unter

Hochschule für Musik und darstellende Kunst
(Max-Reinhardt-Seminar)
Abteilung Schauspiel und Regie
Penzinger Str. 9
A-1140 Wien
Telefon (0222) 829465-51
3 Informationsblätter

Hochschule für Musik und Darstellende Kunst «Mozarteum» in Salzburg

Ausbildungsplätze: 40–50
Durchschnittliche Zahl der Bewerber / innen: 400–500
Ausbildungsbeginn: Anfang Oktober
Ausbildungsdauer: 4 Jahre (8 Semester)
Kosten Schulgeld: abhängig von der Staatsbürgerschaft, deutsche Staatsbürger befreit
Kosten Lernmittel: keine Angaben
Ausbildungsziel / Abschluß: Diplomprüfung und Magister Artium

Zulassung

Bildungsvoraussetzungen: Abitur ist für das Studium des zentralen künstlerischen Fachs «Regie» Voraussetzung, nicht aber für das Fach «Schauspiel»
Altersbegrenzung für Bewerber / innen: keine
Ärztliches Attest: ja

Aufnahmeprüfung

Termine: Anfang Oktober jeden Jahres
Prüfungskatalog: a) Dramatischer Test (Improvisation, Gruppenarbeit, Partnerübungen, szenische Improvisation), b) mindestens eine selbständig erarbeitete Szene nach vorgegebener Textvorlage, c) Musikalisch-rhythmischer Test, d) Körpertest, e) Stimmtest, f) Test zur Sprecherziehung, g) Literaturtest, h) Bildtest, schriftlicher Test (Entwicklung eines gegebenen Themas aus der Dramaturgie), Entwicklung eines Regiekonzeptes (mündlich oder schriftlich), praktischer Test

Lehrplan

Fächer: Dramatischer Unterricht, Dramenkunde, Theater- und Literaturgeschichte, Musikalische Gestaltung und Musikkunde, Kostüm und Maske, Theatertanz, Bühnenfechten, Gymnastik, Hörspiel, Fernsehen, Akrobatik, Inszenieren, Dramaturgie, Bühnenkunde und Bühnentechnik
Leistungsnachweise / Zwischenprüfungen: Die erfolgreiche Teilnahme an den Pflichtfächern ist nachzuweisen. Mündliche Prüfungen: Musikkunde, Kostümkunde, eine schriftliche Prüfungsarbeit aus einem Teilgebiet eines Wahlfaches
Kooperation mit ausländischen Schulen / Einrichtungen: Ist geplant mit der Hochschule für Schauspielkunst «Ernst Busch», Ost-Berlin

Informationen unter

Hochschule für Musik und Darstellende Kunst
«Mozarteum» in Salzburg
Abteilung VIII Darstellende Kunst
Mirabellplatz 1
A-5020 Salzburg
Telefon (06 62) 7 55 34, 7 56 46, 75 53
Mitteilungsblatt

Hochschule für Musik und darstellende Kunst in Graz

Ausbildungsplätze: 10 pro Jahrgang = 40 insgesamt
Durchschnittliche Zahl der Bewerber / innen: 350 mit steigender Tendenz
Ausbildungsbeginn: Oktober
Ausbildungsdauer: 4 Jahre
Kosten Schulgeld: für Österreicher und Deutsche keine Kosten, für andere: ÖS 4000,–/ Semester (kann unter Umständen erlassen werden)
Kosten Lernmittel: ÖS 0–1 500,–/ Semester
Ausbildungsziel / Abschluß: Diplom, Magister Artium

Zulassung

Bildungsvoraussetzungen: keine
Altersbegrenzung für Bewerber / innen: Untergrenze 17 Jahre
Ärztliches Attest: ja, bei der Inskription
«Schnupperstudium» möglich: nein; ein Vorbereitungslehrgang – der ab dem 15. Lebensjahr besucht werden könnte – für außerordentlich begabte Bewerber soll in den nächsten Jahren installiert werden.

Aufnahmeprüfung

Termine: jährlich Ende September / Anfang Oktober (Achtung: Anmeldefrist läuft meist bereits im August ab)
Prüfungskatalog: a) Vorsprechen von vorbereiteten dramatischen Texten, b) Tests über körperliche, stimmliche, sprachliche und musikalische Eignung, c) Tests über theatralische Phantasie in mündlicher oder schriftlicher Form. (Dieser Teil kann entfallen für Aufnahmebewerber, die sich schon vor der Aufnahmeprüfung für eine spätere Schauspielausbildung entschlossen haben. Ansonsten ermöglicht das Bestehen dieses Prüfungsteils auch die Aufnahme eines Regie-Studiums.)

Lehrplan

Grundstudium

Einzelunterricht: Sprecherziehung, Rollengestaltung, Praktische Grundausbildung
Gruppenunterricht: Theorie der Rollen und Stückanalyse, Übungen dazu, Praktische Grundausbildung, Schauspielertraining, Sprechkunde und Interpretationslehre, Sprecherziehung, Körperliche Gestaltung, Theatertanz, Musikalische Grundausbildung
Seminarunterricht: Berufskunde, Rechtskunde, Einführung in die Technik wissenschaftlichen Arbeitens
Freifächer: Gymnastik, Gehörbildung im Gruppenunterricht; Lehrveranstaltungen: Praktische Grundausbildung, Rollengestaltung

Hauptstudium

Einzelunterricht: Stimmbildung, Solokorrepetition, Rollengestaltung, Sprecherziehung, Musikalische Rollengestaltung
Gruppenunterricht: Übungen zur Theorie der Rollen- und Stückanalyse, Rollengestaltung, Schauspielertraining, Sprechkunde und Interpretationslehre, Körperliche Gestaltung, Theatertanz, Bühnenfechten, Gymnastik; Vorlesungen: Dramenkunde, Theater- und Literaturgeschichte, Musikkunde, Kostümkunde
Seminarunterricht: Theorie der Rollen- und Stückanalyse, Maske, Arbeiten vor der TV-Kamera, Arbeiten vor der Filmkamera
Projektarbeit: Mitwirkung bei Regiepraxis, Produktionen mit Gastregisseuren, Hörspiel
Freifächer: Pflichtexkursion, Dramaturgisches Seminar, Musik im Sprechtheater; Ausgewählte Kapitel aus der Theatergeschichte, Kulturgeschichte, Bühnengestaltung, Themen der dramatischen Literatur, Theaterästhetik, Theatersoziologie; aus diesem Lehrangebot sind Lehrveranstaltungen zu inskribieren und durch Prüfung abzuschließen für das Magisterium
Leistungsnachweise / Zwischenprüfungen: Alle Lehrveranstaltungen sind durch Prüfungen abzuschließen resp. ist die erfolgreiche Teilnahme nachzuweisen. Die Diplomprüfung ist nicht punktuell, sondern ergibt sich aus der Summe der Einzelprüfungen während des Studiums. Das erste Jahr gilt als Probejahr (Grundstudium).
Kooperation mit ausländischen Schulen / Einrichtungen: Keine institutionalisierte; 1987 wurde bereits zum zweitenmal eine Zusammenarbeit mit der Hochschule für Film und Fernsehen in München erprobt.

Informationen unter

Hochschule für Musik und
darstellende Kunst in Graz
Abteilung 7 Schauspiel
Leonhardstr. 15
A-8010 Graz
Telefon (03 16) 3205 3105, 3205 3600
2 Informationsblätter

Schulen in der Schweiz

Konservatorium für Musik und Theater Bern

Status: Staatlich subventionierte und kontrollierte Ausbildungsstätte mit staatlich anerkanntem Diplomabschluß. Gleichwertig einer höheren Fachschule.

Ausbildungsplätze: jährlich 12

Durchschnittliche Zahl der Bewerber/innen: 150 jährlich

Ausbildungsbeginn: bis Sommer 1988 Beginn jeweils im April; ab Sommer 1988 Beginn jeweils Anfang August

Ausbildungsdauer: 4 Jahre, davon das letzte als Praktikumsjahr

Kosten Schulgeld: Studierende aus dem Kanton Bern SFr. 600,– im Semester; aus anderen Kantonen SFr. 750,– im Semester; aus dem Ausland SFr. 780,– im Semester

Kosten Lernmittel: minimal durch schuleigene Bibliothek / Audiothek / Videothek

Ausbildungsziel/Abschluß: Die Schauspielschule bildet zum professionellen Schauspieler aus. Mit dem Erwerb des Diploms soll der Schüler in der Lage sein, im deutschsprachigen professionellen Theater-, Radio-, Film- oder Fernsehbereich als Darsteller zu arbeiten. Die Ausbildung zum professionellen Darsteller in den bestehenden Medien wird jedoch nicht verstanden als bloße Anpassung an die augenblicklichen Verhältnisse. Die Entfaltung der schauspielerischen Einzelpersönlichkeit wird in der solidarischen Zusammenarbeit der Gruppe angestrebt. Die Ausbildung hat zum Ziel, mündige, zur Auseinandersetzung fähige, über die gesellschaftliche Funktion künstlerischer Arbeit reflektierende Schauspieler zu entwickeln.

Zulassung

Bildungsvoraussetzungen: Vorbildung durch eine höhere Mittelschule ist von Vorteil, jedoch nicht Bedingung. Schauspielerische Vorbildung möglichst keine. Entscheidend für die Aufnahme ist lediglich die Aufnahmeprüfung.

Altersbegrenzung für Bewerber/innen: 18–25 Jahre

Ärztliches Attest: ja

«Schnupperstudium» möglich: Die Berner Schauspielschule führt auch ein Laienspiel-Seminar mit Abendkursen in verschiedenen Fachgebieten durch, wie z. B. «Einführung in die Grundausbildung zum Schauspieler» – Sprecherziehung – Pantomime – Experimentelles Theater. Die Kurse des Laienspiel-Seminars sind allen Interessierten zugänglich, ohne Altersbegrenzung und ohne Aufnahmeprüfung.

Aufnahmeprüfung

Termine: jeweils im September und März für den Beginn im darauffolgenden April (bzw. August)

Prüfungskatalog: Mit der Anmeldung muß ein Lebenslauf mit einem kurzen Statement über das Verhältnis des Kandidaten zum Theater und über seine Vorstellung zur Theaterarbeit eingereicht werden. Vorzubereiten sind zwei kurze, unterschiedliche Szenenausschnitte oder Monologe aus beliebigen modernen oder klassischen Stücken und zwei gegensätzliche Gedichte freier Wahl. Es kann zusätzlich auch eine selbstentwickelte Szene (Improvisation) oder eine szenisch gestaltete musikalische Aufgabe (Lied, Chanson, Song) vorgetragen werden. Alle weiteren Aufgaben, in Gruppen und einzeln, werden in der Prüfung selbst gestellt. Die Kriterien, welche zur Aufnahme bzw. zur Ablehnung jedes einzelnen Kandidaten führten, werden am Schluß der Prüfung gemeinsam in der Gruppe besprochen.

Lehrplan

Der Unterricht gliedert sich in vier Ausbildungsbereiche mit den entsprechenden Fächern, welche nicht getrennt voneinander, sondern als Ganzheit verstanden werden sollen: 1. Stimmliche Ausbildung, 2. Körperliche Ausbildung, 3. Darstellung, 4. Theoretische Ausbildung. Je nach Ausbildungsstand findet der Unterricht sowohl in Gruppen wie auch einzeln statt.

Experimentelle Formen des Theaters, Performances, Seminararbeiten zu bestimmten Themenkreisen.

Jedes Semester für jede Klasse eine selbständige Projektarbeit nach freier Wahl. Jährlich im sogenannten Praktikumsquartal eine fächer- und klassenübergreifende Projektarbeit in Arbeitsgruppen unter einem Generalthema. Auseinandersetzung mit fremdsprachigem Theater: Exkursionen nach Genf, Mailand u. a. m., Besuch von Aufführungen und Theaterbetrieben in Deutschland

Leistungsnachweise / Zwischenprüfungen: Eine einzige Zwischenprüfung nach dem dritten Semester entscheidet über die Fortführung oder Abbruch des Studiums. Der Ausbildungsstand wird nach jedem Semester in einem schriftlichen Bericht und in einem gemeinsamen Gespräch zwischen Lehrer und Schüler beurteilt.

Kooperation mit ausländischen Schulen / Einrichtungen: Internationales Schauspielschul-Treffen

Bemerkungen

Wird eine Ausbildung nicht als bloße Vermittlung von «Schauspielkunst» verstanden, muß der schwierige Weg bestritten werden, aus der Einmaligkeit und Eigenheit eines jeden Schülers die Theaterarbeit zu gewinnen. Das bedingt seinen enormen Arbeitseinsatz und ein Verantwortungsbewußtsein für die Arbeit an sich und in der Gruppe. Deshalb beruht die Arbeit an der Schauspielschule Bern auf den Prinzipien der Mitbestimmung, soweit dies die Struktur der Schule zuläßt.

Informationen unter

Konservatorium für Musik und Theater Bern
Abteilung Schauspiel
Laupenstr. 45
CH-3008 Bern
Telefon (031) 2531 69 (Mo–Fr 14.00–17.00 Uhr)
Informationsblatt und Broschüre: Ausbildungs- und Studienordnung der Schauspielabteilung

Schauspiel-Akademie Zürich

Status: Seit 1947 Förderung von Stadt und Kanton Zürich; wenn die Schule auch heute noch rechtlich einen privaten Status hat, so ist sie doch in allen anderen Belangen ein öffentliches Ausbildungsinstitut geworden.
Ausbildungsplätze: 24 pro Jahr (inkl. Theaterpädagogen und Regieklasse)
Durchschnittliche Zahl der Bewerber / innen: Anfragen 1000–2000, definitive Bewerber 400
Ausbildungsbeginn: Oktober
Ausbildungsdauer: 3¼ Jahre
Kosten Schulgeld: Steuerdomizil Kanton Zürich SFr. 1312,–/Jahr, Steuerdomizil übrige Schweiz / Ausland SFr. 1912,–/Jahr
Kosten Lernmittel: ca. SFr. 300,–/Jahr
Ausbildungsziel / Abschluß: Diplomschauspieler / in, Bescheinigung der Bühnenreife

Zulassung

Bildungsvoraussetzungen: gute Volksschulbildung, Berufslehre, Mittelschule, Hochschule
Praktische Schauspielerfahrung / Bühnenpraktika: erwünscht, nicht Bedingung
Altersbegrenzung für Bewerber / innen: Bewerber Schauspiel 18–25 Jahre (Ausnahmen 17–25 Jahre), Bewerberinnen Schauspiel 17–23 Jahre (Ausnahmen 17–25 Jahre)
Ärztliches Attest: keine Angaben
«Schnupperstudium» möglich: 2 Tage der offenen Tür

Aufnahmeprüfung

Termine: Begabungstest / Vorprüfung: April–Juni; Eignungstest / Hauptprüfung: Juni
Prüfungskatalog: Begabungstest: 2 Szenenausschnitte, 1 selbstentwickelte Szene; Eignungsprüfung: 3 Szenenausschnitte, 1 selbstentwickelte Szene; ohne Vorbereitung: Improvisation, Stimm-Sprechvermögen, Bewegungsimprovisation, Arbeit an Rollen

Lehrplan

Grundstudium, 1. Jahr

Einzelunterricht: Sonderstunden in Stimm- und Sprechschulung, Gesang (2. Semester)

Gruppenunterricht: Atem-, Stimm- und Sprechunterricht, Bewegungsschulung, Akrobatik, Artistik, Pantomime, Improvisation, Darstellungsübungen, Rollenstudium, Musik, Chorgesang (1. Semester)

Seminarunterricht: Schauspiel-Theorie, Kostümkunde/Kulturgeschichte, Colloquien, Schauspiel, Oper, Ballett

Projektarbeit: 1. Jahr Spielwoche (außerhalb der SAZ), administrative/technische Mitwirkung im Depot Tiefenbrunnen, Gestaltung der großen Diplomfeier

Hauptstudium, 2.–4. Jahr

Einzelunterricht: Sprechgestaltung, Rollenarbeit, Vorsprechen 3./4. Jahr, Gesang, Alexander-Technik

Gruppenunterricht: Atem-, Stimmtraining, Bewegungsschulung, Tanz (klassisch, Jazz, Modern, Step, Folklore), Rollen- und Szenenstudium, Fechten, Maskenspiel

Seminarunterricht: Berufskunde

Projektarbeit: 3. Jahr Projekt «Theaterspielen» Wege zum Schauspieler, für 13–14jährige, 20–30 Vorstellungen pro Jahr; Projekt Video/Film, 1–2 Inszenierungen im schuleigenen Theater (Depot Tiefenbrunnen) je 15–25 Vorstellungen

Leistungsnachweise/Zwischenprüfungen: nach 1. Jahr Aufnahmeprüfung in die Schauspiel-Abteilung; nach 2. Jahr Zwischenprüfung

Kooperation mit ausländischen Schulen/Einrichtungen: Mitarbeit in SKS – Ständige Kommission Schauspielschulen; Teilnahme an Treffen der deutschsprachigen Schauspielschulen

Bemerkungen

Die Schauspiel-Akademie Zürich führt 1986/87 im 1. Jahr gemeinsam je eine allgemeine Abteilung für Schauspiel, Theaterpädagogik und Regie. Die Abteilungen beeinflussen sich gegenseitig.

Informationen unter

Schauspiel-Akademie Zürich
Winkelwiese 4
CH-8001 Zürich
Telefon (01) 2 51 86 28
Informationsblätter, Broschüre: «Regisseur, Schauspieler, Theaterpädagoge: Berufsbild und Ausbildung»

Private Schauspielschulen in der Bundesrepublik Deutschland, in Österreich und in der Schweiz

Privatschulen im Überblick

Welche Schule aufnehmen, welche Schule weglassen? Es gab private Schauspielschulen, die mußten schon wieder schließen, noch bevor der erste Jahrgang die Ausbildung beendet hatte; der große Meister wollte sich unbedingt in einem aufwendigen Inszenierungsprojekt verwirklichen, was dann leider die finanziellen Kapazitäten seines Instituts sprengte. Es gibt Schulen, deren Absolventen nie auf eine richtige Bühne kommen werden. Aber das erfahren sie erst beim ersten Vorsprechen, wenn ihnen ein Intendant beizubringen versucht, daß ihre Ausbildung schlicht und einfach «Schrott» war. Von der Höhe des «Schrottpreises» ganz zu schweigen.

Private Schauspielausbildung ist ein Sumpf aus Verlockungen, Versprechungen, verwaschenen Kriterien, unklaren Bestimmungen und verschwendetem Geld. Das wird so lange so bleiben, bis es ein geregeltes Berufsbild «Schauspieler / Schauspielerin» mit verbindlichen Ausbildungsvorschriften gibt.

Welche Schule aufnehmen, welche Schule weglassen? Wir haben für dieses Verzeichnis alle Institutionen, Verbände, Kultusbehörden und dergleichen abgeklappert, die mit der Materie befaßt sind. Den uns genannten Privatschulen haben wir unseren Fragebogen zugeschickt. Manche Schulen waren auch nach dreimaliger Aufforderung nicht bereit, den Fragebogen auszufüllen. Die Begründungen reichten von «Ich füll keine Fragebögen mehr aus. Das ist doch schrecklich mit den ganzen Fragen zum neuen Personalausweis und der Volkszählung», bis zum schlichten Eingeständnis der Ehefrau eines Schulleiters: «Wir haben das aufgegeben. Mein Mann hat einen festen Job angenommen. Das erschien ihm sicherer.» Antworten wie diese mögen als Meßlatte für die Tiefe des Sumpfes dienen. Wir haben in solchen Fällen auf Nennung der Schulen verzichtet.

Etwas festen Boden unter die Füße bringt wenigstens die Paritätische Prüfungskommission, eine Gemeinschaftseinrichtung der Bühnenarbeitgeber- und -arbeitnehmerverbände, die durch ihr Prüfungssystem von Eignungs-, Zwischen- und Bühnenreifeprüfung den Privatschulen wenigstens eine halbwegs objektive Kontrolle bietet. Glückliches Österreich: dort ist die Paritätische Prüfungskommission «kollektivvertraglich» verankert. Ohne Bühnenreifeprüfung vor diesem Gremium gibt es kein Anfängerengagement an einem österreichischen Theater. Unglückliche Schweiz: dort gibt es überhaupt keine Paritätische Prüfungskommission. In der Bundesrepublik ist die Teilnahme an diesen Prüfungen zwar nicht verbindlich, aber in jedem Fall empfehlenswert, denn mit dem Zeugnis der Bühnenreife erwirbt man einen Ausbildungsnachweis, der zwar kein Engagement garantiert, aber wenigstens bei der Rentenversicherung anerkannt wird. Bei schulinternen Abschluß-«Diplomen» ist Vorsicht geboten. Sie ersetzen in der Regel nicht das Zeugnis der Bühnenreife und sind auf keinen Fall mit den Diplomen der öffentlichen Schauspielschulen zu vergleichen. Überprüfen sollte man unbedingt, ob private Schulen Auszubildende zu der Paritätischen Prüfungskommission schicken.

Zahlreiche Schulen in der Bundesrepublik führen die Titel «staatlich anerkannt» oder «staatlich genehmigt». Die staatliche Anerkennung bezieht sich lediglich auf die Räumlichkeiten und die sanitären Anlagen, «staatlich genehmigt» heißt, daß auch der Lehrplan der Schule die Billigung der zuständigen Kultusbehörde gefunden hat. Aber ein Lehrplan ist ein Lehrplan und keine praktische Ausbildung.

Die Paritätische Prüfungskommission hat auch einen «Lehrstoffplan für Schauspiel» entwickelt, der die Mindestanforderungen an eine private Schauspielausbildung in der Bundesrepublik festlegt. Nach diesem Lehrstoffplan richten sich auch die Prüfungen der Kommission. Wir drucken ihn hier ab, um eine Vergleichsmöglichkeit zum Unterrichtsangebot der einzelnen Privatschulen zu schaffen.

Lehrstoffplan für Schauspiel

1. Stimmliche Ausbildung

Atemtechnik, Artikulation, Stimmbildung;
Gesang, rhythmisches und Verssprechen, Chorsprechen;
Rufen, Schreien, Schmerzäußerung usw.;
Sprech-Improvisation, Dialektsprechen; Chanson, Song.

2. Körperliche Ausbildung

Gymnastik, Lockerungs- und Spannungsübungen;
Bewegungsspiele mit Übungen für Gehen, Schreiten, Springen, Fallen, Kampf;
Unterweisung im Tanz;
Pantomime.

3. Darstellung

Improvisation, Solo, mit Partner und Ensemble, Pantomime;
Rollenentwicklung (Übungen im Ausdruck, Situationen);
Rollenstudium (Monologe, Duo, Ensemble).

4. Technische Ausbildung

Fechten;
Kostümtragen (Toga, Umhang, Schleppkleid, Trikot, Umgang mit Fächer, Hut,
Mantel);
Grundformen der Folklore, Haltungs-, Gruß- und Umgangsformen;
Kastagnettenspiel;
Schminken, Maskentragen.

5. Theorie

Grundlegende und allgemeine Kenntnisse aus der Theater-, Kunst- und Literaturgeschichte und der Dramaturgie;
Kostümkunde (Antike bis Neuzeit);
gängige fremdsprachige Ausdrücke; Ausspracheregeln der italienischen, französischen und englischen Sprache;
Berufsständiges und Vertragsrecht.

Wir veröffentlichen im Folgenden ein Verzeichnis von 24 privaten
Schauspielschulen, 24 Schulen, die von ursprünglich 36 übriggeblieben
sind: 15 in der Bundesrepublik, 7 in Österreich und 2 in der Schweiz. Es
ist dies der erste Versuch, private Schauspielschulen nach einem einheit-
lichen Kriterienkatalog zu erfassen. Wir halten die aufgeführten Schulen
für seriös. Aber Garantien werden nicht gegeben – die Angaben auf den
Fragebögen konnten wir schließlich nicht alle vor Ort überprüfen.
  Auf die Nennung von Privatlehrern haben wir bewußt verzichtet,
weil sie aus räumlichen und personellen Gründen keine Vollausbildung
anbieten können. Das soll nicht heißen, daß es nicht auch Privatlehrer
gibt, die eine hervorragende Ausbildung in Rollenarbeit oder Sprecherziehung anbieten. Andererseits gibt es auch genügend Beispiele,
wo «Schauspielschüler» in der Wohnküche eines alternden Mimen her-
umturnen. Faustregel: Bei guten Privatlehrern stehen die Schüler
Schlange. Denn sie nehmen nicht jeden. Und eines gilt für die gesamte
Privatausbildung: Vor der Unterschrift unter einen Ausbildungsvertrag sollte man sich möglichst gut in der Szene, in Schauspielerkreisen
umhören, welchen Ruf eine Schule genießt. Und vor allem sollte man
darauf achten, welche Möglichkeiten der Vertrag läßt, aus ihm auch
wieder herauszukommen.

Private Schulen Bundesrepublik Deutschland

Die Etage

Schule für die Darstellenden Künste e. V.
Staatlich anerkannte Ergänzungsschule
Hasenheide 54
D-1000 Berlin 61
Telefon (030) 6912095

Status: Seit dem 1. 1. 1987 ist die Schule staatlich anerkannt.
Ausbildungsplätze: Im Grundausbildungssemester ca. 15 je Klasse, danach ca. 8–12 je Klasse (zur Zeit 2 Klassen)
Durchschnittliche Zahl der Bewerber/innen: ca. 50 pro Semester
Ausbildungsbeginn: 1. April und 1. Oktober
Ausbildungsdauer: 4 Jahre
Kosten Schulgeld: DM 380,– monatlich
Kosten Lernmittel: –
Ausbildungsförderung (BAföG): –
Ausbildungsziel / Abschluß: Bühnenreifeprüfung vor der Paritätischen Prüfungskommission

Zulassung

Bildungsvoraussetzungen: Schauspielerische Begabung (Schulpflichtige Schüler haben die Möglichkeit, einmal wöchentlich eine allgemeinbildende Schule zu besuchen)
Altersbegrenzung für Bewerber/innen: 25 Jahre (mit Ausnahmen)
Ärztliches Attest: ja

Aufnahmeprüfung

Eignungsprüfung Paritätische Prüfungskommission: Ja, und hausintern, sowie 1 Probesemester
Termine: Februar bis September
Prüfungskatalog: Aufnahmeprüfung: mindestens 2 Rollen, davon eine klassische, sowie individuelle Aufgabenstellung, Zwischenprüfung: Ergebnisse der Semesterarbeiten

Lehrplan

Einzelunterricht: Gesang (in Planung), Rollenstudium (nach Bedarf, sonst in kleinen Gruppen)
Gruppenunterricht: Hauptfach: Etüden, Improvisation, Rollenstudium, Dramaturgie, Bewegung für Schauspieler, Atmen, Phonetik und Sprechtechnik, Fechten. Nebenfach (die Nebenfächer führen jeweils in die Grundlagen ein): Ballett, Moderndance, Pantomime, Akrobatik, Bühnenbild, Steptanz, Kunstästhetik
Seminarunterricht: Teilnahme an Wochenendworkshops, Abendkursen zu verbilligten Schülerpreisen möglich
Sonstiges: Gemeinsame Theater- und Ausstellungsbesuche
Leistungsnachweise / Zwischenprüfungen: Ergebnisse der Semesterarbeiten
Kooperation mit ausländischen Schulen / Einrichtungen: Schüleraustausch – Schule in New York geplant

Weitere Informationen

Broschüren – «Die Etage – Schule für die Darstellenden Künste e. V.», «Die Etage Dezember 1986 / Januar 1987»

Fritz-Kirchhoff-Schule «Der Kreis»

Berufsfachschule für Schauspielerausbildung
Laubenheimer Str. 1
D-1000 Berlin 33
Telefon (0 30) 8 22 51 24

Status: staatlich genehmigte Berufsfachschule, vom Senat von Berlin gefördert
Ausbildungsplätze: 22
Durchschnittliche Zahl der Bewerber / innen: 15
Ausbildungsbeginn: 1. April und 1. November
Ausbildungsdauer: 3 Jahre
Kosten Schulgeld: DM 300,–
Kosten Lernmittel: –
Ausbildungsförderung (BAföG): ja
Ausbildungsziel / Abschluß: Bühnenreife

Zulassung

Bildungsvoraussetzungen: Mittlere Reife
Altersbegrenzung für Bewerber / innen: 23 Jahre
Ärztliches Attest: ja

Aufnahmeprüfung

Eignungsprüfung Paritätische Prüfungskommission: ja
Termine: Ende Oktober und Ende März
Prüfungskatalog: Wiederholung der bei der Eignungsprüfung gezeigten Rollen, Improvisationen, Gesang

Lehrplan

Einzelunterricht: Rollenstudium, Gesang
Gruppenunterricht: Improvisation, Atmen und Sprache, Tanzen, Fechten, Körpertraining, Aikido, Szenenarbeit
Seminarunterricht: Theater- und Literaturgeschichte
Projektarbeit: Szenenarbeit und Gästeabende
Leistungsnachweise / Zwischenprüfungen: Eignungsprüfung, Zwischenprüfung, Bühnenreifeprüfung bei der Paritätischen Prüfungskommission, Zwischenprüfung nach jedem Semester an der Schule

Weitere Informationen

2 Informationsblätter

Stagefright – Schule für Entertainment

Staatlich anerkannt
Bernburger Str. 31
D-1000 Berlin 61
Telefon (0 30) 26 1 68 58

Status: Staatlich anerkannte Ergänzungsschule nach § 9 a des Privatschulgesetzes
Ausbildungsplätze: 25–30
Durchschnittliche Zahl der Bewerber / innen: 200
Ausbildungsbeginn: zum Wintersemester und zum Sommersemester
Ausbildungsdauer: 4 Jahre
Kosten Schulgeld: DM 550,– pro Monat
Kosten Lernmittel: keine Angaben
Ausbildungsförderung (BAföG): Ein Antrag auf Ausbildungsförderung lag bei Redaktionsschluß beim Senator für Wissenschaft und Forschung vor.
Ausbildungsziel / Abschluß: Bühnenreife
Die Schule Stagefright arbeitet auf der Grundlage der Erkenntnis der Gesamtbegabung und zielt auf eine neuartige Berufsqualifikation des Schauspielers – Sängers – Tänzers – Darstellers. Im Gegensatz zum Ausbildungsziel der Musicalschulen etc. wird hier eine streng ausgewogene Förderung ohne Schwerpunkt praktiziert. Jeder Studierende soll nach dem Abschluß der Ausbildung in der Lage sein, aus der Grundbasis einen Schwerpunkt zeitweilig oder langfristig selbst zu wählen.

Zulassung

Bildungsvoraussetzungen: Das Konzept der Stagefright sieht vor, durch künstlerische Vorschulung möglichst unbelastete Jugendliche aufzufangen und zu fördern.
Altersbegrenzung für Bewerber / innen: 15–20 Jahre
Ärztliches Attest: nur notwendigenfalls

Aufnahmeprüfung

Eignungsprüfung Paritätische Prüfungskommission: Neben der internen Aufnahmeprüfung, die aus den Tests in den Bereichen Schauspiel, Gesang, Tanz besteht, werden auch Prüfungen bei der Paritätischen Prüfungskommission durchgeführt.
Termine: jeweils nach Absprache
Prüfungskatalog: keine Angaben

Lehrplan

Einzelunterricht: 1. Gesang: Oper, Oratorium, Kunstlied, Jazz, Bühnensong, Musical, 2. Szenischer Unterricht (zeitweilig), 3. Korrepetition (musikalische Interpretation)
Gruppenunterricht: 5–8 Studierende, Körpersprache, Körper und Stimme, Sprecherziehung auf der Basis schauspieltechnischer Übungen, szenische Arbeit (Rollenstudium), Gesang – Ensemble (Oper, Oratorium, Kunstlied, Jazz, Bühnensong, Musical), Musikerziehung, Percussion, Ballett, Jazzdance, Moderndance.
Seminarunterricht: Theatergeschichte
Projektarbeit: Ist in der Studienordnung festgelegt, als wichtiger Bestandteil des Studiums. Um möglichst intensive Praxisbezogenheit zu erreichen, werden alle Auszubildenden dazu ermutigt (nach Absprache und Zustimmung des pädagogischen Teams), jedes Theater-, Film-Auftrittsangebot wahrzunehmen. Derartiger Einsatz darf nicht das Studium voll unterbrechen und wird durch das pädagogische Team betreut.
Sonstiges: Modell «Stagefright» praktiziert möglichst optimale, individuelle Betreuung, ohne feste Semesteraufteilung in verschiedenen Fächern. Jeder Jugendliche wird oft innerhalb der Ausbildungszeit flexibel, jeweils seiner Eigenentwicklung entsprechend in verschiedene Fächer, verschieden ein- oder umgestuft.
Leistungsnachweise / Zwischenprüfungen: Zwischenprüfungen sind nicht erstrebenswert.
Zweimal im Jahr werden schulinterne Vorführabende veranstaltet, an denen alle Studierenden eigenständig erarbeitete Szenen aus den Bereichen Schauspiel – Tanz – Gesang präsentieren. Diese Arbeiten werden nicht mit Noten bewertet.
Kooperation mit ausländischen Schulen / Einrichtungen: Frau Bridget Espinosa, Direktorin des «London Studio Centre» hat unsere Schule besichtigt, über das Konzept und die Qualität ein Gutachten dem Senator für Kulturelle Angelegenheiten ausgestellt und damit zur staatlichen Anerkennung von «Stagefright» beigetragen.

Bühnenstudio Hedi Höpfner

Private Berufsfachschule für Schauspiel und Musical
Hansastr. 35
D-2000 Hamburg 13
Telefon (040) 457797, 445815

Status: Die Schule ist seit 1975 von der Kulturbehörde als «Private Berufsfachschule für Schauspiel und Musical» anerkannt, d. h. die Schüler können BAföG beziehen.
Ausbildungsplätze: 12 pro Semester
Durchschnittliche Zahl der Bewerber / innen: 100

Ausbildungsbeginn: 1. April oder 1. Oktober
Ausbildungsdauer: 6–7 Semester (1 Probesemester und 5–6 Ausbildungssemester)
Kosten Schulgeld: 1. Semester DM 330,–, dann DM 360,– bzw. DM 380,– nach Unterricht
Kosten Lernmittel: ca. DM 50,– monatlich für Bücher, Schuhe, Trainingszeug usw.
Ausbildungsförderung (BAföG): Ausbildungsbeihilfe nach BAföG ist möglich
Ausbildungsziel / Abschluß: Schauspieler und Musicaldarsteller
Schuleigene Prüfung und Abschlußprüfung vor der Paritätischen Prüfungskommission.
Prüfungsfächer: 4 durchgehende Schauspielrollen, 2 Schauspielszenen, Theatergeschichte, Bühnenfechten, Pantomime, Musical-Song getanzt und gesungen.

Zulassung

Bildungsvoraussetzungen: möglichst Abitur oder Mittlere Reife
Altersbegrenzung für Bewerber/innen: 25 Jahre
Ärztliches Attest: ja

Aufnahmeprüfung

Eignungsprüfung Paritätische Prüfungskommission: ja, vorher schuleigene Aufnahmeprüfung mit Vorsprechen von 2 wesentlichen Schauspielszenen, eine aus einem klassischen Stück und eine aus einem modernen Stück. Improvisation, Gesang und Bewegung werden ebenfalls geprüft.
Termine: Schuleigene Aufnahmeprüfung ca. 4–5 Monate vor Semesterbeginn

Lehrplan

ca. 21 Stunden pro Woche
Einzelunterricht: Rollenstudium, Gesang, Phonetik (Sprechtechnik)
Gruppenunterricht: Etüden und Improvisation für Schauspiel, mimische Ensemble-Übungen, Bewegungslehre und Körperbeherrschung, Gesang- und Stimmbildung, Chor, Song und Chanson, Musical-Dance, Ballett, Time-Step, Pantomime, Bühnenfechten, Schminkkunde, Theater- und Kulturgeschichte, Musiklehre und Musikgeschichte, Regie-Kurse
Projektarbeit: Schulaufführungen in Theatern, Pantomimen-Werkstatt
Leistungsnachweise / Zwischenprüfungen: Schuleigene Prüfung und Paritätische Zwischenprüfung in folgenden Fächern: 4 Schauspielszenen, Theatergeschichte, Bühnenfechten, Pantomime, Musical-Song getanzt und gesungen

Weitere Informationen

unter Postanschrift Ahlfeld 61, 2000 Hamburg 62
Broschüren: «Bühnenstudio Hedi Höpfner, Private Berufsfachschule für Schauspiel und Musical», «1959–1984, 25 Jahre Bühnenstudio Hedi Höpfner»

Hamburgisches Schauspiel-Studio

Staatlich genehmigte Höhere Fachschule
Sierichstr. 102
D-2000 Hamburg 60
Telefon (040) 464626

Status: staatlich genehmigte Höhere Fachschule
Ausbildungsplätze: 35–40
Durchschnittliche Zahl der Bewerber/innen: ca. 400
Ausbildungsbeginn: 1.3. und 1.9.
Ausbildungsdauer: 3½ Jahre (7 Semester)
Kosten Schulgeld: DM 310,–
Kosten Lernmittel: keine Angaben
Ausbildungsförderung (BAföG): ja
Ausbildungsziel / Abschluß: Bühnenreifeprüfung

Zulassung

Bildungsvoraussetzungen: Mittlere Reife (es gibt Ausnahmen)
Altersbegrenzung für Bewerber/innen: 24 Jahre
Ärztliches Attest: ja

Aufnahmeprüfung

Eignungsprüfung Paritätische Prüfungskommission: ja
Termine: Mitte Januar für 1.3. und Mitte Mai für 1.9.
Prüfungskatalog: 2–3 Monologe oder Szenen aus Rollen, die dem Charakter des Schülers entsprechen, Improvisationen

Lehrplan

Einzelunterricht: 1 × Phonetik, 1 × Gesang, 2 × Rolle (wöchentlich)
Gruppenunterricht: Atemfunktion, Stimmbewegung, Step, Jazz, Pantomime, Fechten, Ensemble, Improvisation.
Seminarunterricht: Theatergeschichte, Intensivkurse: Sprechgestaltung, Dialekte, Chorisches Sprechen, Szenische Grundbegriffe
Projektarbeit: Am Schluß des 1. Semesters als Aufführung
Sonstiges: Wir legen besonderen Wert auf Erlernen des Handwerkes
Leistungsnachweise/Zwischenprüfungen: Eignungs-, Aufnahme-, Zwischen- und Abschlußprüfung
Kooperation mit ausländischen Schulen/Einrichtungen: 2 × Besuch und Austausch mit der Hochschule Leningrad

Weitere Informationen

Informationsblatt, Broschüre: «25 Jahre Hamburgisches Schauspielstudio»

The Stage School of Dance and Drama

Poolstr. 21
D-2000 Hamburg 36
Telefon (040) 35 27 89

Status: staatlich anerkannte Berufsfachschule nach § 2 BAföG Abs. 2
Ausbildungsplätze: 16–18
Durchschnittliche Zahl der Bewerber/innen: 100
Ausbildungsbeginn: 1. März und 1. September
Ausbildungsdauer: 3 Jahre
Kosten Schulgeld: monatlich DM 450,–
Kosten Lernmittel: –
Ausbildungsförderung (BAföG): ja
Ausbildungsziel / Abschluß: Diplom – Abschlußaufführung

Zulassung

Bildungsvoraussetzungen: Mittlere Reife
Altersbegrenzung für Bewerber/innen: 17–24 Jahre
Ärztliches Attest: ja

Aufnahmeprüfung

Eignungsprüfung Paritätische Prüfungskommission: März / April und Oktober

Lehrplan

Einzelunterricht: Sprecherziehung, Gesang, Rollenstudium
Gruppenunterricht: Bewegungstraining, Stimm- und Atembildung, Jazzdance, Step, Fechten, Szenische Arbeit, Theater-, Kultur-, Kostüm-, Literaturgeschichte, Bühnenvertragsrecht, Pantomime, Maskenspiel, Akrobatik, Musical, Sprecherziehung, Chor
Seminarunterricht: Gesellschaftstanz, Camera Acting, Schminken, Sprechen vor dem Mikrophon
Projektarbeit: ja – teils mit der Abteilung Tanz für Musicaldarstellung und Showdance zusammen
Leistungsnachweise/Zwischenprüfungen: Zwischenprüfungen nach dem 2. und 4. Semester sowie Prüfungen vor der Paritätischen Prüfungskommission
Kooperation mit ausländischen Schulen/Einrichtungen: ja, in Vorbereitung mit der Royal Academy of Dramatic Art, London, und der Guildhall School of Music and Drama, London

Bemerkung

Abteilung Tanz für Musicaldarstellung und Showdance
Status: staatlich anerkannt nach § 2 BAföG Abs. 2
Kosten: DM 450,–
BAföG: ja

Abschluß: Diplom
Zahl der Ausbildungsplätze: 16
Altersbegrenzung: 17–20 Jahre
Ärztliches Attest: ja
Zulassungsvoraussetzungen: Gute Vorkenntnisse in Ballett oder Jazzdance, Mittlere Reife
Zwischenprüfungen: nach dem 2. und 4. Semester sowie vor der paritätischen Prüfungskommission
Abschluß: Abschlußaufführung, Diplom
Juniorprogramm

Weitere Informationen

Informationsblatt, Broschüre: «Was ist das? The Stage School of Dance and Drama»

Schule für Schauspiel in der Landeshauptstadt Kiel

Rehsenweg 75
D-2300 Kiel 14
Telefon (0431) 526125

Status: Staatlich genehmigte Ergänzungsschule
Ausbildungsplätze: 8 pro Fachklasse
Durchschnittliche Zahl der Bewerber/innen: ca. 50
Ausbildungsbeginn: Orientierungskurs November, Fachklasse Mai
Ausbildungsdauer: 4 Jahre
Kosten Schulgeld: Orientierungskurs 180,–DM pro Monat, Fachklasse 350,–DM pro Monat
Kosten Lernmittel: ca. 20,–DM pro Monat
Ausbildungsförderung (BAföG): nein (s. Bemerkungen)
Ausbildungsziel / Abschluß: Bühnenreifeprüfung

Zulassung

Bildungsvoraussetzungen: Abitur erwünscht, Realschulabschluß erforderlich
Altersbegrenzung für Bewerber/innen: w. 23, m. 25 Jahre
Ärztliches Attest: nein

Aufnahmeprüfung

Eignungsprüfung Paritätische Prüfungskommission: Nach Bewerbungsgespräch Aufnahme in den Orientierungskurs, internes Prüfungsgespräch am Abschluß des Orientierungskurses, nachfolgend Eignungsprüfung vor der Paritätischen Prüfungskommission
Termine: November und Mai (s. o.)
Prüfungskatalog: Beurteilt werden im Orientierungskurs Improvisationsübungen und Körpertraining sowie Rollenstudium, zur Eignungsprüfung werden 3 Vorsprechrollen verlangt.

Lehrplan

Einzelunterricht: Sprecherziehung, Rollenstudium, Musical, Chanson, Mikrophonsprechen
Gruppenunterricht: Körpertraining, Tanz, Fechten, Pantomime, Tai Chi, Ensemblespiel, Elementarkurs, Sprecherziehung, Musical und Chanson
Seminarunterricht: Theatergeschichte, Medien und Autor
Projektarbeit: Auftragsproduktionen für Theater und Institutionen. Eigene Veranstaltungen: Lesungen, Performances, Kabarett, Straßentheater etc.
Sonstiges: Theaterpraktika auf und hinter der Bühne an den Theatern Schleswig-Holsteins
Leistungsnachweise / Zwischenprüfungen: Zwischenprüfung nach schulinterner Abstimmung vor der Paritätischen Prüfungskommission
Kooperation mit ausländischen Schulen / Einrichtungen: Zusammenarbeit mit dem Inter-Cultural Performance Research Ensemble, London

Bemerkungen

Die Schule wird bereits durch die Landeshauptstadt Kiel und das Land Schleswig-Holstein gefördert, die Anerkennung als «Ersatzschule besonderer pädagogischer Prägung» (Entbindung vom Schulgeld und Möglichkeit zur BAföG-Beantragung) steht bevor.

Neue Tanz- und Theaterschule Düsseldorf

Schauspiel
Börnestr. 10
D-4000 Düsseldorf 1
Telefon (02 11) 36 03 91

Status: Ausbildungs- und Produktionsprojekt der WERKSTATT e. V. Düsseldorf in Zusammenarbeit mit dem Schauspielhaus Düsseldorf, gegründet Mai 1987. Die WERKSTATT e. V. ist eine als Bildungswerk staatlich anerkannte, jedoch private, gemeinnützige Organisation. Ausbildungsgang Theater / Schauspiel bei Redaktionsschluß noch im Aufbau – alle Angaben vorbehaltlich eventueller Änderungen.
Ausbildungsplätze: keine Angaben
Durchschnittliche Zahl der Bewerber / innen: –
Ausbildungsbeginn: erfragen
Ausbildungsdauer: 3 ½ Jahre
Kosten Schulgeld: 580,– Mark pro Monat
Kosten Lernmittel: erfragen
Ausbildungsförderung (BAföG): s. o.
Ausbildungsziel / Abschluß: interne / externe Prüfung

Zulassung

Bildungsvoraussetzungen: Mittlere Reife
Altersbegrenzung für Bewerber / innen: 16–25 Jahre (Ausnahmen möglich)
Ärztliches Attest: ja

Aufnahmeprüfung

Termine: erfragen

Prüfungskatalog: Der Ausbildungsvertrag für das erste Trimester kann erst nach Absolvierung der Aufnahmeseminare, die Aufnahme und der Ausbildungsvertrag für das Grundstudium erst nach der Orientierungsphase (1. Trimester) und nach der ersten kollegialen Zwischenprüfung beantragt werden.

Lehrplan

Aufteilung in Informations-/Aufnahmephase, Orientierungsphase (1. Trimester), Grundlagenphase (2.–7. Trimester), Vertiefungsphase (8., 9. Trimester), Abschluß- und Prüfungsphase (10. Trimester). Die Struktur des Unterrichtsplanes der einzelnen Trimester konnte bei Redaktionsschluß noch nicht detailliert angegeben werden.

Praktische Grundlagen–/Pflichtfächer: Stimm-, Atem- und Sprechbildung, Körperarbeit, Dramatischer Unterricht, Improvisation, Rollenstudium, Textarbeit (kreatives Texten, Textbearbeitung), Gesang, Chor

Berufsbezogen-wissenschaftliche Grundlagen-/Pflichtfächer: Theater und Literaturgeschichte, Dramaturgie, Regie, Philosophie, Psychologie, Sozialgeschichte, Vertrags-, Steuer-, Künstlersozial- und Versicherungsrecht

Wahlfächer: Pantomime, Clownerie, Fechten, Akrobatik, National- und Standardtänze (Walzer, Flamenco, Tango, afrikanischer Tanz etc.), Bühnentechnik, Ton- und Lichtregie, Maskenbau und -spiel, Kostümkunde, Schminken, Instrumentenspiel, Arbeit mit und vor der Kamera

Leistungsnachweise / Zwischenprüfungen: 2 kollegiale Zwischenprüfungen vor einem von der WERKSTATT in Zusammenhang mit dem Schauspielhaus Düsseldorf gebildeten Fachgremium, Abschlußarbeit. Studierenden, die eine externe Prüfung ablegen wollen, wird in besonderer Weise Gelegenheit zur Vorbereitung auf diese Prüfungen gegeben.

Kooperation mit ausländischen Schulen/Einrichtungen: Bestandteil des Ausbildungsprogramms ist es, mehrere Ausbildungswochen im Ausland (Frankreich, Italien, Spanien etc.) durchzuführen. Weiterhin ist es möglich, daß die Teilnehmer einzelne Seminare im Ausland belegen, beispielsweise in den freien Sommerwochen. Hierfür hat jeder Studierende die Möglichkeit, eine finanzielle Unterstützung (im Rahmen der Studiengebühren) zu erhalten.

Bemerkungen

Es ist beabsichtigt, daß die Teilnehmer frühzeitig an kleinen und größeren Produktionen mitwirken bzw. eigene Stücke entwickeln, damit Bühnenerfahrung ein frühestmöglicher Teil des Lernprozesses wird. Die Ergebnisse der erarbeiteten Stücke sollen regelmäßig auf der WERKSTATT-BÜHNE vorgestellt werden.

Weitere Informationen

Broschüre «Information: Neue Tanz- und Theaterschule Düsseldorf»

Schule des Theaters e. V. im Theater DER KELLER

Kleingedankstr. 6
D-5000 Köln 1
Telefon (02 21) 31 80 59

Status: Privatschule
Ausbildungsplätze: 10–12 pro Jahrgang
Durchschnittliche Zahl der Bewerber/innen: 400
Ausbildungsbeginn: September
Ausbildungsdauer: 3 Jahre
Kosten Schulgeld: DM 350,– (zur Zeit)
Kosten Lernmittel: nach Ansage
Ausbildungsförderung (BAföG): keine Angaben
Ausbildungsziel / Abschluß: Bühnenreife

Zulassung

Bildungsvoraussetzungen: keine speziellen
Altersbegrenzung für Berwerber/innen: ca. 25 Jahre
Ärztliches Attest: ja

Aufnahmeprüfung

Eignungsprüfung Paritätische Prüfungskommission: erwünscht, eigene Aufnahmeprüfung, 2 Zwischenprüfungen
Termine: Juni
Prüfungskatalog: Sprache, Ausdruck, Bewegung, Phantasie, Pantomime, Gesang, Darstellung

Lehrplan

Einzelunterricht: Sprech-, Sprachausbildung, Rollen-Unterricht, Gesangsunterricht
Gruppenunterricht: Dramatisch-Dynamischer-Unterricht, Körpertraining, Pantomime, Bewegungsunterricht, Rhythmik, Ensemble, Szene, Improvisation, Tanz, Fechten, Dramaturgie, Rechtskunde
Projektarbeit: Schüler-Abende, Szenen, Tanz, Gesang
Leistungsnachweise / Zwischenprüfungen: schulintern nach jedem Jahr

Schauspielschule Genzmer

Staatlich genehmigte private Fachschule
Adolfsallee 31
D-6200 Wiesbaden
Telefon (061 21) 30 35 26, 56 35 09

Status: Die Schauspielschule Genzmer e. V. ist ein privates, staatlich genehmigtes Institut und wird von Staat und Stadt subventioniert.

Ausbildungsplätze: maximal 25
Durchschnittliche Zahl der Bewerber/innen: jährlich etwa 100
Ausbildungsbeginn: Die Aufnahmetermine werden nach den gegebenen Möglichkeiten bestimmt.
Ausbildungsdauer: mindestens 3 Jahre
Kosten Schulgeld: monatlich DM 360,–; Kurse werden gesondert berechnet
Kosten Lernmittel: Die Kosten für das Lehrmaterial müssen vom Schüler getragen werden.
Ausbildungsförderung (BAföG): keine Angaben
Ausbildungsziel / Abschluß: Nach Abschluß der Ausbildung erhält der Schüler ein Prädikat über die Erreichung der Bühnenreife sowie eine Bescheinigung über die Studiendauer.

Zulassung

Bildungsvoraussetzungen: möglichst Abitur, mindestens aber Mittlere Reife
Altersbegrenzung für Bewerber/innen: Jeder Bewerber kann zum Studium zugelassen werden. Der Bewerber sollte mindestens 18 Jahre, jedoch nicht mehr als 24 Jahre alt sein. In besonderen Fällen sind Ausnahmen möglich.
Ärztliches Attest: ja

Aufnahmeprüfung

Eignungsprüfung Paritätische Prüfungskommission: Die Prüfungen vor der Paritätischen Prüfungskommission haben auf die Ausbildung an unserer Schule keinen Einfluß.
Eine Eignungsprüfung im üblichen Sinne entfällt. Bei Abschluß des Vertrages ist eine dreimonatige Probezeit vorgesehen, in der sich die Lehrkräfte ein Urteil über die Begabung des Bewerbers bilden. Nach Beendigung der Probezeit wird ein Vorsprechen des Schülers vor dem Gremium durchgeführt.

Lehrplan

Fächer: Stimmliche Ausbildung, Körperliche Ausbildung, Rollenstudium, Ensembleunterricht, Improvisation, Duo (Spiel mit dem Partner), Theorie
Leistungsnachweise / Zwischenprüfungen: Zwischenprüfungen finden nicht statt.

Bemerkungen

Die Ausbildung umfaßt grundlegend die Bereiche Stimme, Sprache, Körper, Darstellung und Theorie.
In allen Fächern unterrichten hauptberufliche Fachlehrer. Für zusätzliche Kurse (z. B. Pantomime, Fechten, Seminare) werden qualifizierte Dozenten verpflichtet.
Bei Vertragsbeginn sind einzureichen: Paßbild, ärztliches Attest, handgeschriebener Lebenslauf und ein Aufsatz über Theater (Thema freigestellt). Die Probezeit ist im Studium inbegriffen. Das Studium kann nach Ermessen der Schulleitung abgekürzt oder verlängert werden.
Die Schule ist verpflichtet, jeden Schüler nach besten Möglichkeiten auf die Anforderungen des Berufes vorzubereiten. Wenn Unterrichtsversäumnisse ein vertret-

bares Maß übersteigen, muß das Studium entsprechend verlängert oder im gegenseitigen Einvernehmen abgebrochen werden.

Die Tätigkeit bei Theater, Fernsehen, Film und Funk während der Ausbildungszeit bedarf der besonderen Genehmigung der Schulleitung. Die Schulleitung ist nicht verpflichtet, den Schülern nach Beendigung der Ausbildung ein Engagement zu vermitteln, wird ihnen jedoch im Rahmen des Möglichen behilflich sein.

Durch Schülersprechstunden ist die Möglichkeit gegeben, Meinungen, Wünsche und Fragen vorzubringen und zu diskutieren.

Weitere Informationen

Informationsblatt

Freiburger Schauspielschule

Lerchenstr. 13
D-7800 Freiburg
Telefon (0761) 38 11 91

Status: staatlich anerkannte private Schauspielschule
Ausbildungsplätze: 12
Durchschnittliche Zahl der Bewerber/innen: 60–70
Ausbildungsbeginn: März und September
Ausbildungsdauer: 8 Semester / 4 Jahre
Kosten Schulgeld: ca. DM 450,–
Kosten Lernmittel: keine
Ausbildungsförderung (BAföG): ja
Ausbildungsziel / Abschluß: Bühnenreifeprüfung

Zulassung

Bildungsvoraussetzungen: Mittlere Reife oder das Versetzungszeugnis in die Klasse 11 eines Gymnasiums oder der Nachweis eines gleichwertigen Bildungsstandes
Altersbegrenzung für Bewerber/innen: 18–25 Jahre
Ärztliches Attest: ja

Aufnahmeprüfung

Prüfungskatalog: Szenische Aufgaben, 2–3 verschiedene Rollen der dramatischen Literatur, Improvisationen.

Es soll festgestellt werden, ob die Bewerber/innen tatsächlich über eine besondere schauspielerische Begabung und über die für den Beruf des Schauspielers erforderlichen Anlagen und Fähigkeiten in einem überdurchschnittlichen Maße verfügen, bzw. herausgefunden werden, ob diese sich im Rahmen einer Ausbildung entwickeln lassen.

Lehrplan

Fächer: Spiel und Darstellung, Theaterprobe, Individualunterricht, Bewegung, Akrobatik und Artistik, Pantomime, Tanz, Fechten, Step und Jazztanz, Sprech- und Atemtechnik, musikalische Grundausbildung, Gesang, Instrumentalunterricht, Theater-, Kunst-, Musikgeschichte, Ästhetik, Deutsch, Gemeinschaftskunde, Spanisch

Leistungsnachweise / Zwischenprüfungen: Ein Schüler wird nach dem Grundstudium zum Hauptstudium nicht versetzt, wenn der Durchschnitt aus den Endnoten aller Fächer schlechter als 5 ist. Schulinterne Zwischenprüfung.

Weitere Informationen:

Informationsblatt: «Ausbildung und Prüfung an der Freiburger Schauspielschule»

Neue Münchner Schauspielschule

Staatlich genehmigte private Berufsfachschule
Kurfürstenplatz 2 GH 1
D-8000 München 40
Telefon (089) 348419

Status: Staatlich genehmigte Berufsfachschule, private Trägerschaft
Ausbildungsplätze: 1. Jahrgang: 12
Durchschnittliche Zahl der Bewerber/innen: 120
Ausbildungsbeginn: 1. November jeden Jahres
Ausbildungsdauer: 3 Jahre
Kosten Schulgeld: Semester: DM 2400,– (6 Monatsraten à DM 400,–)
Kosten Lernmittel: keine Angaben
Ausbildungsförderung (BAföG): BAföG
Ausbildungsziel Abschluß: Volle Berufsausbildung zum Schauspieler, Bühnenreifeprüfung: Paritätische Prüfungskommission, Aufnahme-Vorsprechen vor Abschluß für die ZBF

Zulassung

Bildungsvoraussetzungen: Mindest-Schulabschluß: Qualifizierter Hauptschulabschluß
Altersbegrenzung für Bewerber/innen: 17–25 Jahre
Ärztliches Attest: ja

Aufnahmeprüfung

Eignungsprüfung Paritätische Prüfungskommission: nicht erforderlich
Termine: März–Juni, Anmeldeschluß 10. Februar
Prüfungskatalog: Aufnahmeprüfungen finden von März bis Juni statt. Szenenausschnitte aus 4 verschiedenen Rollen. Prüfungsgebühr: DM 50,–

Lehrplan

Fächer: Atemschulung, Stimmbildung, Sprechtechnik, Sprachanwendung, Regulierung von Spannung und Entspannung, Sensibilisierungstraining, Wahrnehmungsübungen, Assoziationstraining, Autogenes Training, Training des emotionalen Gedächtnisses, Improvisationen, Spiele, Biographie der Rolle, Interpretation, Konzeption, Studium klassischer und moderner Rollen, Soloszenen, Partnerszenen, Ensemble, Inszenieren von Stücken, auch Schülerregie, Vorbereitung zur Engagementsuche, Bewegungsunterricht: Gymnastik, Rhythmik, Konditionstraining, Jazz, Step, Tai Chi, Fechten, Schminken, Kostüm, Bühnenbild, Vertragsrecht, Themen der Theater- und Literaturgeschichte, Kritik.

Gruppenunterricht: Bewegung, Rolle, Phonetik u. a. In der Gruppe des jeweiligen Jahrgangs: 1. Jahrgang (ca. 12 Schüler), 2. und 3. Jahrgang (jeweils ca. 8 Schüler), Mindestwochenstunden 27 pro Gruppe

Seminarunterricht: Zusätzliche Lernangebote für einzelne Gruppen im Semesterplan. Pantomime, Ballett, Folklore, Akrobatik.

Projektarbeit: Schulintern jeweils zu Semesterschluß öffentlich ca. alle 3 Jahre.

Leistungsnachweise / Zwischenprüfungen: Zwischenprüfungen schulintern jeweils am Ende des 1. und 3. Semesters.

Weitere Informationen

Informationsblatt

Schauspielstudio Gmelin

Staatlich genehmigte Berufsfachschule
Widenmayerstr. 25
D-8000 München 22
Telefon (089) 29 26 56

Status: staatlich genehmigte Berufsfachschule
Ausbildungsplätze: 20
Durchschnittliche Zahl der Bewerber/innen: ca. 150 im Jahr
Ausbildungsbeginn: jeweils September, manchmal zum 1. März
Ausbildungsdauer: 3 ½ Jahre
Kosten Schulgeld: DM 350,– (wird voraussichtlich zum neuen Schuljahr erhöht auf DM 400,–)
Kosten Lernmittel: ca. DM 300,– im Jahr (Trainingskleidung, Bücher)
Ausbildungsförderung (BAföG): ja
Ausbildungsziel / Abschluß: Interne Prüfung, Vorbereitung für Vorsprechen bei ZBF und Bühnengenossenschaft

Zulassung

Bildungsvoraussetzungen: Abitur, in Ausnahmefällen Mittlere Reife
Altersbegrenzung für Bewerber/innen: 18–26 Jahre
Ärztliches Attest: ja («physisch und psychisch belastbar»)

Aufnahmeprüfung

Eignungsprüfung Paritätische Prüfungskommission: nein, eigene Aufnahmeprüfung
Termine: Februar und Juni
Prüfungskatalog: Vorsprechen, Szenenerarbeitung mit anschließender Vorführung, einstündiges Gespräch, Improvisation

Lehrplan

Einzelunterricht: Singen, Rollenstudium
Gruppenunterricht: Bewegung, Körper–Atmen–Sprechen, Gesang, Tai Chi, Spiel-stunde, Kunstbetrachtung/Literatur, Feldenkraistraining, Freie Arbeit, Vorfüh-rung, Fechten, Szenenerarbeitung, Lesen–Rezitation, Gestaltung
Seminarunterricht: Je einmal im Semester Intensiv-Wochenende «Tai Chi» bei Toyo Kobayashi und Intensiv-Wochenende bei Heike Münnich (Rhythmik-Lehrerin der Folkwangschule in Essen und ausgebildet bei Le Coqu, Paris)
Projektarbeit: Jeweils über 1 Semester für die Klassen B und C (ein Stück oder eine Collage)
Sonstiges: 1 × jährlich Berlin-Reise mit gemeinsamem Besuch der Schaubühne und anderer Theater
Leistungsnachweise / Zwischenprüfungen: interne Aufnahmeprüfung; 1 Probesemester mit Abschlußprüfung; die Arbeit zu den Projekten (Klassen B und C) gelten als Zwischenprüfung; interne Abschlußprüfung; Vorsprechen bei ZBF und Vorberei-tung für Bühnenreifeprüfung

Weitere Informationen

Informationsblätter «Schauspielstudio Gmelin», «Aufnahmeprüfung», «Die Kern-stunden und ihr Aufbau»

Zinner Studio

Private Berufsfachschule für Schauspieler
Corneliusstr. 21
D-8000 München 5
Telefon (0 89) 2 01 40 80

Status: Private Berufsfachschule für Schauspieler
Ausbildungsplätze: ca. 80 insgesamt
Durchschnittliche Zahl der Bewerber/innen: 100 pro Semester
Ausbildungsbeginn: 1. März und 1. September
Ausbildungsdauer: mindestens 3 Jahre
Kosten Schulgeld: DM 2400,– pro Semester
Kosten Lernmittel: ca. DM 60,–
Ausbildungsförderung (BAföG): keine Angaben
Ausbildungsziel / Abschluß: Schauspieler(in)

Zulassung

Bildungsvoraussetzungen: Abschluß einer deutschen Schule oder gleichartiges Zeugnis einer ausländischen Schule. Mittlere Reife oder Abitur nicht Bedingung.
Altersbegrenzung für Bewerber/innen: keine
Ärztliches Attest: ja

Aufnahmeprüfung

Eignungsprüfung Paritätische Prüfungskommission: Ja. Verbindlich in jedem Fall 6–8 wöchige Probezeit
Termine: Persönliche Vorstellungsgespräche laufend
Prüfungskatalog: Fließende Beherrschung der deutschen Sprache in Wort und Schrift, vorherige musikalische oder tänzerische Betätigung erwünscht. Polizeiliches Führungszeugnis erforderlich.

Lehrplan

Gruppenunterricht: Phonetik, Sprechtechnik, Atemtechnik, Körpertraining, Gymnastik, Tanzen (Steptanz, Folkloretänze u. a.)
Seminarunterricht: Rollenstudium, Tanzszenen mit Dialogen, Fechtszenen mit Dialogen
Projektarbeit: Stanislawski-Seminar
Sonstiges: Inszenierung von kompletten Stücken
Leistungsnachweise / Zwischenprüfungen: nach jedem Semester
Kooperation mit ausländischen Schulen/Einrichtungen: «Mozarteum» in Salzburg, Staatliche Schauspiel-Akademie in Graz

Private Schauspielschule Ruth von Zerboni

Verein zur Förderung und Ausbildung des künstlerischen Nachwuchses e. V.
Waldpromenade 21
D-8035 Gauting
Telefon (089) 8 50 11 47

Status: Staatlich genehmigte Berufsfachschule
Ausbildungsplätze: ca. 28
Durchschnittliche Zahl der Bewerber/innen: 60–80 pro Jahr
Ausbildungsbeginn: Trimesterbeginn 15. 1., 15. 4., 1. 10.
Ausbildungsdauer: 3 Jahre
Kosten Schulgeld: DM 350,– monatlich
Kosten Lernmittel: keine Angaben
Ausbildungsförderung (BAföG): Beantragung möglich
Ausbildungsziel / Abschluß: Schulabschluß, außerdem Möglichkeit zur Teilnahme an der Bühnenreifeprüfung der Paritätischen Prüfungskommission

Zulassung

Bildungsvoraussetzungen: keine
Altersbegrenzung für Bewerber/innen: 16
Ärztliches Attest: ja

Aufnahmeprüfung

Eignungsprüfung Paritätische Prüfungskommission: nicht Bedingung
Termine: jederzeit
Prüfungskatalog: 2 gelernte Szenen. Pro Prüfling ¾ Stunde (kostet DM 60,–). Improvisationen möglich.

Lehrplan

Einzelunterricht: Rollen, Gesang
Gruppenunterricht: Stimmbildung, Sprecherziehung, Kommunikation, Gymnastik, Atemtherapie, Gestaltung, Improvisation, Jazztanz, Theaterwissenschaft, Ensemblestudium, Aufführungen, Gedichtkurs
Seminarunterricht: wechselnd – Schminken, Pantomime, Dialekt, Workshops
Projektarbeit: Inszenierungen im eigenen kleinen Theater
Sonstiges: Bau von Kulissen und Bühnenbildern als Schülerarbeit, Videofilme, Hörspiele
Leistungsnachweise/Zwischenprüfungen: jährlich 2 Zwischenprüfungen für alle Jahrgänge

Weitere Informationen

Informationsblatt, Statuten und Ausbildungs-Vertrag

Private Schulen in Österreich

Konservatorium der Stadt Wien

Magistrat der Stadt Wien
Magistratsabteilung 13
Musiklehranstalten der Stadt Wien
Abteilung XIII – Schauspiel
Johannesgasse 4a
A-1010 Wien 1
Telefon (0222) 5127 3810

Status: Das Konservatorium der Stadt Wien ist keine Hochschule, andererseits aber auch nicht dem im Schulorganisationsgesetz zusammengefaßten mittleren Schulbereich zuzuordnen. Unser Institut ist eine Einrichtung sui generis, entsprechend den Musikakademien seit 1970. Die gesetzlichen Bestimmungen unseres Institutes sind das Privatschulgesetz in Kombination mit einem vom zuständigen Ministerium bewilligten Organisationsstatut.
Ausbildungsplätze: ca. 12 pro Jahr (offiziell keine Begrenzung)
Durchschnittliche Zahl der Bewerber/innen: 100
Ausbildungsbeginn: jeweils Oktober
Ausbildungsdauer: 3 Jahre
Kosten Schulgeld: keines
Kosten Lernmittel: Die Lehrmittel werden nicht freigestellt.
Ausbildungsförderung: diverse Stipendien
Ausbildungsziel / Abschluß: Bühnenreifeprüfung

Zulassung

Bildungsvoraussetzungen: keine
Altersbegrenzung für Bewerber/innen: 25
Ärztliches Attest: nicht erforderlich

Aufnahmeprüfung

Termine: September / Oktober
Prüfungskatalog: Zur Aufnahme in die Klasse für Schauspiel wird von den Studenten keine Vorbildung verlangt. Die Beurteilung einer möglichen Eignung für den Schauspielerberuf erfolgt in Einzelgesprächen und Vorsprechen der Unterrichtenden mit dem Kandidaten. In diesem individuell gehaltenen Aufnahmegespräch soll

sich jeder Unterrichtende unbeeinflußt eine Meinung vom Persönlichkeitsbild des Studenten bzw. seiner Eignung für den Schauspielerberuf bilden. Vorsprechen von Szenen und Monologen sind bei diesen Aufnahmegesprächen kein vorrangiges Beurteilungskriterium. Die weitere Beurteilung der Eignung für den Schauspielerberuf erstreckt sich aber über das gesamte 1. Semester, da ein Zuerkennen dieser Eignung nur auf Grund einer einmaligen Prüfungssituation nicht ausreichend erscheint.

Lehrplan

Fächer: Es muß darauf hingewiesen werden, daß bei einem Großteil der Fächer keine strenge Stundenplaneinteilung besteht; vielmehr werden diese Fächer sukzessive während des Studiums erfüllt. Aus Dispositionsgründen werden verschiedene Fächer als Blockseminare abgehalten.

I. Umfassende Arbeit an geschlossenen szenischen Texten und an ganzen Stücken: Dramatischer Unterricht, Situationen (Improvisation), Kabarettistische Übungen, Interpretationen für Brettl und Podium (Vortrag und Lesung), Lyrik / Prosa (Vortrag und Lesung), Blattlesen, Sprechunterricht / Stimmbildung

II. Praktische Dramaturgie: Übersetzungsvergleiche / Einrichtungen, Geschichte des Theaters, Beschäftigung mit Literatur, Beschäftigung mit dem gegenwärtigen Theater und seiner Struktur, Metrik

III. Körperliche Gestaltung (Ausdrucksformen): Körperliches Training, Akrobatik, Bühnenfechten, Pantomime, Gesellschaftstanz, Jazztanz, Steppen

IV. Gesang: Couplet–Chanson–Theaterlied, Einführung in das musikalische Theater (Musical etc.), Jazzsingen

V. Arbeitstechnik vor Mikrophon und Kamera (Fernsehen, Film, Radio)

VI. Bühnenbild, Bühnentechnik, Kostümkunde

VII. Bühnenkunde, Theaterorganisation, Theaterrecht

VIII. Einführung in die praktische Arbeit des Bühnenpersonals (Assistenten, Inspizienten, Souffleusen, Beleuchter etc.)

IX. Seminare mit Persönlichkeiten aus den verschiedensten Bereichen

Leistungsnachweise / Zwischenprüfungen: Abteilungsinterne Überprüfungen, bzw. bei Zweifel am Studienfortschritt Kontrollprüfung, in der über ein Weiterstudium entschieden wird.

Bemerkungen

Die Abteilung für Schauspiel besteht erst seit kurzer Zeit und ist aus der im Februar 1985 gegründeten Klasse für Schauspiel hervorgegangen. Die Abteilung ist noch im Aufbau begriffen.

Schauspielschule Prof. Krauss

Lehranstalt mit Öffentlichkeitsrecht
Weihburggasse 9
A-1010 Wien 1
Telefon (02 22) 52 43 24

Status: Lehranstalt mit Öffentlichkeitsrecht
Ausbildungsplätze: maximal 70
Durchschnittliche Zahl der Bewerber/innen: keine geschlechtsspezifischen Unterschiede; mehr als Ausbildungsplätze vorhanden
Ausbildungsbeginn: Semesterbeginn (September/Februar)
Ausbildungsdauer: 6 Semester
Kosten Schulgeld: 800,– Grundschulgeld plus 140,– Inskription/Kurs
Kosten Lernmittel: keine
Ausbildungsförderung: –
Ausbildungsziel / Abschluß: Abschlußprüfung: Grundlagen der schauspielerischen Gestaltung und Technik

Zulassung

Bildungsvoraussetzungen: keine
Altersbegrenzung für Bewerber/innen: männlich 25 Jahre, weiblich 23 Jahre
Ärztliches Attest: nein

Aufnahmeprüfung

Eignungsprüfung durch den Lehrkörper der Schule: geprüft wird Begabung, Phantasie, Auftreten
Termine: September, Januar, Februar, Juni
Prüfungskatalog: 2 Szenen oder Monologe, davon 1 Klassiker; zusätzlich wird eine Improvisationsaufgabe gestellt

Lehrplan

Einzelunterricht: Dramatischer Unterricht, Sprechtechnik, Improvisation, Körpersprache, Körperschulung, Fechten, Rhythmik, Gesang, English Theatre
Gruppenunterricht: Theater- und Literaturgeschichte, Kostümkunde
Seminarunterricht: Pantomime, Tanz
Projektarbeit: Studiokurs
Leistungsnachweise / Zwischenprüfungen: 2 Kontrollprüfungen in grundsätzlich 2semestrigem Abstand
Kooperation mit ausländischen Schulen/Einrichtungen: Douglas Webber School, London

Franz Schubert Konservatorium

Konsortium für Musik und darstellende Kunst mit Öffentlichkeitsrecht
Mariahilferstr. 51
A-1060 Wien
Telefon (0222) 5874787

Status: staatlich anerkanntes Privatkonservatorium mit Öffentlichkeitsrecht
Ausbildungsplätze: maximal 50 für alle Jahrgänge
Durchschnittliche Zahl der Bewerber/innen: 22-30
Ausbildungsbeginn: jeweils im Oktober eines jeden Jahres
Ausbildungsdauer: je nach Begabung 3 bis 4 Jahre
Kosten Schulgeld: ÖS 1500,– (Stand Februar 1987)
Kosten Lernmittel: für den Schüler minimal
Ausbildungsförderung: nein
Ausbildungsziel / Abschluß: Berufsbefähigung zu erreichen, öffentliche Reifeprüfung
mit staatlicher Gültigkeit

Zulassung

Bildungsvoraussetzungen: Mittlere bzw. höhere Schulbildung wäre erwünscht.
Altersbegrenzung für Bewerber/innen: Mindestalter 17 Jahre, bei außergewöhnlicher
Begabung auch früher
Ärztliches Attest: nein

Aufnahmeprüfung

Eignungsprüfung vor Prüfungskommission bestehend aus den Schauspiellehrern
des Franz Schubert Konservatoriums
Termine: Ende September/Anfang Oktober
Prüfungskatalog: Szene aus selbstgewähltem Drama in der Dauer von 7 Minuten,
Gedicht nach 5 Minuten Vorbereitungszeit lesen, Improvisation eines bestimmten
Bewegungsablaufes

Lehrplan

Einzelunterricht: Dramatik, Gesang, Sprecherziehung
Gruppenunterricht: Bewegungslehre, Literaturgeschichte und Theaterrecht, Sprech-
erziehung, Tanz, Dramatik
Seminarunterricht: Blockunterricht: Fechten, Bühnenschminken, Kostümkunde
Projektarbeit: Szenenerarbeitung
Leistungsnachweise / Zwischenprüfungen: Nach jedem Jahr sind kommissionelle Prü-
fungen über den gesamten Jahresstoff abzulegen.

Seminar für Schauspielpädagogik

Gewerkschaft Kunst, Medien und Freie Berufe
Volkstheater
Neustiftgasse 1
A-1070 Wien
Telefon (0222) 343600

Status: Privatschule – Träger: Gewerkschaft Kunst, Medien und Freie Berufe
Ausbildungsplätze: 10 pro Jahrgang
Durchschnittliche Zahl der Bewerber/innen: 150 pro Jahrgang
Ausbildungsbeginn: jeweils September
Ausbildungsdauer: 3 Jahre, postgraduiertes 4. Jahr möglich
Kosten Schulgeld: 800,– ÖS pro Monat des Schuljahres
Kosten Lernmittel: keine
Ausbildungsförderung: Bundesministerium für Unterricht und Kunst, Kulturamt der
Stadt Wien, Arbeiterkammer, Gewerkschaft Kunst, Medien und Freie Berufe
Ausbildungsziel/Abschluß: Bühnenreifeprüfung vor der Paritätischen Prüfungskommission

Zulassung

Bildungsvoraussetzungen: möglichst keine Schauspielausbildung
Altersbegrenzung für Bewerber/innen: vollendetes 27. Lebensjahr
Ärztliches Attest: nein

Aufnahmeprüfung

1. Teil: studierte Rolle, Monolog, Gedicht oder Lied. 2. Teil: Improvisation von
thematischen Vorgaben. 3. Teil: Test der Atem-, Stimm- und Sprecherziehung, Test
Bewegungserziehung
Termine: jeweils Ende Juni

Lehrplan

Einzelunterricht: Dramatikunterricht – Monologstudium, teilweise Rollenstudium
ab dem 3. Studiensemester; Atem-, Stimm- und Sprecherziehung; Musikalisches
Rollenstudium (ab 3. Semester)
Gruppenunterricht: Dramatikunterricht, Atem-, Stimm- und Sprecherziehung, Bewegungsunterricht, Tanz, Bühnenfechten, Musikalisches Rollenstudium, Dramaturgie und Theaterkunde, Literaturgeschichte, Rhythmik, Kostümkunde, Bühnenrecht
Seminarunterricht: wie bei Gruppenunterricht
Projektarbeit: Abschlußarbeiten im 2. und 3. Jahrgang – Aufführung
Leistungsnachweise/Zwischenprüfungen: Zwischenprüfung nach dem 2. Semester für
alle Studierenden obligatorisch; Zwischenprüfungen nach Beschluß des Lehrerkollegiums; Leistungsnachweis dem Lernstand und dem Lehrplan entsprechend

Bemerkungen

Die Lehrer der Schaupielschule des Seminars für Schauspielpädagogik wurden alle an der Abteilung «Lehrerbildung» des Seminars für Schauspielpädagogik in einem 4-semestrigen Ausbildungsgang in den Fächern Dramatikunterricht und teilweise auch im Fach Atem-, Stimm- und Sprecherziehung ausgebildet. In der Schauspielschule des Seminars für Schauspielpädagogik findet neben der Schauspielausbildung auch die praktische Ausbildung zum Schauspiellehrer statt. Weitere Aufgaben: Lehrplanforschung, Entwicklung und Evaluation der Didaktik und Methodik der Schauspielausbildung.

Bruckner-Konservatorium Linz

Wildbergstr. 18
A-4040 Linz
Telefon (0732) 23 13 06

Status: Privatschule des Landes Oberösterreich mit Öffentlichkeitsrecht
Ausbildungsplätze: 20 für alle drei Jahrgänge
Durchschnittliche Zahl der Bewerber/innen: 20-30
Ausbildungsbeginn: September
Ausbildungsdauer: 3 Jahre
Kosten Schulgeld: zur Zeit ÖS 700,– pro Semester, für nicht steuerpflichtige Ausländer die dreifache Gebühr
Kosten Lernmittel: Bücher für Sprecherziehung und Literatur- und Theatergeschichte müssen vom Studierenden gekauft werden. Ebenso Texte der Reclambibliothek. Sonst steht reichhaltige Bibliothek zur Verfügung, wofür jährlich ein Lehrmittelbeitrag von ÖS 100,– berechnet wird.
Ausbildungsförderung: nein
Ausbildungszeit/Abschluß: staatlich anerkannte Reifeprüfung

Zulassung

Bildungsvoraussetzungen: Keine besonderen. Durch persönliche Fragen und gezielte Improvisationsaufgaben bei der Aufnahmeprüfung wird versucht, ein Gesamtbild von körperlicher und geistiger Verfassung herzustellen. Das 1. Semester des 1. Schuljahres gilt als Probesemester, dann erst definitive Aufnahme.
Altersbegrenzung für Bewerber/innen: 16–22 Jahre (wenn Plätze frei, auch älter, nach entsprechendem Hinweis auf Minderung der Berufschancen)
Ärztliches Attest: nein

Aufnahmeprüfung

Eignungsprüfung Paritätische Prüfungskommission: Es ist nicht notwendig, die Eignungsprüfung vor der Paritätischen Prüfungskommission abzulegen, da das Bruckner-Konservatorium von ihr anerkannt ist. Eigene Aufnahmeprüfung, durchgeführt von der Abteilung Schauspiel (dem Abteilungsvorstand und den jeweiligen Beisitzern)

Termine: Juli und September

Prüfungskatalog: 3–4 Aufgaben: Monologe aus Theaterstücken, selbstdramatisierte Szenen, Improvisationen dramatischer Begebnisse, dramatische Gedichte oder Balladen

Lehrplan

Einzelunterricht: Sprecherziehung und Gesang für Schauspieler, Monologe, Couplet, Chansons etc.

Gruppenunterricht: Theater-, Literatur- und Kunstgeschichte, Kostüm- und Maskenkunde, Gymnastik und Bühnentanz, Fechten, Improvisation und Stummes Spiel, Ausdruckstanz

Seminarunterricht: keine Angaben

Projektarbeit: Szenen, Monologe etc. für Semesterabschlußabend im Februar, Arbeit für Schlußaufführung (komplette Theateraufführung)

Sonstiges: Eine fallweise Beschäftigung am Landestheater, Linzer Kellertheater oder Theater des Kindes etc. wird während der Ausbildung nach Möglichkeit gestattet.

Leistungsnachweise / Zwischenprüfungen: Kontrollprüfungen nach jedem Jahr

Bemerkungen

So wie sich die Grenzen zwischen den traditionellen Rollenfächern seit Jahren verschoben und zum Teil aufgehoben haben, hat sich auch hinsichtlich der Anforderungen, die das heutige Theater an die Schauspieler stellt, ein grundlegender Wandel vollzogen. Denn die angespannte wirtschaftliche Lage vieler Bühnen, Fernseh- und Rundfunkanstalten macht ein Spezialisieren auf bestimmte Theaterformen zu einem Existenzrisiko für den nicht aufgeschlossenen, nicht wandlungsfähigen, nicht denkenden und nicht sein Handwerk perfekt beherrschenden Schauspieler. Einen möglichst hochqualifizierten und weitgehend universell geschulten Schauspielernachwuchs heranzubilden, dient der hier erstellte Lehrplan.

Weitere Informationen

Informationsblätter: Lehrplan Schauspiel, Aufnahmeantrag, Schauspiel–Oper

Elisabethbühne Salzburg – Schauspielschule

Plainstr. 42
A-5020 Salzburg
Telefon (0662) 50646, 51536

Status: Die Elisabethbühne ist ein Theater mit angeschlossener anerkannter Schule
Ausbildungsplätze: ca. 10
Durchschnittliche Zahl der Bewerber / innen: keine Angaben
Ausbildungsbeginn: auch während des Jahres möglich, günstiger: 1. August
Ausbildungsdauer: 3 – 4 Jahre
Kosten Schulgeld: keine
Kosten Lernmittel: keine
Ausbildungsförderung: um Subventionierung kann angesucht werden
Ausbildungsziel / Abschluß: Schauspieldiplom (Insgesamt müssen 4 Prüfungen vor einer Paritätischen Prüfungskommission in München oder Wien abgelegt werden)

Zulassung

Bildungsvoraussetzungen: keine Matura erforderlich
Altersbegrenzung für Bewerber / innen: keine
Ärztliches Attest: nein

Aufnahmeprüfung

Termine: Die Eignungsprüfungen finden jeweils im Herbst und späterem Frühjahr statt.

Lehrplan

Einzelunterricht: Szenischer Unterricht und Prüfungsvorbereitung, Atem- und Sprechtechnik
Gruppenunterricht: Szenischer Unterricht, Atem- und Sprechtechnik, Körpertraining (kein Ballett und keine Pantomime): a) Körperbewußtsein, b) Körperkreativität, c) allgemeine Fitness; spezieller Anfängerkurs: a) Entspannungs- und Phantasietraining, b) Improvisationen (Tradition Stanislawski)
Projektarbeit: Ein Großteil der schauspielerischen Ausbildung ist Projektarbeit. Die Schüler spielen – ihrem Ausbildungsgrad entsprechend – in den Aufführungen des Theaters mit.
Sonstiges: Durch die praxisbezogene Ausbildung – das Spielen von vielen Vorstellungen – erlernt der Schüler, daß Theaterspielen miteinander Spielen bedeutet, also Reagieren und nicht Agieren, und daß überflüssiges jahrelanges Monologisieren nicht zielführend ist.
Leistungsnachweise / Zwischenprüfungen: 2 Teilprüfungen vor der Paritätischen Prüfungskommission nach jeweils einem Studienjahr. Die Teil- und Abschlußprüfungen werden vor der Paritätischen Prüfungskommission in München oder Wien abgelegt.
Kooperation mit ausländischen Schulen / Einrichtungen: derzeit mit der Schule des Moskauer Künstlertheaters MCHAT

Bemerkungen

Die Elisabethbühne ist ein Theater und eine Schauspielschule. Der Modellversuch existiert seit 15 Jahren. Der Theaterbetrieb funktioniert durch die Schule und umgekehrt. Zum großen Teil ist der «Szenische Unterricht» auf die im Spielplan disponierten Stücke gerichtet. Der Vorteil: die erarbeitete Rolle wird ca. 30mal gespielt. Die so gewonnene Sicherheit erlaubt einen nächsten Schritt. In der Regel erreicht der Schüler sein Abschlußdiplom nach 3 bis 4 Jahren. Das Spielen ist Teil der Ausbildung und wird nicht bezahlt. Die Durchfallquote ist praktisch null (in 15 Jahren 3 Schüler in jeweils einer Teilprüfung). Die Elisabethbühne versucht, die besten der diplomierten Schauspieler selbst zu engagieren.

Schauspielschule Emo Cingl

c/o Tiroler Landestheater
Rennweg 2
A-6020 Innsbruck
Telefon (05222) 22743

Status: Offizielle und gewerkschaftlich anerkannte Privatschule – im Tiroler Landestheater integriert. Alljährliche Kontrollprüfungen finden in Wien vor einer Paritätischen Prüfungskommission statt.
Ausbildungsplätze: 15
Durchschnittliche Zahl der Bewerber/innen: 20–30
Ausbildungsbeginn: jederzeit
Ausbildungsdauer: 3–4 Jahre
Kosten Schulgeld: DM 150,–
Kosten Lernmittel: –
Ausbildungsförderung: keine
Ausbildungsziel/Abschluß: Reifeprüfung, die den Anfänger berechtigt, Engagements abzuschließen

Zulassung

Bildungsvoraussetzungen: in erster Linie die entsprechende Begabung und Allgemeinbildung, Abitur nicht unbedingt erforderlich
Altersbegrenzung für Bewerber/innen: Herren 25 Jahre, Damen 23 Jahre
Ärztliches Attest: nein

Aufnahmeprüfung

Eignungsprüfung Paritätische Prüfungskommission: findet statt
Termine: Herbst und Frühjahr
Prüfungskatalog: 3 Vorsprechrollen (Szenen, Monologe, Improvisationen)

Lehrplan

Einzelunterricht: dramatischer Unterricht

Gruppenunterricht: Stimmbildung, Sprechtechnik, klassisches Ballett, Jazzdance, Musicaldance, Steptanz. Ensembleunterricht: Meditationstechniken, Tiefentspannung, Sensitivtraining, Improvisation, Pantomime, Literatur, Stegreifspiele, Urschrei, Ausdruckstanz (die Fähigkeit, Bewegungen zu gestalten, wird durch den kreativen Ausdruckstanz enorm gesteigert)

Seminarunterricht: Einmal jährlich findet in einem Schulungszentrum ein gruppendynamisches Wochenendseminar statt, das dem Studenten, speziell seiner persönlichen und künstlerischen Weiterentwicklung, dienen soll.

Sonstiges: Unsere Studenten sind Werkstudenten, das heißt, sie haben die Möglichkeit, nebenher einen Beruf auszuüben oder ein Hochschulstudium zu besuchen, da es sich um keine Ganztagsschule handelt.

Leistungsnachweise/Zwischenprüfungen: Folgende Prüfungen finden alljährlich vor einer Paritätischen Prüfungskommission in Wien statt: a) Eignungsprüfung, b) 1. Kontrollprüfung, c) 2. Kontrollprüfung, d) Reifeprüfung. Diese Prüfungen haben den Zweck, den jeweiligen Ausbildungsstand zu kontrollieren.

Bemerkungen

Grundidee der Schule: Die Entwicklung der Persönlichkeit, die der künstlerischen nicht nachstehen soll, steht im Mittelpunkt unserer Ausbildung. Auch Meditation und Tiefentspannung beziehen wir in unseren Lehrplan ein. Von allen körpertechnischen Erfordernissen, die der Anfänger begreifen und verwirklichen soll, muß die erste die nach einer bestimmten geistigen Haltung sein. Damit meinen wir auch: Echtheit, Natürlichkeit, Absichtslosigkeit. Um mit einem Wort von Max Reinhardt abzuschließen: «Theater ohne Freude wäre Perversion.»

Private Schulen in der Schweiz

Goetheaneum Dornach

Rudolf-Steiner-Schule für Sprachgestaltung
und Dramatische Darstellungskunst
Schauspiel
Postfach 134
CH-4143 Dornach
Telefon (061) 72 42 42

Status: private höhere Fachschule
Ausbildungsplätze: jährlich 12
Durchschnittliche Zahl der Bewerber / innen: 20
Ausbildungsbeginn: Oktober
Ausbildungsdauer: 4–5 Jahre
Kosten Schulgeld: SFr. 2400,– im Jahr
Kosten Lernmittel: –
Ausbildungsförderung: ja
Ausbildungsziel / Abschluß: Anfang Juli. Nach erfolgreichem Abschluß wird ein Diplom zur Ausübung des Berufes als Sprachgestalter und Schauspieler erteilt.

Zulassung

Bildungsvoraussetzungen: Maturität (Abitur) oder eine vergleichbare Vorbildung. Bei besonderer künstlerischer Eignung kann auf die Maturität verzichtet werden.
Altersbegrenzung für Bewerber / innen: 35 Jahre
Ärztliches Attest: ja

Aufnahmeprüfung

Eignungsprüfung: Kolloquium mit und Vorsprechen vor dem Aufnahmeausschuß des Dozentenkollegiums
Termine: Mai / Juni
Prüfungskatalog: Sprachübungen von Rudolf Steiner, freier Vortrag von epischen, lyrischen und dramatischen Texten – darunter möglichst zwei gegensätzliche Rollen aus klassischen Dramen (Dauer ca. 15 Minuten)

Lehrplan

Gruppenunterricht: Sprachgestaltung und Schauspielunterricht täglich in Gruppen von höchstens 6 Schülern: Sprachübungen zur Artikulation und Konsolidierung der Sprachorgane, Erüben von Rezitation, Deklamation, Konversation, Gebärdenspiel, mimischer Ausdruck und szenische Gestaltung; weitere Fächer: Sprechchor, Eurythmie, Gymnastik, Metrik, Poetik, Ästhetik, Malen, Fechten, Schminken
Seminarunterricht: Farbenlehre, Kunstgeschichte, Literatur-, Theatergeschichte, Anthropologie, Pädagogik, Allgemeine Anthroposophie, Kostümkunde, Dekoration, Beleuchtung
Leistungsnachweise / Zwischenprüfungen: –

Bemerkungen

Die Ausbildung gründet sich auf die von Rudolf Steiner entwickelte und dargestellte Antroposophie und Menschenkunde, im speziellen auf die Vorträge über Sprachgestaltung und dramatische Kunst, sowie auf die sprach-künstlerische Tätigkeit seiner Mitarbeiterin Marie Steiner.

Der Schüler soll auf geistgemäße Art der Sprache neu begegnen. Er wird sein Gehör im Empfinden der Lautqualitäten und Wortbildungen schulen und sein Stilgefühl an den Bewegungsformen der Metren und Rhythmen als Ausdruck des dichterischen Erlebens heranbilden. Es führt ihn zum Entfalten der musikalischen und bildhaft-plastischen Kräfte der Sprache im epischen, lyrischen und dramatischen Kunstwerk.

Scuola Teatro Dimitri

(Dimitri-Schule)
CH-6653 Verscio / Ticino
Telefon (093) 81 25 44

Status: Höhere Fachschule, für Ausbildungsförderung anerkannt
Ausbildungsplätze: max. 14 pro Jahr
Durchschnittliche Zahl der Bewerber / innen: 70–80
Ausbildungsbeginn: jährlich Anfang September
Ausbildungsdauer: 3 Jahre
Kosten Schulgeld: SFr. 8400,– im Jahr ohne Unterkunft und Verpflegung
Kosten Lernmittel: SFr. 150,– im Jahr (Materialkostenbeitrag, ohne persönliche Ausrüstung)
Ausbildungsförderung: ja
Ausbildungsziel / Abschluß: Die Scuola Teatro Dimitri ist eine Berufsschule, die eine komplette Grundausbildung auf dem Gebiet des theatralischen Ausdrucks anbietet.

Zulassung

Bildungsvoraussetzungen: keine
Altersbegrenzung für Bewerber / innen: 18–27 Jahre
Ärztliches Attest: ja

Aufnahmeprüfung

Dreitägige Aufnahmeprüfung vor unserer Lehrerkommission
Termine: jährlich, im Mai
Prüfungskatalog: Akrobatik, Pantomime, Theaterimprovisation, Stimmbildung, Tanz, in Form von Unterrichtsstunden.

Lehrplan

Einzelunterricht: Sprecherziehung und Improvisation, Betreuung von Einzelarbeiten: Jonglage, Pantomime, Akrobatik, Tanz, Theatralische Improvisation
Gruppenunterricht: Pantomime, Akrobatik, Stimmtraining, Theatralische Improvisation, Rhythmus, Jonglage, Schminken, Volkstanz, klassischer Tanz, zeitgenössischer Tanz, Step
Seminarunterricht: Stages in Clownerie, Commedia dell'Arte
Projektarbeit: Kreation von Stücken unter Leitung eines Lehrers, Abschlußstück am Ende der Ausbildung
Leistungsnachweise / Zwischenprüfungen: Persönliche Arbeiten, Tests

Weitere Informationen

Broschüre «Scuola Teatro Dimitri»

Schauspielschulen im deutschsprachigen Raum – Adressen und Telefonnummern auf einen Blick

Staatliche, öffentliche und halböffentliche Schauspielschulen

Bundesrepublik Deutschland

Hochschule der Künste Berlin
Darstellende Kunst
Fachbereich 9
Studiengang Schauspiel
Fasanenstr. 1
D-1000 Berlin 12

(030) 3185 – 2204

Hochschule für Musik und Darstellende Kunst Hamburg
Fachbereich Darstellende Kunst
Fachrichtung Schauspiel
Harvestehuder Weg 12
D-2000 Hamburg 13

(040) 44 19 54 00

Staatliche Hochschule für Musik und Theater Hannover
Studiengang Schauspiel
Emmichplatz 1
D-3000 Hannover 1

(05 11) 3 100250, -2 51

Staatliche Hochschule für Musik Ruhr – Institut Folkwang
Hochschule für Musik, Theater, Tanz
Studienbereich Schauspiel
Abtei
D-4300 Essen 16 (Werden)

(0201) 4903-125, 233

Westfälische Schauspiel-Schule Bochum
Institut der Stadt Bochum
Fachbereich Darstellende Kunst
Studiengang Schauspiel
Lohring 20
D-4630 Bochum 1

(0234) 621 24 74

Hochschule für Musik und Darstellende Kunst Frankfurt am Main
Fachbereich Darstellende Kunst
Ausbildungsbereich Schauspiel
Eschersheimer Landstr. 29
D-6000 Frankfurt/M.

(069) 55 08 26

Musikhochschule des Saarlandes
Studienbereich Darstellende Kunst
Schauspiel
Bismarckstr. 1
D-6600 Saarbrücken 3

(0681) 624 08

Staatliche Hochschule für Musik und Darstellende Kunst Stuttgart
Abteilung Schauspielschule
Urbanplatz 2
D-7000 Stuttgart 1

(07 11) 2124845

Otto-Falckenberg-Schule
Schauspielschule der
Landeshauptstadt München
Hildegardstr. 1–3
D-8000 München 22

(089) 23 72 13 41

Österreich

Hochschule für Musik
und Darstellende Kunst
(Max-Reinhardt-Seminar)
Abteilung Schauspiel und Regie
Penzinger Str. 9
A-1140 Wien

(0222) 82 94 65-51

Hochschule für Musik und
Darstellende Kunst
«Mozarteum» in Salzburg
Abteilung VIII Darstellende Kunst
Mirabellplatz 1
A-5020 Salzburg

(0662) 7 55 34, 7 56 46, 75 53 42 15

Hochschule für Musik und
Darstellende Kunst in Graz
Abteilung 7
Schauspiel
Leonhardstr. 15
A-8010 Graz

(03 16) 32 05 31 05, 32 05 36 00

Schweiz

Konservatorium für Musik
und Theater Bern
Abteilung Schauspiel
Laupenstr. 45
CH-3008 Bern

(031) 25 31 69

Schauspiel-Akademie Zürich
Winkelwiese 4
CH-8001 Zürich

(01) 2 51 86 28

Private Schauspielschulen

Bundesrepublik Deutschland

Die Etage – Schule für die
Darstellenden Künste e.V.
Staatlich anerkannte
Ergänzungsschule
Hasenheide 54
D-1000 Berlin 61

(030) 691 20 95

Fritz-Kirchhoff-Schule «Der Kreis»
Berufsfachschule für
Schauspielerausbildung
Laubenheimer Str. 1
D-1000 Berlin 33

(030) 3 22 51 24

Stagefright
Schule für Entertainment
Staatlich anerkannt
Bernburger Str. 31
D-1000 Berlin 61

(030) 26 16 85 58

Bühnenstudio Hedi Höpfner
Private Berufsfachschule
für Schauspiel und Musical
Hansastr. 35
D-2000 Hamburg 13

(040) 45 77 97, 44 58 15

Hamburgisches Schauspiel-Studio
Staatlich genehmigte
Höhere Fachschule
Sierichstr. 102
D-2000 Hamburg 60

(040) 46 46 26

The Stage School of Dance and
Drama
Poolstr. 21
D-2000 Hamburg 36

(040) 35 27 89

**Schule für Schauspiel in
der Landeshauptstadt Kiel**
Rehsenweg 75
D-2300 Kiel 14

(0431) 526125

Neue Tanz-und Theaterschule
der Werkstatt e.V. und des
Schauspielhauses Düsseldorf
Schauspiel
Börnestr. 10
D-4000 Düsseldorf 1

(0211) 360391

Schule des Theaters e.V.
im Theater DER KELLER
Kleingedankstr. 6
D-5000 Köln 1

(0221) 318059

Schauspielschule Genzmer
Staatlich genehmigte
private Fachschule
Adolfsallee 31
D-6200 Wiesbaden

(06121) 303526, 563509

Freiburger Schauspielschule
Lerchenstr. 13
D-7800 Freiburg

(0761) 381191

Neue Münchner Schauspielschule
Staatlich genehmigte
private Berufsfachschule
Kurfürstenplatz 2 GH 1
D-8000 München 40

(089) 348419

Schauspielstudio Gmelin
Staatlich genehmigte
Berufsfachschule
Widenmayerstr. 25
D-8000 München 22

(089) 292656

Zinner Studio
Private Berufsfachschule
für Schauspieler
Corneliusstr. 21
D-8000 München 5

(089) 2014080

**Private Schauspielschule Ruth von
Zerboni**
Verein zur Förderung und
Ausbildung des künstlerischen
Nachwuchses e.V.
Waldpromenade 21
D-8035 Gauting

(089) 8501147

Österreich

Konservatorium der Stadt Wien
Magistrat der Stadt Wien
Magistratsabteilung 13
Musiklehranstalten der Stadt Wien
Abteilung XIII – Schauspiel
Johannesgasse 4a
A-1010 Wien 1

(0222) 51273810

Schauspielschule Prof. Krauss
Lehranstalt mit
Öffentlichkeitsrecht
Weihburggasse 9
A-1010 Wien 1

(0222) 524324

Franz Schubert Konservatorium
Konsortium für Musik
und Darstellende Kunst
mit Öffentlichkeitsrecht
Mariahilferstr. 51
A-1060 Wien

(0222) 5874787

Seminar für Schauspielpädagogik
Gewerkschaft Kunst, Medien und Freie
Berufe
Volkstheater
Neustiftgasse 1
A-1070 Wien

(0222) 343600

Bruckner-Konservatorium Linz
Wildbergstr. 18
A-4040 Linz

(0732) 231306

Elisabethbühne Salzburg
Schauspielschule
Plainstr. 42
A-5020 Salzburg

(0662) 50646, 51536

Schauspielschule Emo Cingl
c/o Tiroler Landestheater
Rennweg 2
A-6020 Innsbruck

(05222) 22743

Schweiz

Goetheaneum Dornach
Rudolf-Steiner-Schule für
Sprachgestaltung und Dramatische
Darstellungskunst
Schauspiel
CH-4143 Dornach

(061) 724242

Scuola Teatro Dimitri
(Dimitri-Schule)
CH-6653 Verscio / Ticino

(093) 812544

Berufsverbände Schauspiel

Bundesrepublik Deutschland

**Genossenschaft Deutscher Bühnenangehöriger
(GDBA)**
Feldbrunnenstraße 74
D-2000 Hamburg 13
(040) 44 51 85

Deutscher Bühnenverein (DBV)
Bundesverband Deutscher Theater
Quatermarkt 5
D-5000 Köln 1
(0221) 23 37 71

Paritätische Prüfungskommission

Generelle Auskünfte bei Fragen zur Paritätischen Prüfungskommission erteilen die
Genossenschaft Deutscher Bühnenangehöriger in Hamburg und der Deutsche Bühnenverein in Köln. Prüfungsstellen befinden sich zur Zeit in Berlin, Frankfurt/M.,
Hamburg, Karlsruhe, Krefeld-Mönchengladbach und München. Da von Zeit zu
Zeit die Federführung bei den paritätischen Prüfungen zwischen GDBA und DBV
wechselt, können sich auch die Prüfungsstellen ändern. Wo die Prüfungen stattfinden und wo man sich anmelden muß, erfährt man bei den zuständigen Landesge-
schäftsstellen von GDBA und DBV:

BERLIN

GDBA: Joachim-Friedrich-Str. 54, D-1000 Berlin 31, (030) 8 92 94 93
DBV: Kurfürstendamm 186, D-1000 Berlin 15, (030) 8 82 67 77

HAMBURG

GDBA: Feldbrunnenstr. 74, D-2000 Hamburg 13, (040) 45 71 48
DBV: Rothenbaumchaussee 20, D-2000 Hamburg 13, (040) 45 01 02

KREFELD-MÖNCHENGLADBACH/NORDRHEIN-WESTFALEN

GDBA: Schröderweg 2, D-4930 Detmold, (05231) 88 899
DBV: Vereinigte Städt. Bühnen Krefeld-Mönchengladbach, Theaterplatz,
D-4150 Krefeld, (02151) 16 86

FRANKFURT / M.

GDBA: Ludwig-Rehn-Str. 9, D-6000 Frankfurt / M., (069) 63 55 01
DBV: –

KARLSRUHE (BADEN-WÜRTTEMBERG)

GDBA: Badisches Staatstheater Karlsruhe, D-7500 Karlsruhe, (0721) 15 21-3 38
DBV: –

MÜNCHEN

GDBA: Johann-von-Werth-Str. 4, D-8000 München 19, (089) 16 95 01
DBV: Herzog-Wilhelm-Str. 26, D-8000 München 2, (089) 55 51 05

Österreich

Gewerkschaft Kunst, Medien und Freie Berufe
Österreichischer Gewerkschaftsbund
Sektion Bühnenangehörige
Maria-Theresien-Str. 11
A-1090 Wien
(0222) 34 36 00

Theatererhalterverband
österreichischer Bundesländer und Städte
Friedrich-Schmidt-Platz 5
A-1082 Wien
(0222) 42 800-27 21

Österreichischer Direktorenverband
Stubenring 8–10
A-1010 Wien
(0222) 52 65 65-2 55 oder -2 57
(zuständig für Kleintheater, Kabaretts etc.)

Paritätische Prüfungskommission
Die Geschäftsstelle der Paritätischen Prüfungskommission ist bei der Gewerkschaft
Kunst, Medien und Freie Berufe, Sektion Bühnenangehörige angesiedelt.

Wiener Bühnenverein
Hofburg
Batthyanystiege
A-1010 Wien
(0222) 53 39 99 12

Schweiz

Schweizerischer Bühnenkünstlerverband (SBKV)
Realpstr. 39
CH-4054 Basel
(061) 39 10 55

Schweizerischer Bühnenverband (SBV)
Sekretariat: R. Morgenegg, Notar
Hirschgraben 8
CH-3011 Bern
(031) 25 44 10

Vermittlungen in der Bundesrepublik Deutschland

ZBF – Zentrale Bühnen-, Fernseh- und Filmvermittlung der Bundesanstalt für Arbeit

ZBF Agentur Berlin
Kurfürstendamm 206
D-1000 Berlin 15
(030) 8 83 80 31 / 54

ZBF Agentur Hamburg
Mittelweg 41
D-2000 Hamburg 13
(040) 44 68 21

**ZBF – Zentrale Bühnen-,
Fernseh- und Filmvermittlung
der Bundesanstalt für Arbeit**
Feuerbachstr. 42
D-6000 Frankfurt / M.
(069) 7 11 13 56

ZBF Agentur München
Leopoldstr. 19
D-8000 München 40
(089) 3 81 70 70

Künstlerdienste der Bundesanstalt für Arbeit

Künstlerdienst Berlin
Kurfürstendamm 210
D-1000 Berlin 15
(030) 8 82 73 11

Künstlerdienst Hamburg
Adenauerallee 10
D-2000 Hamburg 1
(040) 24 84 41

Künstlerdienst Hannover
Altenbekener Damm 82
D-3000 Hannover 1
(05 11) 8 00 41

Künstlerdienst Düsseldorf
Am Bonneshof 6
D-4000 Düsseldorf 30
(02 11) 4 30 61

Künstlerdienst Frankfurt / M.
Saonestr. 2–4
D-6000 Frankfurt / M. 71
(069) 6 67 01

Künstlerdienst Stuttgart
Lange Straße 51
D-7000 Stuttgart 1
(07 11) 22 50 35–38, 22 43 82

Künstlerdienst München
Sonnenstr. 2/IV
D-8000 München 2
(089) 53 08 41

Private Vermittler, beauftragt von der Bundesanstalt für Arbeit (Stand vom 1.7.1986)

BERLIN:

Bengen, Traute
Paulstr. 25
D-1000 Berlin 21
(030) 391 18 95

Mackeben, Toni
Douglasstr. 2–4
D-1000 Berlin 33
(030) 8 26 32 49

Rohrbeck, Annelie
Schlangenbader Str. 36 c
D-1000 Berlin 33
(030) 8 23 40 80

Runde-Profé, Gerda
Preußenallee 26
D-1000 Berlin 19
(030) 3 04 06 61

MÜNCHEN UND
UMGEBUNG:

Bäurle-Mattes, Doris
Pilotystr. 2
D-8000 München 22
(089) 22 94 33

Baumbauer, Erna
Keplerstr. 2
D 8000 München 80
(089) 47 85 77

Dietrich, Hannelore
Pilotystr. 2
D-8000 München 22
(089) 22 94 33

Jovanovic, Stefanija
Perfallstr. 6
D-8000 München 80
(089) 47 50 24 / 25

Killer-Stenzel, Ruth
Harthauser Str. 54
D-8000 München 90
(089) 6 42 23 33

Köhler, Tilly
Rümannstr. 51
D-8000 München 40
(089) 36 39 70

Lentz, Gerhard
Holbeinstr. 4
D-8000 München 80
(089) 47 40 26

Palz, Irmgard
Ortlindestr. 6 / VII
D-8000 München 81
(089) 91 20 19 / 10

Rakosi, Anita
Tegernseer Landstr. 284
D-8000 München 90
(089) 6 90 40 92

Rehm, Karola
Lamontstr. 9
D-8000 München 80
(089) 47 60 81 – 84

Wiedner, Margareta
Destouchesstr. 32
D-8000 München 40
(089) 3 00 73 49, 3 08 18 22

von Pilecki, Janusz
Elilandstr. 12 / I
D-8000 München 90
(089) 6 92 86 85

de la Berg, Margit
Haus am Weiher
D-8021 Irschenhausen-Icking
(08178) 36 81

Literaturverzeichnis

Einführende Literatur

BATZ, MICHAEL; SCHROTH, HORST: Theater zwischen Tür und Angel – Handbuch für Freies Theater, Rowohlt, Reinbek 1983

BRAUNECK, MANFRED; SCHNEILIN, GÉRARD: Theaterlexikon – Begriffe und Epochen / Bühnen und Ensembles, Rowohlt, Reinbek 1986

BRAUNECK, MANFRED: Theater im 20. Jahrhundert – Programme, Stilperioden, Reformmodelle, Rowohlt, Reinbek 1982

BROOK, PETER: Der leere Raum, Berlin 1983

BUNDESANSTALT FÜR ARBEIT (HG.): Blätter zur Berufskunde Bd. 2 – Schauspieler / Schauspielerin, 6. Auflage, Gütersloh 1984

FOHRBECK, KARLA; WIESAND, ANDREAS JOHANNES: Der Künstler-Report, München 1975

HERDLEIN, HANS: Theaterpolitik – Aufsätze und Reden zur Theaterpolitik 1961 bis 1980, Hamburg 1981

HOFMANN, JÜRGEN: Kritisches Handbuch des westdeutschen Theaters, Berlin 1981

HÜRLIMANN, MARTIN (HG.): Das Atlantis-Buch des Theaters, Zürich / Freiburg 1966

LACKNER, PETER: Schauspielerausbildung an den öffentlichen Theaterschulen der Bundesrepublik Deutschland, Frankfurt / M. 1985

MELLIN, URS: Die Fachsprache des Theaters, Düsseldorf 1969

RISCHBIETER, HENNING (HG.): Theater-Lexikon, Zürich / Schwäbisch Hall 1983

RISCHBIETER, HENNING; BERG, JAN (HG.): Welttheater, Braunschweig 1985

ROBERG, DIETMAR: Theater muß wie Fußball sein, Freie Theatergruppen – eine Reise über Land, Berlin 1981

SCHWEIZERISCHE GESELLSCHAFT FÜR THEATERKULTUR (HG.): Szene Schweiz – Eine Dokumentation des Theaterlebens in der Schweiz, Bonnstetten 1986

WEIHS, ANGIE: Freies Theater, Rowohlt, Reinbek 1981

Literatur zur Schauspieltheorie
(s. a. Welche Schule in der Schule?)

ARTAUD, ANTONIN: Das Theater und sein Double, Frankfurt / Main 1969

ARTAUD, ANTONIN: Briefe aus Rodez. Postsurrealistische Schriften, München 1979

KAPRALIK, ELENA: Antonin Artaud, Leben und Werk des Schauspielers, Dichters und Regisseurs, München 1977

THÉVENIN, PAULE / DERRIDA, JACQUES: Antonin Artaud. Zeichnungen und Portraits, München 1986

BARBA, EUGENIO / RASMUSSEN, IBEN NAGEL: Bemerkungen zum Schweigen der Schrift, Schwerte 1983

BARBA, EUGENIO: Jenseits der schwimmenden Inseln, Rowohlt (re 415), Reinbek 1985

BRECHT, BERTOLT: Schriften zum Theater, in: Gesammelte Schriften (Werkausgabe Edition Suhrkamp), Bd. 15–17, Frankfurt / Main 1967

– Theaterarbeit (hg. vom Berliner Ensemble), Ost-Berlin 1961

HECHT, WERNER (Hg.): Brechts Theorie des Theaters, Frankfurt / Main 1986

CRAIG, EDWARD GORDON: Über die Kunst des Theaters, West-Berlin 1969

GROTOWSKI, JERZY Für ein armes Theater, Zürich / Schwäbisch Hall 1986

OUAKNINE, SERGE: Der standhafte Prinz, in: Theater heute 8 / 1971

BURZYNSKI, TADEUSZ / OSINSKI, ZBYGNIEW: Das Theater-Laboratorium Grotowskis, Warschau 1979

SCHWERIN VON KROSIGK, BARBARA: Der nackte Schauspieler. Die Entwicklung der Theatertheorie Jerzy Grotowskis, West-Berlin 1986

MEYERHOLD, WSEWOLOD E.: Theaterarbeit 1917–1930, München 1974

MEYERHOLD, WSEWOLOD E.: Schriften (2 Bände), Ost-Berlin 1979

PISCATOR, ERWIN: Zeittheater. «Das Politische Theater» und andere Schriften von 1915–1966, Rowohlt (re 429), Reinbek 1986

REINHARDT, MAX: Schriften. Aufzeichnungen, Briefe, Reden, Ost-Berlin 1974

SIMHANDL, PETER: Konzeptuelle Grundlagen des heutigen Theaters, Sonderheft «Theaterpädagogik», Hochschule der Künste Berlin 1985 (zu beziehen über: Pressestelle der HdK Berlin, Ernst-Reuter-Platz 10, 1000 Berlin 10)

STANISLAWSKI, KONSTANTIN S.: Die Arbeit des Schauspielers an sich selbst, West-Berlin 1983

STANISLAWSKI, KONSTANTIN S.: Die Arbeit des Schauspielers an der Rolle, West-Berlin 1981

STANISLAWSKI, KONSTANTIN S.: Ethik, Ost-Berlin 1950

RELLSTAB, FELIX: Stanislawski-Buch, Einführung in das «System», Zürich 1976

STRASBERG, LEE: Schauspielerseminar (hg. vom Schauspielhaus Bochum), Bochum 1978

STREHLER, GIORGIO: Für ein menschliches Theater, Frankfurt / Main 1976

TAIROW, ALEXANDER: Das entfesselte Theater, Köln 1964

TSCHECHOW, MICHAEL: Werkgeheimnisse der Schauspielkunst, Zürich / Stuttgart 1979

WACHTANGOW, JEWGENI B.: Schriften, Ost-Berlin 1982

SPOLIN, VIOLA: Improvisationstechniken für Pädagogik, Therapie und Theater, Paderborn 1983

DDR

EBERT, GERHARD u. a. (Hg.): Schauspieler. Handbuch der Schauspielerausbildung, Ost-Berlin 1985

PENKA, RUDOLF u. a. (Hg.): Stockholmer Protokolle. Szenen, Beschreibungen, Analysen, Übungen. Aus der Arbeit der Staatlichen Schauspielschulen Berlin. Ost-Berlin 1969

SCHUMACHER, ERNST (Hg.): Darsteller und Darstellungskunst, Ost-Berlin 1981

Fachzeitschriften – Auswahl

Bühne und Parkett
Bundesverband der Deutschen
Volksbühnen-Vereine e. V.
Berlin

Deutsches Bühnen-Jahrbuch
Hg. Genossenschaft Deutscher
Bühnenangehöriger
Hamburg

Die Deutsche Bühne
Hg. Deutscher Bühnenverein
Orell Füssli & Friedrich,
Zürich

Kunst, Medien, Freie Berufe
Hg. Gewerkschaft Kunst, Medien
und Freie Berufe
Wien

Musik & Theater
Die aktuelle Musik- und Thea-
terzeitschrift M & T Verlag AG
St. Gallen

Schweizer Theater-Jahrbuch
Hg. Schweizerische Gesellschaft
für Theaterkultur
Bonstetten

Theater der Zeit
Organ des Verbandes der
Theaterschaffenden der DDR
Ost-Berlin

Theater heute
Die Deutsche Theaterzeitschrift
Orell Füssli & Friedrich,
Zürich

TheaterZeitSchrift
Hg. Verein zur Erforschung
theatraler Verkehrsformen
Berlin

bühnengenossenschaft
Fachblatt der Genossenschaft
Deutscher Bühnenangehöriger
Hamburg

«Eine Zeitlang war kein Geld mit
einem Stück zu gewinnen...

...wenn Dichter und Schauspieler sich nicht darin mit ihren Gegnern herumzausten», sagt Rosenkranz im *Hamlet*.

Daran hat sich im Prinzip nichts geändert. Das Theater lebt von Konflikten, sonst wäre es langweilig. Und für ein langweiliges Stück zahlt niemand Eintritt. Konflikt hin, Konflikt her – finanziell gesehen ist jedes Stück ein Risiko. Viele Theaterbesucher gehen deshalb auch zur Bank.

Die Autoren

Ortrud Beginnen, Jahrgang 1938. Schauspielerin seit 1964 und Autorin; 1968–75 Theater im Reichskabarett, Berlin, 1976–78 Württembergisches Staatstheater Stuttgart, 1979–86 Bochumer Ensemble, Werkverzeichnis (u.a.): Fronttheater (Revue), Ich will deine Kameradin sein (Deutsche Soldatenlieder), Minna oder wie man dazu gemacht wird (Stücktrilogie), Guck mal – schielt ja: Manuskripte aus dem Katastrophenkoffer, Bertelsmann 1976

Nils Böke, Jahrgang 1960, Studium der Germanistik / Publizistik, arbeitet als Dramaturg und Regieassistent in Berlin.

Ute Büsing, Jahrgang 1956, Publizistikstudium in West-Berlin, Zauberlehrlingsjahre in New York. Verwickelt in tragikomische Alltagsrollen. Lieblingsrolle: Noch nicht gefunden.

Peter Burri, Jahrgang 1950, Kulturredakteur beim Schweizer Rundfunk (Radio DRS) in Basel. Spezialgebiet: Theater. Schreibt für verschiedene Zeitungen und Zeitschriften in der Schweiz und in der Bundesrepublik Deutschland. Veröffentlichungen: «Glanzzeiten», Erzählung, Basel 1980; «Tramonto», Roman, Basel 1981; «F.», Erzählung, Basel 1983; «Cantautore Republic – Die italienischen Rockpoeten, ihre Geschichte, ihre Texte» (zusammen mit Ruedi Ankli), Basel 1985; «Cendrars entdecken – Blaise Cendrars, sein Schreiben, sein Werk im Spiegel der Gegenwart», Basel 1986; «Das Ereignis – Chemiekatastrophe am Rhein» (hg. mit Guido Bachmann und Toya Maissen), Basel 1986

David Buss, Jahrgang 1971, Eltern beide Schauspieler, ist Gymnasiast und Mitglied des Theaterhofs Priessental.

Adolf Dresen, geboren 1935 in einem mecklenburgischen Dorf, später DDR, Besuch einer Klosterschule, dann Karl-Marx-Universität Leipzig, Examen bei Hans Mayer (heute Tübingen), dort Mitglied und später Leiter der Studentenbühne, Praktika an Brechts Berliner Ensemble, das damals am Laienspiel sehr interessiert war. Zehn Jahre am Deutschen Theater (DDR), danach am Wiener Burgtheater und Direktor vom Schauspiel Frankfurt. Jetzt freier Regisseur.

Rosemarie Fendel, Jahrgang 1927, Schauspielerin, Regisseurin und Drehbuchautorin bei Bühne, Film und Fernsehen, Mitglied der Städtischen Bühnen Frankfurt. Ausbildung bei Maria Koppenhöfer in München, danach Engagements in München, Tübingen, Düsseldorf und Darmstadt. Viele Film- und Fernsehrollen. Auszeichnungen: Goldene Kamera, Goldener Bundesfilmpreis, Goldener Grimme-Preis und der «Harlekin» der Stadt Frankfurt.

Friedel Flitter, Jahrgang 1935, vielbeschäftigtes Multitalent, kennt die Höhen und Tiefen des Schauspielerberufes aus langjähriger eigener Anschauung. Heute versucht sich der ehemalige Schauspieler und Kabarettist statt auf der Bühne in einem hochseriösen Gewerbe.

Anja Hable, Jahrgang 1966, jetzt Studentin, Lebenskünstlerin und Theaterspielerin in Berlin.

Michaela Hanser, Jahrgang 1960, lebt und arbeitet als Schauspielerin in Hannover. Abitur 1978, nach abgebrochenem Studium zur Umweltingenieurin und mehreren Jobs ab 1981 freie Theaterarbeit in Berlin. 1982 bis 1986 Ausbildung zur Schauspielerin an der Hochschule für Musik und Theater in Hannover. Nach der Ausbildung freiberuflich tätig, z.Z. am Niedersächsischen Staatstheater Hannover.

Helmut Heimann, Jahrgang 1957, lebt als freier Journalist mit Hang zu populärkulturellen Phänomenen in Berlin.

Karl Hermann, Jahrgang 1955, Studium der Politischen Wissenschaft an der FU, Mitbegründer des freien Journalistenbüros «Bärendienst – Nachrichten anders aus Berlin», arbeitet als freier Journalist in Berlin u.a. für *Die Zeit*, den Deutschlandfunk und *Tip – Berlin-Magazin*. Bühnenerfahrung am Stadttheater Lübeck und am Württembergischen Staatstheater Stuttgart. Lichtdouble für Michael Caine.

Wolfgang Höbel, Jahrgang 1962, studiert Journalistik und Germanistik in München. Daneben schreibt er u. a. für die *Süddeutsche Zeitung*.

Jürgen Hofmann, Weinjahrgang 1941, Lage Würzburg. Fußball-, Skat-und Wortspieler. Studierte und lehrte Theaterwissenschaft. Schreibt (Stücke) für und (Polemiken) gegen Theater, z. B. «Kritisches Handbuch des westdeutschen Theaters» (Berlin 1981) oder «Hänseln und Kritteln» (Uraufführung Ulm 1987).

Paul Kruntorad, Jahrgang 1935, lebt als Schriftsteller und Publizist in Wien. Mitarbeiter verschiedener deutschsprachiger Zeitungen, Zeitschriften und Sender, u.a. *Frankfurter Rundschau*, *Nürnberger Nachrichten* und *Theater heute*. 1968–72 Generalsekretär des Instituts zur Förderung der Künste in Österreich, 1981–83 Chefdramaturg des Bonner Schauspiels. Publikationen u.a.: «S. – ein Modell», Roman, Frankfurt 1968; «Modernes tschechisches Theater», Neuwied 1968; Kindlers Literaturgeschichte der Gegenwart, Band Österreich, Kapitel Prosa, München 1975; Hansers Sozialgeschichte der Deutschen Literatur, Band 10, Kapitel Österreich 1945–1968, München 1986.

Andrea Kunsemüller, Jahrgang 1947, Kulturjournalistin in Hamburg. Habe mich immer mit meiner Stimme besoffen gemacht, indem ich mir ganz laut vorlas. Wollte Schauspielerin werden und alle Rollen spielen. Alle. Frauen, Vamps, Hyänen, Männer, Hunde, Katzen, Elefanten, Feen.

Peter Lackner, 1946 in Kalifornien geboren, studierte 1964 bis 1973 Schauspiel, Theaterwissenschaft und Regie an den «Theatre Departments» des Pomona

College und der University of California, Santa Barbara. Nach Berufserfahrung in San Francisco kam er 1975 als Theaterjournalist nach West-Berlin. Von 1975 bis 1978 als Regieassistent an den Staatlichen Schauspielbühnen Berlins und an der Freien Volksbühne Berlin tätig. Danach Regisseur, u.a. am Landestheater Tübingen und an der Akademie der Künste Berlin (Auftragsproduktion der Berliner Festwochen 1978). Promovierte 1984 am Institut für Theaterwissenschaften der Freien Universität Berlin. Dissertation: «Schauspielerausbildung an den öffentlichen Theaterschulen der Bundesrepublik Deutschland», Verlag Peter Lang, Frankfurt / M. 1985. Zur Zeit unterrichtet Lackner Schauspiel an der «Stagefright – Schule für Entertainment Berlin» und an der Hochschule der Künste Berlin.

Hellmuth Matiasek, Jahrgang 1931, Direktor des Staatstheaters am Gärtnerplatz in München. Fachreferent für Ausbildung im Künstlerischen Ausschuß des Deutschen Bühnenvereins, Vorstandsmitglied des International Theatre Institute. Studium der Theaterwissenschaft, Germanistik und Musikwissenschaft an der Universität Wien, zugleich Schauspielausbildung am dortigen Max-Reinhardt-Seminar. Intendanzen in Salzburg, Braunschweig, Wuppertal. Sieben Jahre lang Direktor der Otto-Falckenberg-Schauspielakademie in München. Professor an der Musikhochschule München. Hat den Bühnenberuf gewählt, weil es für ihn keinen einzigen vernünftigen Grund gab, der Besitzergreifung seines Lebens durch das Theater zu widerstehen.

Michael Müller, Jahrgang 1960, Abitur 1978, Schauspielprüfung bestehen, weg von den Eltern nach Bochum, alleine leben; 1978–81 Schauspielschule, Bänderriß linker Fuß, nach Berlin zur Roten Grütze; 1981–84 Proben, Spielen, Schreiben, Tourneeorganisation, spielen, spielen. «Darüber spricht man nicht» über zweihundertmal; 1984–85 in Hamburg auf Kampnagel gearbeitet, mal Proben, mal Büro. Seit 1985 Theaterhof in Priessental.

Sabine Porn, im einunddreißigsten Jahr, arbeitet als freie Journalistin in Berlin. Meistens Rundfunk, manchmal Bücher, seltener Zeitungen.

Viola Roggenkamp, Jahrgang 1948, lebt in Hamburg, Musikwissenschaften studiert mit Hauptfach Klavier, seit 15 Jahren Journalistin, seit zehn Jahren freiberuflich. Ich arbeite vorwiegend für *Die Zeit* und für *Emma*.

Claudia Roth, Jahrgang 1955, Studium der Theaterwissenschaft, Germanistik und Geschichte nach dem 3. Semester abgebrochen, weil es weder mit Theater noch mit «Wissenschaft» zu tun hatte; dann Städtische Bühnen Dortmund – Dramaturgie, Kinder- und Jugendtheater-Dramaturgin, Hoffmanns Comic Theater, Ruhrfestspiele – Junges Forum, als Schneewittchen bei den sieben Scherben – «Ton Steine Scherben» – Management, Produktion. Jetzt Pressesprecher der Grünen im Bundestag.

Rüdiger Schaper, Jahrgang 1959, ist Redakteur und Kritiker bei *Tip – Berlin Magazin*, sowie Mitglied des Beirats für Freie Gruppen beim Berliner Kultursenator.

Reiner Schweinfurth, Jahrgang 1956, lebt und arbeitet als Redakteur und freier Autor für Theater / Kultur in Berlin.

Peter Simhandl, geboren 1939 in einer österreichischen Kleinstadt, Flucht aus einer Handwerkslehre in die Ausbildung zum Schauspieler (Traumrolle: Hamlet); aus Angst vor dem Textvergessen: Studium der Theaterwissenschaft in Wien. Von 1965 bis 1970 Dramaturg; seitdem Professor für Literatur- und Theaterkunde an der Hochschule der Künste Berlin – Lehrangebote für Schauspiel-, Bühnenbild- und Bühnenkostümstudenten. Dramaturgie in Lehrproduktionen.

Achim Thorwald, Jahrgang 1943, Schauspieler, Dramaturg, Regisseur und Intendant. Humanistisches Abitur, Studium am Salzburger «Mozarteum» (Schauspieler, Kunst-, Musik-, Literatur- und Theatergeschichte). Als Schauspieler, Regieassistent und Regisseur in Hamburg, Nürnberg, Freiburg. 1976 Intendant der Württembergischen Landesbühne in Esslingen. Seit 1985 Intendant am Stadttheater Würzburg und Leiter der Würzburger Festspiele.

Quellennachweis

Helmut Qualtinger: Der Menschheit Würde ist in Eure Hand gegeben, aus: Qualtingers beste Satiren. © Langen-Müller Verlag, München / Wien 1973

Freimut Wössner: Schauspieler, aus: Freimut Wössner. Die dreihundertachtzigtausend ergreifendsten Berufe für Einsteiger, Umsteiger, Aussteiger. Verlag © Rasch und Röhring, Hamburg 1986

Panther

Eine
Auswahl

Thomas Grossmann
schwul – na und?
(4866)
**Beziehungsweise andersrum
schwul – na und?**
(5884)

Birgit Heiderich und Frank Göhre
(Herausgeber)
Don Juan
Geschichten zwischen Liebe und Tod
(5886)

Lisbet Hiide
Rotkäppchen oben ohne
12 erotische Geschichten
(5889)

Jugendwerk der Deutschen Shell
(Herausgeber)
**Jugend –
vom Umtausch ausgeschlossen**
Eine Generation stellt sich vor (5555)
In tausend Spiegeln
Jugendliche und Erwachsene 1985 –
eine Studie stellt sich vor (5746)

Bernhard Lassahn/Klaus Modick
(Herausgeber)
**Man müßte nochmals 20 sein –
oder doch lieber nicht?**
(5900)

David Leavitt
Familientanz
Stories (5888)

Susann Millhagen
Gefühle kann man nicht kaufen
Das Buch zum Thema Jugend-
prostitution (5816)

C 2155/3

panther

Eine
Auswahl

Klaus Modick (Herausgeber)
Traumtanz
Ein berauschendes Lesebuch
(5806)

Anna Rheinsberg/Barbara Seifert
(Herausgeber)
Unbeschreiblich weiblich
Texte an junge Frauen (4881)

Marion Rollin/Hartmut Klenke
Schwankendes Glück
Das Buch zum Thema Alkohol
(5405)

Marcelo Rubens Paiva
Sprung in der Sonne
Eine Jugend in Brasilien
(5708)

Herrad Schenk (Herausgeber)
So nah und doch so fern
Die Geschichte mit den Eltern
(5670)

Michael Thelwell
**Sag Babylon, es wird noch von
mir hören**
The Harder They Come
(5782)

Hubert Winkels
Liebesexpress
Ein Kontaktanzeigen-Reigen
(5572)

Rainer Wochele
Heißhunger
Roman (5495)

Renée Zucker/Enzo Briketti
Hungrige Herzen
Romanze in Technicolor (5587)

ro ro ro

C 2155/3 a